"质"造全球

消费品出口质量管控指南

SGS通标标准技术服务有限公司◎编著

中国海关出版社
·北京·

图书在版编目（CIP）数据

"质"造全球：消费品出口质量管控指南／SGS通标标准技术服务有限公司编著.—北京：中国海关出版社，2018.9

ISBN 978-7-5175-0289-0

Ⅰ.①质… Ⅱ.①S… Ⅲ.①出口商品-消费品-质量管理-中国-指南 Ⅳ.①F752-62

中国版本图书馆CIP数据核字（2018）第140363号

"质"造全球——消费品出口质量管控指南
"ZHI" ZAO QUANQIU——XIAOFEIPIN CHUKOU ZHILIANG GUANKONG ZHINAN

作　　者：SGS通标标准技术服务有限公司	
策划编辑：马　超	
责任编辑：郭　坤　叶　芳　吴琳旖	
责任监制：王岫岩　赵　宇	
出版发行：中国海关出版社	
社　　址：北京市朝阳区东四环南路甲1号	邮政编码：100023
网　　址：www.hgcbs.com.cn；www.hgbookvip.com	
编 辑 部：01065194242-7554（电话）	01065194234（传真）
发 行 部：01065194221/4227/4238/4246（电话）	01065194233（传真）
社办书店：01065195616/5127（电话/传真）	01065194262/63（邮购电话）
印　　刷：北京新华印刷有限公司	经　　销：新华书店
开　　本：710mm×1000mm　1/16	
印　　张：23	字　　数：364千字
版　　次：2018年9月第1版	
印　　次：2018年9月第1次印刷	
书　　号：ISBN 978-7-5175-0289-0	
定　　价：80.00元	

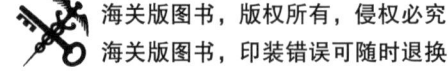

海关版图书，版权所有，侵权必究
海关版图书，印装错误可随时退换

编委会名单

主　编　杜佳斌

副主编　卢　耕

统筹组成员：（以姓氏笔画为序）
　　　　　　王　颖　王淑芬　牟奇志　李　卫　郑　伟　常　静
　　　　　　蔡香莲

编委会成员：（以姓氏笔画为序）
　　　　　　于瑾瑾　王　炜　王振华　王哲阳　邓义琴　江　海
　　　　　　孙威威　何艺桦　邱　悦　邹　琼　宋　森　张华烨
　　　　　　张肖松　张晓宁　陆　骁　陈志远　陈志泉　林国兴
　　　　　　胡　颖　赵　晖　俞　军　顾东兰　徐　伟　徐　彬
　　　　　　翁慈伶　郭　志　黄志明　蒋　红　雷达华　鲍　萍
　　　　　　廖美雄　翟春明　黎小敏

序一

消费品行业作为我国传统优势行业在我国国民经济发展中占有重要的地位。国家统计局统计数据显示，近十年我国社会消费品零售总额始终保持在10%以上增速，2016年消费品零售总额332 316亿元，比上年增长10.4%，同期，消费品出口交货值同比增长1.9%，增幅高于全部工业1.5个百分点。消费品产业为我国进出口创汇作出了巨大贡献，它在持续较快发展的同时，不断提高自身的国际竞争力，取得了举世瞩目的发展成就。

随着自动制造、智能制造技术的快速发展，劳动力成本在制造业竞争中的重要性有所下降，部分跨国公司出于贴近消费市场等考虑，从离岸生产转向近岸、在岸生产，缩短全球供应链。与此同时，发达国家推进"再工业化"战略，国内生产能力提升。受这些因素影响，近年来全球国际贸易发展滞后于经济增长，特别是发达国家经济增长对本国进口的拉动作用下降。国际金融危机爆发以来，市场需求不足，一些国家采取设置贸易壁垒等非常规手段抢占国际市场，这些都导致了我国出口消费品的风险随之升高。

2016年，美国CPSC（Consumer Product Safety Committee，消费者安全委员会）共发布332例召回通报，其中关于中国消费品的通报共178例，占了2016年CPSC召回总数的53.6%，涉及在美国境内销售的消费品约8 044.75万件。召回最多的是电子电器类产品，其次是运动及休闲用品、家具和服装饰品。

2016年全年，欧盟RAPEX（The Rapid Alert System for Non-food Consumer Products，非食品类消费品快速警报系统）系统共发布1 888例召回通报。其中，原产地为中国（不包含中国香港地区）的消费品有960例被召回，占了RAPEX通报总数的50.8%。被通报最多的产品为玩具，其次为电器用品和设备、纺织服装和时尚用品、照明设备。

本书以当前消费品市场的薄弱环节为"靶心",以帮助我国制造型企业由"制"向"质"顺利转型为目的,针对机电、纺织服装、轻工等消费品的设计、生产及产品认证等环节,为读者总结主要出口国和地区的基本法律法规和技术标准。此外,书中整理出产品案例分析,提出了适合我国企业的应对策略,有助于消费品出口相关企业利用技术、产品、认证来合理应对技术贸易壁垒。

本书迈出了消费品出口质量管控的第一步,以本书为模板,可创建并完善系列消费品出口质量管控体系,确保出口消费品质量安全,促使"中国制造"向中高端迈进。

对于学于斯、工作于斯的我来说,此书让我全面了解了不同目的国市场对部分消费品的质量要求与应对策略,我倍感欣慰。我相信,还会有许多人如我一样,将从这部《"质"造全球——消费品出口质量管控指南》中,获取有用的信息甚至是教益。

国家质量监督检验检疫总局[①]消费品科学技术委员会主任委员　谢秋慧

[①] 2018年3月,第十三届全国人民代表大会第一次会议批准了《国务院机构改革方案》,将国家质量监督检验检疫总局的职责、国家工商行政管理总局的职责、国家食品药品监督管理总局的职责、国家发展和改革委员会的价格监督检查与反垄断执法职责、商务部的经营者集中反垄断执法以及国务院反垄断委员会办公室等职责整合,组建国家市场监督管理总局;将国家质量监督检验检疫总局的出入境检验检疫管理职责和队伍划入海关总署;将国家知识产权局的职责、国家工商行政管理总局的商标管理职责、国家质量监督检验检疫总局的原产地地理标志管理职责整合,重新组建国家知识产权局,由国家市场监督管理总局管理;不再保留国家质量监督检验检疫总局。

序二

自改革开放以来,大量外资企业在中国沿海城市投资设立消费品生产企业。2001年以来,借加入世界贸易组织的东风,我国的消费品出口以北美及欧洲为主要市场,逐步奠定了"中国制造"在全球的领先地位。

近年来,随着生产成本的快速上升,政府及公众对环保的日益重视,贸易保护主义抬头,欧美各国出于政治、经济利益考量一次次设置贸易壁垒,东南亚及非洲的一些国家在低端消费品生产领域的竞争力日益增强,我国的传统出口产业正面临着新的压力和挑战。

虽然国际国内形势复杂多变,但凭借完整的供应链体系,完善的基础设施,高效的企业管理水平,逐步提升的设计、研发及创新能力,以及制造业工人吃苦耐劳的精神,中国仍牢牢占据消费品生产大国的地位,相关从事消费品研发、设计、生产的企业仍大有可为。出口企业要在竞争中脱颖而出,以我的经验来看需要特别重视以下几个方面:

- 拓宽国际市场,开拓传统欧美市场以外的其他新兴国家市场;
- 持续专注于质量及生产效率的提升;
- 从纯粹的制造向设计、研发转变,这样即使国内企业仍为海外企业代工,也能获得更多的议价空间;
- 把握产品转型机会,提升利润空间;
- 有条件的企业要抓住时机,创立自己的品牌;
- 尝试通过互联网、电商平台来拓展客户渠道;
- 考虑海外设厂来规避关税及非关税贸易壁垒。

在开拓新的国际市场,将产品销往新兴国家和地区前,熟悉目的国和地区对产品的技术、环保、标识等的要求,避免召回、销毁等事件的发生是每个企业规避风险的必修课。本书对世界主要国家和地区的消费品安全、质量标准与法规，产品认证要求等进行了系统地整理，对国际主要法规和认证做了较为深入的解析。同时，书中还为出口企业自身的质量管理、供应链管控提供了专业的讲解和经验分享。本书旨在让读者在相关产品法律法规更迭交替、供应链纷繁复杂的大环境下，始终可以拨开"迷雾"，把握住安全和质量控制的关键。

作为国际第三方检测认证行业的领导者，我们与国内的消费品出口企业一起参与和见证了中国对外贸易的迅猛发展。我们很荣幸有机会与检测认证业同行、消费品出口企业、中国制造企业分享产品符合性评定方面的经验、知识和心得，我们也希望将 SGS（全球领先的检验、鉴定、测试和认证机构）多年来在消费产品安全及质量管控方面的实践成果展现给读者。

SGS 于 2016 年成立专家智库，以"总结企业优秀实践、探索行业发展趋势、助力消费品质量提升"为使命，本书的作者均从专家智库中选出。本书能够出版发行得益于作者们多年的经验积累和历时一年多的辛勤编撰，以及相关行业主管机构领导的指导，在此一并表示感谢。

产业兴邦，制造业是中国经济持续发展的重要引擎。新常态下，个别产业已经经历了一轮洗礼，生存下来的企业以事实证明了其顽强的生命力。当下我们需要做的是适时调整战略，求新求变，持续提升质量管理水平，为产品注入新的功能元素，借此消费品出口企业将会焕发出新的生机与活力。

SGS 通标标准技术服务有限公司总裁　杜佳斌

Preface | 前言

消费品出口——机遇、挑战和应对策略

消费品产业在我国的外贸产业中一直占据着非常重要的地位。在改革开放初期，消费品出口显得尤其重要。"一亿件衬衫换一架波音"，听起来让人觉得不可思议，但是也折射出消费品出口对国家发展的非凡贡献。即使到了2015年，我国的纺织品、服装、箱包、鞋类、玩具、家具、塑料制品七大类劳动密集型产品出口额仍高达4 718亿美元，占我国总出口额的比重为20.8%。如果将近年来发展迅速的消费类电子产品出口计算在内，这个比例还会更高。

由于起步比较晚，在消费品的国际供应链上，中国的消费品产业大部分处于国外零售商的产品供应商的位置。这些国外大型零售商，通常具有在本国经营多年的实体零售网络，对当地的法律法规以及消费者对产品质量的诉求都有比较深入的了解，基本上都已经制定了一套独有的质量控制体系。中国供应商的产品，均需要符合这些产品质量要求才能够完成订单。但中国的供应商对国际质量管控体系了解得不够全面，这在一定程度上造成了中国供应商在质量管控上的被动。

随着国民经济的发展和全球经济形势的变化，中国消费品产业正处于转换模式的关键时期。中国要从"制造大国"走向"制造强国"，根据供给侧结构改革的要求，对质量的关注是一个很重要的方面。而要关注质量，就必须对全球各个市场的法规、认证有全面和深入的了解。

本书为中国制造型企业量身定做，旨在助力中国制造企业向中国"质"造企业转型，提升我国相关质量管控人员和外贸业务员的专业素养，提高中国出口商品的国际竞争力，规避不必要的法律风险和贸易壁垒。

在本书中，我们尽全力为读者呈现世界主要国家和地区有关消费品质量

方面的基本法律法规框架体系的宏观图样。全书共分四篇，第一篇主要阐述中国企业所面临的挑战，通过质量管控来解决这些挑战的方法，以及第三方检测认证行业在其中所起的作用。

第二篇简略介绍国际主要的消费品质量管控法规和认证。对法规和认证的基本情况，所管控的产品范围和要求，以及违反法规时可能遇到的惩罚做了详细阐述。

产品符合性评定是很多中东和非洲国家所采用的质量管控形式，而这些国家，又恰恰是与中国"一带一路"倡议高度相关的国家。本书第二篇中专设一章，按照国别对产品符合性评定进行介绍，希望能够对中国的企业在"一带一路"沿线国家的出口提供助力。

第三篇针对消费品各个产品线，包括电子电气产品、纺织服装产品和轻工产品等，总结了全球各个市场对相关产品的要求，分析了各个产品线常见的案例，并对中国企业可能遇到的问题，提供了一些应对方案。

电子商务是世界性的潮流，本书第四篇专门介绍电子商务，特别是跨境电子商务中所蕴含的机遇和可能的风险。

希望读者在读过本书后，可以在飞速变化的消费品市场上始终把握住质量管控的主旨，建立自己企业的质量管理体系，自己电商平台窗口的质量管理体系。

本书可以算是我们SGS答谢中国消费品产业的一点心意。通过本书，我们希望将SGS这些年在全球消费品市场质量管控方面的经验分享给读者，与中国的消费品生产企业一起，"质"造全球，"规"化全球，货销全球。

作　者
2018年2月

CONTENTS | 目录

第一篇 "质"造全球：
全球质量管控发展与中国制造面临的挑战

第一章 中国制造面临的挑战及全球质量管控的发展 / 003
第一节　中国制造面临的挑战 / 003
第二节　全球质量管控的概况和发展建议 / 009

第二章 第三方检测认证为企业应对国际贸易规则和质量管控挑战发挥积极作用 / 017

第二篇 "规"化全球：
消费品质量管控的全球重要法规、认证条款和评定要求详析

第三章 消费品质量管控重要法规 / 025
第一节　欧盟与美国法规体系架构简介 / 025
第二节　欧盟 REACH 法规 / 027
第三节　欧盟《通用产品安全指令》（2001/95/EC，GPSD 指令）/ 035
第四节　欧盟 POPs 法规 / 036
第五节　美国加利福尼亚州 65 号提案 / 039
第六节　美国《消费品安全改进法案》/ 043
第七节　美国华盛顿州《儿童安全产品法》/ 048

第八节　加拿大相关法规 / 049
第九节　全球市场——食品接触材料 / 056
第十节　全球市场——包装环保要求 / 066

第四章　世界主要国家和地区消费品主要认证简介 / 071
第一节　欧盟 CE 标识 / 071
第二节　德国 GS 认证 / 076
第三节　美国加利福尼亚州 CARB 认证及法规解析 / 078
第四节　巴西 INMETRO 认证 / 084
第五节　全球市场包装 ISTA 认证 / 085

第五章　"一带一路"沿线及非洲部分国家（地区）产品符合性评定要求 / 089
第一节　符合性评定简述 / 089
第二节　"一带一路"沿线及非洲部分国家（地区）产品符合性评定方案 / 090
第三节　申请各国（地区）产品符合性证书的流程 / 113
第四节　中国企业应对策略及典型案例分析 / 115

第三篇　货销全球：消费品主要产品线质量管控与案例分析

第六章　电子电气产品 / 121
第一节　电子电气消费品质量管控要求及中国企业应对策略 / 121
第二节　中国企业应对策略及典型案例分析 / 162
第三节　电子电气产品的绿色挑战与机遇及中国企业应对策略 / 169

第七章　纺织服装产品 / 204
第一节　全球纺织服装质量管控概况 / 204

第二节 欧盟市场要求、常见问题及中国企业应对策略 / 206

第三节 美国市场要求、常见问题及中国企业应对策略 / 223

第四节 新兴市场要求、常见问题及中国企业应对策略 / 244

第八章 轻工产品 / 255

第一节 "杂货铺"中的质量管控迷宫与出路 / 255

第二节 家具出口要求、常见问题及中国企业应对策略 / 256

第三节 婴童产品出口要求、常见问题及中国企业应对策略 / 265

第四节 玩具出口要求、常见问题及中国企业应对策略 / 286

第五节 餐厨具出口要求、常见问题及中国企业应对策略 / 311

第四篇　e行全球：
探索跨境电商质量管控

第九章 跨境电商质量管控：机遇与挑战并存 / 325

第一节 传统实体零售业与电子商务零售业的异同 / 325

第二节 电商平台质量管控的不确定性 / 329

第三节 知识产权、商标、标识与宣称 / 333

第十章 中国企业应对策略及典型案例分析 / 337

附　录 / 345

第一篇

"质"造全球：全球质量管控发展与中国制造面临的挑战

第一章
中国制造面临的挑战及全球质量管控的发展

第一节 中国制造面临的挑战

借助于中国改革开放的政策红利、人口红利,以及宏观经济形势良好等内外部有利条件和发展机遇,中国成为举世瞩目的"世界工厂"。国际贸易是经济增长的火车头,贸易先于经济增长是发展的规律。2001年之前,中国外贸经历了由指令性计划管理到发挥市场机制作用的过渡期,主要表现为采取出口导向战略、实施较严格的传统进出口限制措施。自2001年中国加入世界贸易组织后,对外贸易着力于"稳增长、调结构、促平衡",进出口贸易平稳较快发展、贸易结构优化并趋平衡。进出口贸易和经济增长各项指标维持着远高于世界平均水平的增速,自2012年以来我国货物贸易出口总额超过2万亿美元,是目前世界上唯一一个货物贸易出口超过2万亿美元的国家。2013年至2015年,我国连续三年保持世界第一货物贸易大国的地位。根据海关统计,2017年一季度,我国外贸进出口总额6.2万亿元人民币,同比增长21.8%。

目前,中国产业正处于结构调整、新旧动能转换的关键阶段。在中国经济进入新常态的背景下,制造和外贸行业也进入发展的新阶段。我国出口结构发生了变化,由过去的以加工贸易为主转向以一般贸易为主,技术水平明显提高,劳动密集型产品出口比例下降,中高端产品出口比例提升,跨境电商等新兴商业模式兴起。随着外贸"稳增长、调结构、促平衡"等相关政策持续落地生效,进出口企业升级进程加快,货物进出口大国地位有望得以巩固,质量效益得到提升。

在新的外贸形势下，国内一些具有全球竞争和发展意识的制造和外贸企业在产品研发创新、知识产权保护、建立自有品牌、打造自主营销渠道等方面发力，在部分行业涌现出具备国际竞争优势的行业龙头企业，培养和锻炼了一批有国际竞争力的行业、企业和专业人才，为产业转型升级和企业走出去提供、储备人才资源。但是还有一大批企业的新竞争优势尚未完全形成，仍然处于全球价值链的中低端环节，尤其是中小型制造和外贸企业、成本/价格敏感型行业、劳动密集型行业、低技术壁垒和低附加值行业。目前，制造和外贸企业面临着错综复杂的国际国内环境的多重挑战。

- 成本比较优势明显弱化。在国际金融危机的持续影响下，土地、劳动力等国内生产要素成本逐年上升，传统制造业的相对优势明显弱化，外贸形势十分严峻复杂。

- 产业转移竞争日益激烈。制造和外贸企业面临着外部的产业转移竞争压力。随着金融危机后国际政治经济环境的变化，发达国家制造业回流和再工业化成为新的潮流，制造业向东南亚等低成本国家外迁趋势明显，新兴经济体在招商引资方面竞争日益激烈，中国传统的出口企业面临着新的压力。

- 国际贸易规则复杂多变。制造和外贸企业面临着更加复杂多变的国际贸易准则。贸易保护主义会加剧反倾销、反补贴等贸易纠纷，也会引发更严格的技术性贸易保护措施的出台，以及更加隐形的、复杂的爬坡式贸易保护政策，加大中国出口企业的贸易风险。随着贸易保护主义的持续升温，贸易摩擦在广度和复杂度上延伸，技术性贸易措施呈现出新的、复杂多变的趋势。

一、中国制造面临的海外市场准入和市场监管挑战

在市场准入和市场监管范畴，技术性贸易措施是国际经济贸易规则中的核心组成部分。

技术性贸易措施涉及的内容广泛，涵盖科学技术、卫生、检疫、安全、环保、产品质量和认证等诸多技术性指标体系，除包括各种技术法规、标准、符合性评定程序以外，还包括动植物及其产品的检验和检疫措施、包装和唛

头及标签要求、绿色贸易措施、信息技术壁垒等。

在此起彼伏的逆全球化和保护主义浪潮的影响下，各个市场均通过设定市场准入和市场监管规则，使用技术性贸易措施来限制其他国家产品出口，保护本国市场。

制造和外贸企业除了面对常规的关税、反补贴等传统保护规则之外，也会越来越多地遇到技术性贸易措施规则的限制。由于技术性贸易措施内在的复杂性和隐蔽性特征，以及它可以与知识产权等国际规则形成交叉组合策略，此类规则被广泛使用，并在各个领域内不断延伸、拓展和更新。

（一）技术性贸易壁垒的隐蔽性

技术性贸易措施是一个国家为了维护国家安全、保护消费者的健康和安全、保护动植物的健康、保护生态环境、保证产品质量等而采取的强制性或非强制性的技术性措施，因此它具有科学合理的一面，对贸易发展、公平竞争、提高产品质量水平等有积极的作用。但另外一方面，因为其容易被不合理滥用而形成隐蔽性的贸易壁垒。

（二）技术性贸易措施的复杂性

在专业维度上，规则要求涉及不同的专业层面，例如制造和外贸企业的电气产品可能需要同时满足化学、电气安全、机械安全、电磁兼容、能效、噪声、物理性能等多方面的要求。统计数据显示，欧盟技术标准已经超过10万个。繁多的专业和技术标准，对制造和外贸企业提出了更高的要求。

在产品周期维度上，产品在原材料采购、研发、设计、生产、加工、包装、运输、销售、消费和维修、报废等生命周期的各个环节都会涉及质量管控。对于制造和外贸企业而言，产品的质量管控不仅仅受本企业内部管控体系的影响，而且还受到整个产业链的质量管控的影响。

在地域维度上，由于不同国家、地区的规则和标准有差异等，技术性贸易措施存在着区域差异带来的复杂性。例如中国的机电产品出口额占据各类产品出口额第一位，但是机电产品出口往往受发达国家的安全技术、性能、能效、环境、噪声污染、电磁等方面技术限制。同一个产品，为了满足安全的要求，需要添加阻燃剂，但这可能会导致产品环境指标不达标；为了满足能效要求，可能会导致噪声污染指标不达标。

在认证的主权范围维度上，部分国家（地区）要求其他国家（地区）出口的部分产品的出口认证必须要在它的国家（地区）进行。例如机电产品，虽然有国际电工委员会的 CB 体系（Certification Bodies Scheme，简称 CB 体系），能够实现测试数据和报告互认。但是，一方面 CB 体系下成员数量仅仅占全世界国家（地区）的三分之一；另外一方面，在许多国家、地区的部分产品清单中，仍然存在大量的产品需要寄送到进口国（地区）认证的现象。即便两国签订了自贸协定，在关于技术性贸易措施的协议条款中，大部分仍然是推荐建立互认机制，而非强制性互相认可。

不同国家、地区之间标准法规差异性较大，为了使出口产品符合不同国家、地区的复杂标准，生产企业要在人力、设备、技术等方面增加生产成本，这导致产品的价格提升，中国企业在国际市场的竞争力被削弱。

在时间维度上，技术性贸易措施中技术法规、标准等呈现出快速变化和更新的趋势，给制造和外贸企业应对技术性贸易措施带来了更大的复杂性。国际标准多由发达国家凭借自己在世界贸易中的主导地位和技术优势制定，发展中国家的厂商和外贸企业可能会无从知晓、无所适从，或者为了迎合其标准而付出较高的成本，削弱产品的竞争力。高频度的法规和标准更新对于从事国际贸易的相关人员而言，需要及时快速地跟进学习。

（三）技术性贸易措施的传染性

技术性贸易措施的传染性是指一个国家或地区实施了技术性贸易措施以后，其他国家或地区也会借鉴参考并在当地实施类似规则，例如 RoHS（Restriction of Hazardous Substances，关于限制在电子电器设备中使用某些有害成分的指令）、REACH（Registration, Evaluation, Authorization and Restriction of Chemicals，关于化学品注册、评估、授权和限制的法规）在中国大陆和台湾地区的推广，中东借鉴欧盟 CE（Conformité Evropéenne，欧洲合格评定）体系建立的新的 GCC（Gulf Cooperation Council，海湾阿拉伯国家合作委员会）市场准入和监管规则，智利参考欧盟吸尘器 ErP（Energy-related Products，能源相关产品）指令推行智利版吸尘器能效要求等。这些新的规则的产生和推广，值得制造和外贸企业重视，并及时做好技术、人才等资源准备。

（四）技术性贸易措施的交叉性

技术性贸易措施与专利保护、反倾销、关税保护、环境保护等措施组合交叉使用，使得制造和外贸企业面临更加复杂多变的国际贸易市场和竞争环境，对部分国内制造和外贸企业的研发和自主产权提出了更高的要求。以 2015 年年末的平衡车案为例，因为我国产品的安全性能不符合美国标准和知识产权要求，导致企业遇到侵权纠纷，相关制造和外贸公司损失达 5 亿元人民币，影响直接从业者超 10 万人。

在技术性贸易措施变得越来越复杂和严格的同时，中国的制造和外贸企业还面临着一些内部和外部的困境。

（五）技术和法规语言沟通壁垒

英语是国际商务语言，然而制造和外贸企业人才的英语水平参差不齐。在需要用到技术性专业英语的场合下，和其他把英语作为母语的国际贸易竞争者相比，我国从业者存在着一定的劣势。

尽管很多国家和地区公布了英语版本的法规和标准文本，但是对于一些纯粹技术背景的人员来讲，想非常通畅顺利地理解和掌握英语技术法规和标准，仍然存在着一定的困难。

不同国家、地区在公开英语版本的法规上，存在着一定的时间差。一些非英语的小语种国家、地区的标准法规可能在公布若干年以后，仍然没有英文的版本。例如日本、德国的一些产品标准，目前能够公开查询到的只有当地官方语言版本，而没有英文版本。部分小语种国家的标准法规公布后缓冲期较短，等到英文翻译文件公布之后，企业几乎没有研究和应对的时间，这加大了企业出口产品到这些国家、地区的难度。

（六）不熟悉海外法律法规和文化背景

由于各个国家、地区法规和制度的差异性，出口企业难以全面、快速了解各个目的国、地区的法律法规，再加上大多数外贸从业人员缺乏对目的国、地区法律和文化等背景知识的了解，很难完全掌握和正确应对目的国、地区市场准入和市场监管等方面的法律法规要求，这为制造和外贸企业出口带来一定的风险。

二、中国制造所面临的质量管控挑战

21世纪全球的政治、经济和科技环境发生了巨大的变化，消费品出口企业间的竞争也变得日趋激烈。在质量、成本、交货期等多重压力下，越来越多的企业放弃了传统的"大而全"的经营管理模式，转向只专注于核心业务，有效利用外部资源，进行企业间紧密协作的经营管理模式。企业的经营管理从传统的向上服务好顾客，向下管理好供应商，对内专注于自身过程管理的直线式模式转变成了对企业和其相关方（顾客、外部供应商、员工、政府机关等）的关系（物料流、信息流）进行管理的网状管理模式。

由此，企业间的竞争不再仅仅是产品和服务质量的竞争，而是从原物料采购到最终分销和服务的整个供应链管理能力的竞争。企业的成功也不再仅仅是产品和服务的成功，而是从原物料采购到最终分销和服务的整个供应链管控的成功。

在激烈的市场竞争格局中，消费品出口企业对人才的要求越来越高，但现实状况是人才供应出现很大的问题，大量的人才涌向新兴行业，如互联网、电子商务等。外贸行业对人才的高要求和现实中优秀人才的大量流失，导致人才供应的严重匮乏。

消费品出口企业如果希望长久保持竞争优势，就应该以质量为基础提升自身经营管理水平，同时加强对供应链的管理，提升企业应对风险的能力。企业最宝贵的资源是人才，只有充分重视人才的发展与培训，才能保证人才供应充足，以保障企业持续稳定发展。

第二节　全球质量管控的概况和发展建议

一、制造商的质量管控

要打造中国制造品牌，质量是重要因素。质量关乎着制造业发展的命脉，而优良的质量管控系统不仅能降低制造企业的管理成本，同时也是产品在市场占有率上保持稳定增长的根本。

如何才能做好质量管控？质量管控是一个系统的管控过程，是提高制造企业的质量管理水平，并提升产品质量的管控过程。良好的制造业质量管控需要把质量管理规范严格地执行到每一个制造环节，并同步验证制造业的生产能力同质量管理体系的符合性和有效性，这样才能实现质量管控的目标。产品的质量是整个生产供应链的质量体现，从产品的研发设计到首件样打样，从大货生产的前期验证到正式生产的每一个生产工序，从产品的运输包装设计到大货产品的安全运输，再到产品的售后环节，每一个步骤里都包含了产品的质量管控点。

在新产品的研发设计阶段，一定要注意将产品技术结构设计和工艺设计有效结合；在新产品进入消费市场之前，要进行反复的使用验证，并进行小批量的试销。在产品完成打样后，同客户确认销售订单前，一定要同步了解产品对应的国际销售市场有没有准入条件要求，及时对产品进行相应的准入检测和认证审核。

产品在进行批量生产前需要完成原材料采购供应商的评估，系统的评估不能仅仅只考虑采购成本，全面评估供应商的综合能力可以减少商业风险，有效避免因为材料问题而引起的批量产品质量问题。同时制造企业在批量生产前，需要检查生产系统、过程和产品的成熟度是否已经满足了批量生产的生产条件，并审查供应商记录、工艺流程和材料性能试验结果、检验结果等是否全部满足相应要求，最后还要现场评估工厂的生产能力，确保其可以按照规定的生产进度来实施生产。

制造阶段的质量管理应该以预防为前提，使用一些有效的现场质量管理工具和质量管理体系来进行有效的设备管理、环境管理、人员管理、物料管理等。在重预防的同时需要紧抓过程，因为过程会直接影响结果，而制造过程中的质量管控尤其重要。在关键的生产工序中质量管理人员要进行产品质量关键点检查，对发现的缺陷问题进行分类，并找到有效的解决方案，及时反馈到生产线上进行整改。产品的缺陷通常被分为三类：严重缺陷、主要缺陷、轻微缺陷，其中严重缺陷是指在产品上发现含有可能对消费者造成生命或身体伤害的质量问题。发现产品有严重缺陷时，制造企业必须立刻对整批货物进行整改，否则一旦把带有此类问题的产品销售到市场上，制造企业将会被客户投诉、索赔。在产品的生产线上可以对产品再次进行抽样测试，以验证大货产品和首件样的质量。

产品的包装质量要从产品的包装设计开始把关，设计产品的独立包装和运输包装时需要考虑避免产品在仓储、运输过程中受到各种损害。在运输包装设计完成后，可以进行现场摔箱测试，模拟验证包装的运输安全性。

制造商的质量管控需要一直延伸到售后服务，通过售后服务能够搜集到产品在市场上的质量反馈信息，从而对产品质量问题进行及时的分析和反馈，让制造商的产品质量持续提高。

二、买家零售商的质量管控

大型买家（如超市等零售商）由于其销售的产品数量大且品种多，产品的质量控制就显得尤为重要。一般情况下，零售商对产品质量的关注分为两个重要部分，一个是产品的实际性能指标及销售国（地区）的基本法规要求，另一个是产品的包装物及其使用说明书和标签的合规性。

（一）产品选定前的质量评估

在这个阶段，买家会对相关产品进行筛选，以确定需要的产品款式。买家会对多个制造商的标准原型进行评估，以权衡产品的性价比。如果需要采购大量的促销产品，买家也会对产品原型所关联的 TCF（Technical Construction File，技术文档）进行审核。虽然此阶段买家不会对产品进行全面测试，但会对其主要功能指标进行试验，以验证制造厂商声称的指标。除此以外，此阶段买家也会对制造厂商进行质量管理体系评估，以评价制造厂商的生产行为是否受控。

通常情况下，比较成规模的供应商本身会有系统的质量控制，产品已通过第三方检验机构的测试并取得认证证书。如果生产前买家不另外对选购的产品进行测试，通常会要求供应商提供所有证书以验证产品的符合性。在收集到所有测试报告及证书后，买家会要求其指定的第三方检验机构评估报告的有效性（所用测试标准是否最新、是否正确、是否是正规第三方检验机构出具的报告、是否和实际产品一致等）。评估完成后，由第三方检验机构出具评估报告。以上技术文档的审核可以帮助买家节约测试时间和成本，在一定程度上也降低了风险。也有一部分买家会在 TCF 基础上加做部分测试，以进一步验证产品的符合性。

在完成产品初选后，买家会确认有采购意向的产品，并要求对这些产品进行测试，以确认这些产品能符合采购规格书的要求。同时，买家也会对产品的关联证书进行验证。产品的测试内容包含产品在销售目的国的强制性要求、与制造商约定的技术指标的验证、包装物的结构性检查。使用说明书的验证也是其中一个验证内容，主要是评估产品能否按照说明书的要求进行操作，说明书是否阐述了关联的安全规范的警示标识及建议。这类测试和文件检查，买家通常会委托其认可的第三方检验机构执行，并在验证完成后由第三方检验机构出具测试报告。

在这个阶段，买家会对全部或部分高危险性的产品的制造厂商进行比较全面的质量评估。如果达不到买家要求，制造厂商会被要求整改直至达到买家的要求。如果制造厂商的确不能满足要求，买家会取消采购。

（二）生产中的质量控制

在买家完成对产品的验证后，制造厂商会安排生产。在这个阶段，买家会根据他对产品质量的要求，来决定是否要对确认购买的产品进行制作过程中的验货或测试。验货主要是对生产线上的产品的性能指标进行试验。有些买家也会对产品的使用材料进行监控以保证产品的质量，这类验货一般会在制造现场执行。如果制造厂商不具备测试条件，为体现质量状态的真实性，被挑选的样品也会被送达第三方检验机构或买家的自有实验室进行测试。

为了能更早地发现生产中的质量问题，很多买家会要求第三方检验机构在工厂完成大货总量的10%时进行验货，我们称之为初检。初检的目的是把问题控制在前期，以避免大货在全部完成后发生不符合项，造成用料及人工的浪费。对质量控制严格的买家会要求相关检测者在10%的大货里随机抽取一定数量的样品送至实验室进行相关测试，直至测试通过再进行剩下的大货生产。

（三）出货前的质量控制

出货前的质量控制通常会安排在产品制造完成后进行。有些买家会在大货生产完成订单量的80%后就执行最终产品验货。验货程序是根据买家与制造厂商的约定，进行抽样检查，可以由买家委托第三方检验机构来执行，也可以由买家自己的验货人员来执行。当然买家也会根据制造厂商产品质量的一贯情况，决定选择性批次抽检或逐批全数检查。通常买家会检验大货的外观、包装、装配、质量、数量等，并根据产品检查表对产品的性能、出货标签及相关文件进行检查。也有买家会要求在大货里随机抽样，然后将其送至实验室进行相关测试，以验证大货样品和生产前的样品质量是否一致。

验货完成后实验室会出具验货报告，如果验货过程中买家发现任何不符合，都会要求工厂整改直至大货符合要求。

三、质量管理体系和认证

质量是消费品出口企业的立身之本。一提到企业的质量管理，就一定要提到目前应用范围最广、发证量最多的 ISO 9001[①] 质量管理体系，它之所以如此受欢迎，要归功于该标准为各类组织提供了通用的质量管理体系运作框架和思路，同时也为企业树立了能够提供满足顾客和法律法规要求的产品及服务的基本信心。

最新版的 ISO 9001：2015《质量管理体系　要求》由 ISO 组织中负责修订 ISO 9001 的 ISO/TC 176/SC 2 技术委员会于 2015 年 9 月 18 日正式颁布。新

---

① ISO：International Organization for Standardization，国际标准化组织。

标准倡导风险思维，提出了一系列基于风险管理的要求，特别是企业经营管理层面的风险管理要求。新标准要求企业必须确定与其战略目标有关的内外部环境因素（如政治、经济、技术、竞争、人员能力和价值观等）以及相关方需求（如顾客、供应商、员工、政府机关、媒体等），通过对这些因素及需求的评审来确定会影响企业战略目标实现的风险和机遇，进而制定和实施针对这些风险和机遇的应对措施来确保企业实现其战略目标，达到持续发展的最终目的。同时，新标准也强调了对外部资源的评价、选择、管理、改进和沟通，以期将质量管理切实落到为企业实现战略目标提供过程和产品服务的外部供应商，也就是供应链的每个环节上。

通过这份新标准提出的新理念和新要求，ISO/TC 176/SC 2 技术委员会希望企业不再将质量管理仅仅作为被动地满足要求的战术手段，而是将其作为前瞻性地争取持续成功的战略工具，使得企业不再将质量管理的范围仅仅局限于让顾客满意的过程，而是扩展到实现企业预期的战略目标的所有过程。

企业在实施质量管理体系时，可以考虑由第三方机构来对企业的质量管理体系运行情况进行认证。负责质量管理体系认证的机构都经过国家认可机构的批准，在认证过程中会对企业质量管理体系运行情况进行严格的审核。企业顺利通过审核后，认证机构会颁发认证证书。认证活动可以帮助企业发现质量管理体系运行的不足之处，找到改进的方向。认证证书可以帮助企业树立良好形象，增强客户信任，开拓国际市场。

同时，获得第三方机构认证可以帮助企业节省应对二次审核的精力和费用，因为如果企业申请了第三方机构的质量管理体系认证并获得了认证证书，其客户就可能基于对企业认证证书的认可而放弃或减少对企业的审核，这样，不管是客户还是企业都可以节省很多精力和费用。最后，质量管理体系认证也是其他特定管理体系认证的基础，如有害物质的管理体系 IECQ QC 080000①、静电放电防护管理体系 ANSI/ESD S20.20② 等。

---

① IECQ：International Electrotechnical Commission Quality Assessment System for Electronic Components，国际电工委员会电子元器件质量评定体系。

② ANSI/ESD：American National Standard Institute/Electrostatic Discharge，美国国家标准学会/静电放电协会。

四、质量管理工具

从19世纪后半叶的第二次工业革命开始，质量管理活动发生了翻天覆地的变化。我们大致可以将这一百多年来的质量管理活动分成4个阶段，即质量检验阶段、统计管理阶段、全面质量管理阶段和质量管理体系阶段。

在这4个阶段中，诞生了许多著名的质量管理学家，如休哈特、朱兰、戴明和石川馨等。这些学者开发出了许多质量管理的工具，被沿用至今。

休哈特在20世纪20~30年代将数理统计原理运用到质量管理中，发明了控制图，把质量管理从单纯的事后检验变为检验加预防，这些控制图（如Xbar－R控制图、Xbar－S控制图、P控制图、C控制图等）至今还是SPC（Statistical Process Control，统计过程控制）的重要工具。随着全面质量管理理念的提出，美国、日本的一些质量管理学家又开发出了许多通俗易懂、可以让没有太多数理统计知识的员工使用的质量管理工具，其中最有名的就是质量管理的老七种工具（检查表、排列图、散布图、因果图、分层法、直方图、控制图）和新七种工具（关联图、系统图、亲和图、矩阵图、过程决策程序图法、箭条图、矩阵资料解析法）。进入质量管理体系阶段后，越来越多的企业开始系统化地整合运用质量管理工具，在此期间，比较著名的有卓越绩效管理模式、6Sigma（六西格玛）、Lean Production（精益生产方式）等。

除了这些广泛运用于各行各业的质量管理工具外，不同的行业领域也会有其特定的质量管理工具要求，如著名的汽车行业的五大工具SPC、MSA（Measurement System Analysis，测量系统分析）、FMEA（Failure Mode and Effects Analysis，失效模式及后果分析）、APQP（Advanced Product Quality Planning，产品质量先期策划）、PPAP（Production Part Approval Process，生产件批准程序）。

随着质量管理不断成熟和完善，质量管理的工具必定会有日新月异的变化。企业在质量管理体系的运作过程中应该根据自身的实际情况，如产品和服务的特性、企业规模、过程复杂程度和人员的素质等来选择适合自身的质量管理工具，不应盲目地求新、求异，这样才能最科学、最实用、最经济地让质量管理工具为企业的质量管理体系服务。

五、全产业链质量管控和建议

全球剧烈变化的市场竞争环境给供应链管理带来了方方面面的风险,而在现行供应链的管控下,常见的风险包括原材料采购风险、物流安全风险、供应商选择风险、产品制程及研发风险、现场管理控制风险、交期达成风险、环境影响风险、专利及品牌维护风险、货款回收风险、通关及市场准入风险等。这些风险因时间、形势、市场、地域和货值等因素发生变化,进而变得不可控,导致供应链滞留或中断。一般来说,供应链的获利方会对以上风险和自身的其他风险进行管控,必要的时候也会引入外部力量参与供应链的维护和改善。

对供应链管理风险的防范,可以从战略层面和战术层面分别进行。

(一)建立战略合作伙伴关系

企业要实现预期的战略目标,客观上要求有长期的合作伙伴,形成共享利润、共担风险的双赢局面。如上文所述,这种战略互信是建立在信息流相对透明和公开的情况下,必要的时候供应链的上游需要借鉴常规或非常规的审核、评估或改善专案对供应链进行诊断,这种诊断可能是第三方的评估报告、尽职调查,也可能是市场调研等方式。

(二)加强信息交流与共享,在评价供应链的基础上优化决策过程

供应链上的各企业之间应该通过信息交流、沟通来消除误解,从而降低风险。在这一过程中,由于某些产品有技术性以及保密性的要求,信息安全管理的问题也应运而生。为防范供应链上各企业风险,下游企业可以通过自身或第三方机构的评估报告对不同的上游企业进行评分和评级。现在企业间的竞争不只是产品和服务的竞争,在一定程度上也是整个供应链的竞争,相应的企业风险控制就不只局限在价格或品质本身,还会涉及供应链的反应速度、稳定持久、诚信等方面。基于以上的考量,SGS 在为企业做风险管控时也会按照客户对供应链上各节点的要求采取不同的管控方法。如某知名的全球性公司,在对自身供应链进行管理时,就会依据公司的核心价值外延画圈,

就不同圈层设定不同的风险控制手段和评估要求。

（三）弹性化机制设计与日常管理

企业供应链风险管控需要一套行之有效的弹性工具和办法以应对供应链上的风险，在由内外部环境所导致的结果波动中寻求可以管控并接受的边界值。这种指标化的日常管理要基于风险评估和管控机制来获取真实有效的及时反馈，这个管理与反应阀门的闭合需要在风险评估时依情势变更。我们知道，任何风险控制手段和方法都不能完全防止未知的意外，这种意外或异常如果是新发的，当下并没有可以借鉴的评价工具快速地适当反馈，而采取立即禁止的方式不一定可以解决问题，甚至会适得其反。在这个时候，弹性设计就要关注风险走向而不是关闭行为阀门。这种弹性设计需要有一个大框架下的暂缓机制，待风险的指向明确后再采取切实可行的管控办法。简单地说，就是用实事求是和审时度势的灵活态度管控当下的风险，解决现实问题。

（四）建立应急处理机制

在预警系统做出警告后，应急系统及时对紧急、突发的事件进行应急处理，以避免给企业带来严重后果。有时这种损失不单单来自产品本身，还有可能来自市场声誉、产品认同等导致的损失，也许还会涉及公共关系处理等问题。SGS 作为独立的第三方机构也曾经处理过涉及客户的公众事件，比如某公众机构对某知名跨国公司的供应商的环境污染的调查、改善及结果确认的案例。这种应急处理机制在自媒体异常发达的今日尤为重要，换句话说，想要主导或引导公众对客观事实的正确看法需要企业展现更多的市场领导力。

第二章
第三方检测认证为企业应对国际贸易规则和质量管控挑战发挥积极作用

中国制造和外贸企业处于产业转型升级的关键时期，面临着保护主义和逆全球化的现实压力，我们必须在突破技术性贸易措施方面有更多的投入，制定更高效的全产业链质量安全管理和风险管理方案。

在复杂多变的市场准入和市场监管规则下，中国建设面向全球的高标准的自贸区网络，提出"一带一路"倡议。在中国和其他国家、地区签订的自由贸易协定、知识产权保护、环境保护、竞争环境等国际自贸区规则和国际经济贸易规则中，技术性贸易措施、符合性评定程序等都是重要的组成部分。

第三方检测认证对于企业落实自贸协定中符合性评定程序等规则、实现国际市场准入便利化、应对标准和技术法规、标准法规工作公开和透明化、贸易风险管理和防范等各个方面发挥了积极作用。对于其他未签订自贸协定的国家和地区，第三方检测认证同样起到了类似的积极作用。

第三方检测认证行业为中国制造和外贸企业的国际市场准入便利化、法规和标准透明化、全产业链质量管理、品牌保护和风险管理、外贸技术和管理人才培养等方面做出了积极贡献，并和国内制造和外贸企业一起，为中国经济转型升级提供质量技术保障，为制造和外贸企业在国际市场上具备更强的竞争力提供全面的一站式解决方案。

一、第三方检测认证机构为制造和外贸企业的市场准入提供便利

国际市场准入或者说国际认证，是大部分制造和外贸企业都会面临的难题。由于各个国家或地区对不同产品和行业的市场准入要求的差异性和复杂性，一般的制造和外贸企业很难建立相关的人才、设备、经验、技术和信息

储备。从成本和收益角度来说，对各个国家或地区的认证检测要求的研究和投入，与外贸企业的回报和产出难成正比。

第三方检测认证企业基于长期的经验积累、专业的人才队伍、国际化的认证网络，通过人才、设备等集约化管理，实现社会资源的优化利用，可以为制造和外贸企业在国际市场准入方面提供广泛的技术支持。

为了实现"一带一路"沿线国家的贸易便利化，制造和外贸企业需要借助中国和相关国家的认证认可合作机制，通过认证互认实现制造和外贸企业的检测认证本地化，减少重复测试。我国已经和"一带一路"部分沿线国家建立了认证认可合作机制，中国国家认证认可监督管理委员会还和上海合作组织部分成员、东盟、海湾阿拉伯国家合作委员会标准化组织等建立了认证认可合作机制。在执行层面，第三方检测认证机构在"一带一路"沿线国家的分支机构和布局，有利于制造和外贸企业实现本地化认证，减少认证成本。此外，IAF（International Accreditation Forum，国际认可论坛）和 ILAC（International Laboratory Accreditation Cooperation，国际实验室认可合作组织）的多边互认框架，为制造和外贸企业检测、检验、认证等的国际合作奠定基础。

二、第三方检测认证机构在合规性和风险防范中的积极作用

第三方检测认证机构为制造和外贸企业、品牌企业提供定期的产品召回信息通报，为制造和外贸企业提供及时的法规和标准更新提醒，为外贸和生产企业提供培训、审核等技术服务工作，从而为制造和外贸企业贸易风险管理和防范提供及时的第一手信息，并为其后续的质量安全风险管理工作提供一站式的检测认证服务解决方案，降低制造和外贸企业质量管理成本，提升企业风险管理水平。

三、第三方检测认证机构为制造和外贸企业建立、保护自主品牌提供保障

产品的品质对企业品牌形象有着重大影响，所以产品的质量管控是品牌企业长久发展的必要保障。无论是初创型企业，还是百年老店，质量管控都

是一项不能不研修的战略课程，也是一项需要精心打造和付出的系统工程。在影响产品品牌形象的品质因素中，例如产品安全性和功能性、产品耐久性、产品用户体验等各个方面，第三方检测认证机构通过提供管理体系认证、验货、检测和测试等，为制造和外贸企业建立和保护自主品牌提供全面服务。

四、第三方检测认证行业在全产业链管控中的积极作用

就制造和外贸企业而言，产品的质量管控不仅仅限于本企业内部的管控，还要对原材料采购、研发、设计、生产、加工、包装、运输、销售、消费和维修、报废等整个产业链进行质量管控。第三方检测认证机构可以在质量体系、原材料供应线管理、环境保护和企业社会责任、产品测试和认证、验货等整个产业链管控方面提供全面的解决方案，并从第三方的角度，针对制造和外贸企业自身无法发现和解决的问题，通过外部审核的方式来进行识别、分析、纠正和持续改进，为企业提供独特的思路、见解和解决途径。

五、第三方检测认证行业在制造和外贸企业技术研发、管理人才培养中的积极作用

2017年，国务院总理李克强主持召开国务院常务会议，审议通过了《中华人民共和国标准化法（修订草案）》并于2017年11月4日第十二届全国人民代表大会常务委员会第三十次会议修订通过。会议强调，质量立国要强化标准引领，在完善工业品标准的同时，要着力在服务标准制修订上下更大工夫，鼓励企业通过标准创新促进行业标准提升，推动产业转型和经济结构调整升级。

标准化技术和管理人才是企业产品和服务标准提升和创新、产业转型和结构升级的重要推动力。

消费品出口行业对人才的需求经过了三个阶段的变化。在中国加入世界贸易组织前，外贸出口行业相对来讲处于半开放状态，大型国有企业控制了大部分的成品、半成品和原材料的出口，那个时候企业对人才的要求主要是掌握外贸知识，熟悉出口贸易的法律法规、流程标准和涉外交际习惯等。在加入世界贸易组织后，大量的中小企业进入出口贸易市场，这个时候企业对

人才的要求是掌握产品知识，即能够熟悉出口产品的特性，并能够将这些特性跟外方客户进行对接，提供满足外方客户需求的产品。如今，随着中国制造业的崛起，中国的出口行业面临越来越大的挑战，一方面是一些国家或地区的贸易保护政策对中国产品提出了更苛刻的条件，另一方面中国的进出口贸易跟世界经济的波动越来越相关。现在的出口企业对人才的要求是要具备横向的整合能力和市场敏感度，能够整合大量工厂的制造供应力，向国际客户提供质量稳定、价格稳定的产品、半成品或原材料。

因此，对于现在的出口企业来说，想要在国际化、互联网化和经济一体化的市场中赢得一席之地，需要培养一大批熟悉外贸知识、精通产品知识、拥有横向整合能力和市场敏感度的高素质人才。这类高素质人才的培养如今只能依靠"内部培养为主、外聘为辅"的方法来完成。第三方检测认证行业凭借自身的优势可以帮助制造和外贸企业培养技术研发和管理人才。人才是企业发展的内在动力，做好人才管理的循环（选育用留）方能提升企业内功，练好企业内功方能保证企业在未来取得成功！

六、第三方检测认证机构在标准法规工作公开和透明化方面的积极作用

上文提到技术性贸易壁垒存在着隐蔽性、复杂性和传染性等特征，由于技术标准对制造和外贸企业人才的专业技术要求较高，而且随着法规和标准的不断更新，其他国家和地区又不断借鉴和推广等，使得制造和外贸企业一般无法在知识和经验的全面性、高效性、深入性和准确性上满足国际贸易的现实要求。

第三方检测认证机构在国际标准法规的公开和透明化方面，为制造和外贸企业提供了信息共享、技术培训等多维度的服务，使得制造和外贸企业能够在法规和标准制定和执行的初期，第一时间获得信息，从而为应对技术性贸易措施做出更充分的准备。

为了更好地服务制造和外贸相关企业和从业人员，降低出口质量安全、环保等风险，了解消费品出口法律法规、标准认证和质量管控，本书将对中国出口到其他国家或地区的电子电气产品、纺织品、家具、婴童用品、玩具、

餐具厨具等常见消费品相关的市场准入法律法规、技术标准、认证要求等从各个维度进行梳理和阐述。此外，本书将结合制造和外贸企业在实际出口贸易中遇到的问题，提出具体可行的操作指引和认证贴士，帮助制造和外贸行业了解法律法规、认证流程、技术标准，熟悉国际贸易规则，更好应对技术性贸易措施带来的挑战，抓住"一带一路"倡议带来的机遇，实现出口贸易和市场准入的便利化。

第二篇

"规"化全球：
消费品质量管控的全球重要法规、
认证条款和评定要求详析

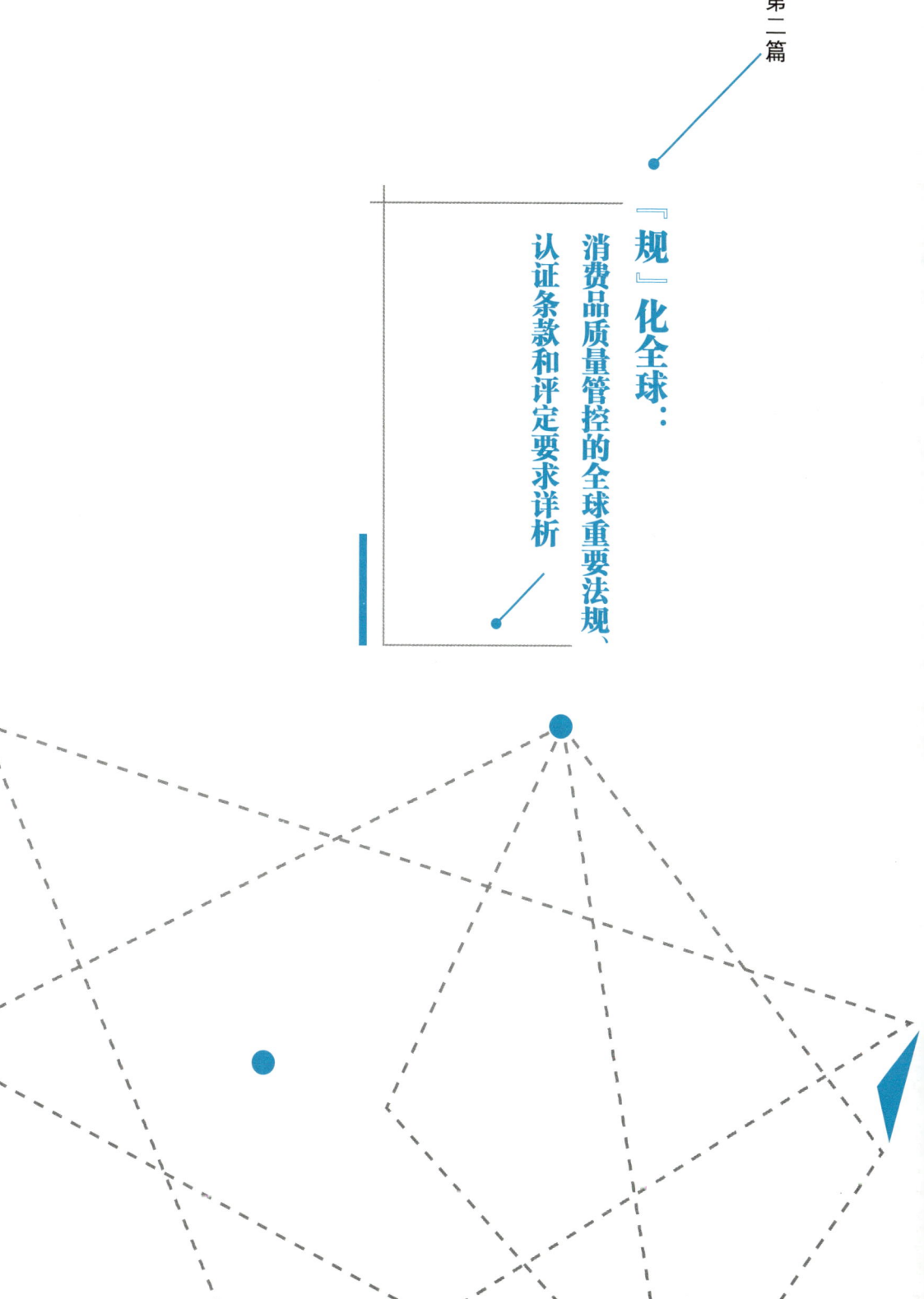

第三章
消费品质量管控重要法规

如第一篇所述,当商品进入一个市场的时候,为了保护这个市场内的消费者的安全、环境的安全,同时也为了维护市场的秩序,保护市场,市场管理者都会对这个商品提出一系列的要求。所以,商品进入一个市场必定遇到的"障碍",就是当地的法规。

从下面介绍的一系列法规中我们可以看到,法规的形式和执行方式是多种多样的,但是法规所规管的基本上都与安全有关。所谓"安全",包括人身安全和环境安全,此外,很多时候也会涉及经济安全和政治安全。

第一节 欧盟与美国法规体系架构简介

欧洲联盟(European Union),简称欧盟(EU),总部设在比利时首都布鲁塞尔,是由欧洲共同体(European Community,又称欧洲共同市场,简称欧共体)发展而来的。欧盟是世界上经济最发达的地区之一,是世界货物贸易和服务贸易最大的进出口方。欧盟对外贸易中,美国、中国、俄罗斯、日本等为主要贸易伙伴。欧盟除了在经济上处于领先地位外,在环保法规的制定和执法方面也走在世界前列。

一、欧盟体系

欧盟涉及商品技术层面的最常用的是条例、指令、决定、建议和意见等。

条例(Regulations):《欧洲共同体条约》第189条第2款规定,条例具有普遍的适用性,具有统一的约束力,并在所有成员中直接适用。条例相当于议会通过的法令，公布生效后各成员必须执行，无需变成本国的立法。

指令（Directives）：是要求各成员将共同体法律的条文纳入相关立法，一般给成员一定的时间开始执行，使其变成成员的法律。

决定（Decisions）：它与条例有类似的效力，但条例具有普遍性，对所有成员有约束力，而决定仅指向个别具体、明确的对象。

建议和意见（Recommendation and opinions）：建议和意见不具有约束力。

欧盟技术法规通常由欧盟委员会提出，然后经欧盟理事会和欧洲议会讨论通过，然后再颁布实施。欧盟指令规定的是"基本要求"，即商品在投放市场时必须满足的保障健康和安全的基本要求。而欧洲标准化机构的任务是制定符合指令基本要求的相应的技术规范（即"协调标准"）。符合这些技术规范便可以推定（产品）符合指令的基本要求。

欧盟不仅有统一的技术标准、法规，而且各国也有各自的严格标准。

二、美国体系

与世界上大多数国家自上而下的标准体系不同，美国的标准体系非常分散化、自愿化，民间的力量尤为突显，截至目前，美国民间有600多家独立的标准制定机构。

在美国，标准不具有强制性，而与人们的健康和安全息息相关的重要标准，则由各种法案或法规来保障。

技术法规方面，美国有关产品的技术法规分散于美国的联邦法律法规体系之中，包括国会制定的成文法——法案和联邦政府各部门制定的条例、要求、规范。它们主要收录在《美国法典》（United States Code，USC）或《美国联邦法典》（Code of Federal Regulation，CFR）中。与消费品安全相关的法案有《消费品安全法案》（Consumer Product Safety Act，CPSA）、《联邦危险物品法案》（Federal Hazardous Substances Act，FHSA）、《易燃性织物法案》（Flammable Fabric Act，FFA）和《消费品安全改进法案》（Consumer Product Safety Improvement Act，CPSIA）等。根据这些法案，联邦政府各部门和独立机构又有权制定相应的技术法规，如：针对《消费品安全法案》，美国消费品安全委员会（Consumer Product Safety Committee，CPSC）制定了大量部门技术法规，汇编在《美国联邦法典》第 16 卷的 1000~1799 部分，例如：16 CFR Part 1633《床垫套件明火燃烧标准》。美国地方政府也可以制定技术法规，如著名的加州防火法规 CAL116、117。

第二节　欧盟 REACH 法规

一、法规背景与概述

REACH 法规全称 "Registration，Evaluation，Authorization and Restriction of Chemicals"（《关于化学品注册、评估、授权和限制的法规》），是欧盟非常重要的一部针对化学品管控的法规。在 REACH 法规颁布之前，欧盟的化学品管理体系是由不同时期的指令和法规拼凑起来的。当时欧盟将化学品分成了"现有化学品"和"新化学品"两类，并有不同的要求。"新化学品"进入市场前必须经过严格的测试，但是"现有化学品"却不需要。这样的要求一方面造成人们对"现有化学品"的性质和安全信息了解不够。另一方面，将本应由政府承担的对化学物质的风险评估责任转嫁给企业。欧盟认为原有的化学物质管理法规阻碍了"新化学品"的研究和创新。在上述大背景下，为了提高欧盟化学工业的竞争力，也为了保护人类健康和环境，欧盟在 2006 年颁布了（EC）No 1907/2006《关于化学品注册、评估、授权和限制的法规》，即 REACH 法规。该法规对所有产品中化学物质的安全使用提出了要求，并于 2007 年 6 月 1 日起在欧盟正式生效。

二、法规规管的产品范围

REACH 法规管控的产品范围相当广泛，包括电子电气产品、纺织品、家具、化学品等，只有少数产品不被 REACH 法规管控，如暂存于欧盟海关或保税区的不作任何加工的产品、垃圾、运输危险物质的运输工具、不可分离中间体、国防要求的豁免产品等。

根据产品形态的不同，REACH法规将所有产品定义为物质、混合物、物品三大类。物质是指自然状态下（存在的）或通过生产过程获得的化学元素及其化合物，包括添加剂和加工过程中产生的杂质，但不包括溶剂，如壬基酚、甲醛、全氟辛烷磺酸等。混合物是指由两种或两种以上物质组成的混合物或溶液，如染料、胶水、匀染剂等。物品是指一种在制造过程中获得特定的形状、外观或设计的物体，这些形状、外观或设计比其化学成分更能决定其功能，如服装、玩具、家具、电脑等。图3-1给出了三类产品的示例。对于这些不同类型的产品，REACH法规中提出了不同的要求，在接下来的章节中我们将对企业面临的主要义务做逐一的介绍。

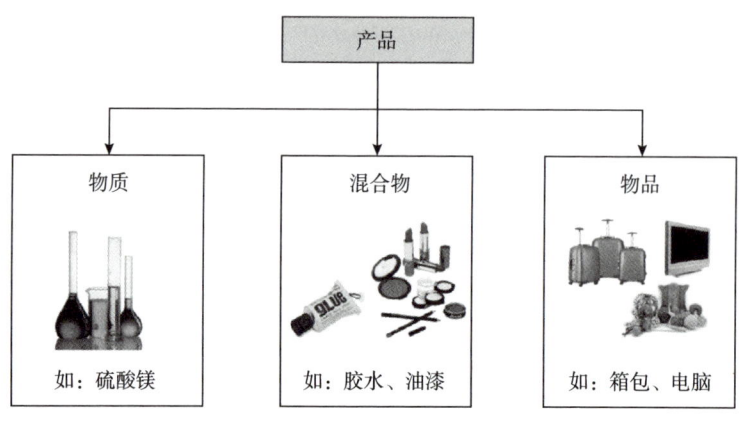

图3-1　REACH产品分类及示例

三、产品面临的REACH法规要求及法规更新进展

通常组成产品的各个零部件由于其具有特定的外观设计而被认定为物品，故在本章节中，我们将重点介绍物品类产品所面临的REACH法规在通报、供应链内的信息传递、限制和注册等主要环节的要求。同时，我们也会简要概括生产物质、混合物类产品企业应履行的义务。对于企业而言，深入了解REACH法规的对应要求是采取针对性管控措施的基础。图3-2中简单地综述了不同产品需满足的REACH法规的要求。

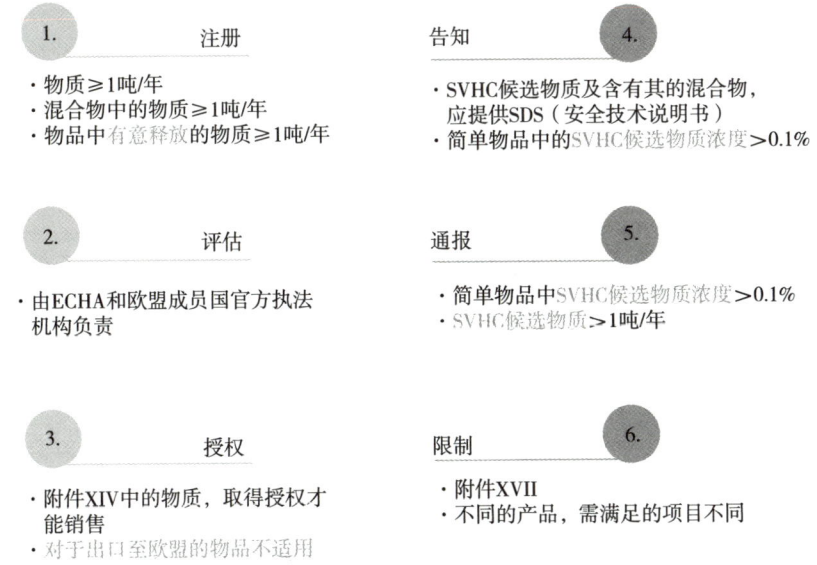

图 3-2 REACH 法规中对不同产品的具体要求

（一）通报

SVHC（Substances of Very High Concern，高度关注物质），为满足 REACH 法规第 57 条条款规定的物质。

根据 REACH 法规第 58 条条款，SVHC 由成员的执法机构和 ECHA（European Chemicals Agency，欧洲化学品管理局），依据上述提到的 SVHC 判定标准来进行确认。这些机构按照 REACH 法规规定提交提案，随后对其进行公开评议。评议结束后，欧盟委员会将参考评议结果，研究讨论确定最终哪些物质会被确认为 SVHC。由 ECHA 决定是否将这些物质纳入候选清单。进入候选清单的物质需要按照第 34 条条款履行供应链信息传递义务。

"通报"要求指的是当以下 3 个条件均满足时，物品制造商或进口商需要向 ECHA 提交物质信息等特定信息，以确保产品继续在欧盟市场合法销售。

- 物质属于 SVHC 候选清单中所列物质。
- 物质在制造/进口物品中浓度大于 0.1%。

基于 2015 年 9 月 10 日欧盟法院（Court of Justice of the European Union）就 REACH 法规下 SVHC 的浓度判断基准问题做出的裁决，对于复杂产品，

SVHC 的浓度应基于组成该复杂产品的各个零部件来判断，而不应基于最终产品进行判断。所以对复杂物品（如电脑）而言，SVHC 浓度计算不再基于整个物品，而是基于物品中的每个单一部件。裁决原文请在以下网址查看：http://curia.europa.eu/juris/celex.jsf?celex=62014CJ0106&lang1=en&type=TXT&ancre=。

通过此方式计算出来的 SVHC 浓度再按照 0.1% 的限值判断是否需要履行相关要求。

- 物质在制造/进口浓度大于 0.1% 的所有物品中总量超过 1 吨/年。

企业在向欧盟化学品管理局进行通报时，需要准备和提交以下资料：

- 制造商或进口商的联系方式；
- 该化学物质的注册号（如有）；
- 该化学物质信息；
- 物质的分类信息；
- 对该物质在产品中使用情况的简单描述；
- 物质的吨位范围（如 1 吨~10 吨，或 10 吨~100 吨等）。

通报最迟需要在某一物质被列入 SVHC 候选清单 6 个月内完成。

欧盟出台"通报"要求的目的是监控 SVHC 在物品类产品中的使用。若制造商/进口商可以排除正常及可预见使用包括废弃条件下的该物质对人体健康或环境造成的风险，或该物质已有另一个公司就某特定用途完成了注册等则不需通报。

面对通报的这一要求，企业首先需要调查和确认组成企业产品的各个物品中是否存在浓度超过 0.1% 的 SVHC 候选物质。如果存在，还需要对使用总量进行统计，如果使用量确实达到了"通报"要求，则按照要求准备相关资料向 ECHA 进行通报，以使产品可以继续合法销售。

（二）供应链内的信息传递

REACH 法规对含有有毒有害高风险物质的产品信息传递要求，根本目的是为了控制和减少这些有害物质对下游使用者健康的影响，确保产品能被安全使用，不同产品信息传递要求见表 3-1。

表 3-1　不同产品信息传递要求汇总

产品类型	条件	信息传递要求
物质	为 SVHC 候选物质	向产品的接受者提供安全技术说明书（SDS），列明该产品的成分、危险等级、物理化学性质、安全使用方面等信息，以确保该产品在运输、储存和使用过程中的安全。
混合物	气态混合物中含有 SVHC 且浓度 >0.2%；非气态混合物中含有 SVHC 且浓度 >0.1%	
物品	使用的 SVHC 候选物质浓度 >0.1%	制造商或进口商必须将此信息传递给产品的接受者，以确保产品被安全使用。当产品接受者是普通消费者时，则制造商或进口商需在消费者提出要求的 45 天内免费提供产品中是否含有 SVHC 候选物质、安全使用时应注意的事项等信息。

需要注意的是供应链内信息传递要求并无吨位限制，即使是每年总量低于 1 吨的物质，只要产品中浓度超过 0.1%，也需履行该职责。对于直接出口的企业除了需考虑产品中 SVHC 候选物质浓度外，也需单独调查包装中 SVHC 候选物质的使用情况。此外，若零部件采购后某物质被列入 SVHC 候选清单，企业仍有义务提供生产产品中所有 SVHC 候选清单信息。

"通报"和"供应链内信息传递"所依据的 SVHC 候选清单可参见 ECHA 网站：https：//echa.europa.eu/web/guest/candidate-list-table。

（三）限制

REACH 法规中提出的限制要求是指制造商或进口商在欧盟市场上投放的产品中不得含有 REACH 法规附录 XVII 中的限制物质，它是欧盟建立的一张保护欧盟环境和公民健康的安全网。

REACH 法规中的限制要求替代了欧盟原有的化学物质管控指令 76/769/EEC 及其后续修订文件。从 2009 年起，欧盟对 REACH 法规限制物质清单进行了多次修订，截至 2018 年 5 月，限制清单中共囊括了 71 类物质，欧盟对这 71 类物质在具体产品中的限制提出了明确要求，范围涉及电子电气产品、玩具、纺织品等众多产品。与消费类产品相关的典型限制要求包括（但不限于）石棉、有机锡化合物、偶氮染料、镍释放、多环芳烃、邻苯二甲酸酯、富马酸二甲酯等物质，部分典型示例详见表 3-2。

表 3-2 消费类产品相关的部分 REACH 法规限制物质示例

物质	限制要求	常见应用
石棉纤维（Asbestos fibres）	混合物和物品中不得有意添加	保温隔热材料
有机锡化合物（Organostannic compounds）	2010 年 7 月 1 日起，物品及其零部件中，三取代有机锡≤0.1%（以锡含量计）； 2012 年 1 月 1 日以后，成品及其零部件中，DBT≤0.1%（以锡含量计）； 2012 年 1 月 1 日以后，成品及其零部件中，DOT≤0.1%（以锡含量计）。	PVC 热稳定剂、油漆、涂料等
镍（Nickel）	人体穿孔类饰物的镍释放量不得超过 $0.2\mu g/(cm^2 \cdot 周)$； 与皮肤直接及长期接触的物品（如耳塞、手表等），镍释放的速率不超过 $0.5\mu g/(cm^2 \cdot 周)$。	镀层、合金
多环芳烃（PAHs）	与人体长期或反复接触的塑料和橡胶材料中的 8 种 PAHs［苯并（a）芘；苯并（e）芘；苯并（a）蒽；䓛；苯并（b）荧蒽；苯并（j）荧蒽；苯并（k）荧蒽；二苯并（a, h）蒽］ 一般产品每项 PAHs≤1mg/kg； 玩具和儿童护理用品每项 PAHs≤0.5mg/kg。	塑料、橡胶
邻苯二甲酸酯类（Phthalates）	玩具和儿童护理用品中的增塑材料中，DEHP + DBP + BBP≤0.1%； 可入口的玩具和儿童护理用品上的增塑材料中，DINP + DIDP + DNOP≤0.1%；	PVC 等塑料、油墨、涂料、胶粘剂等
富马酸二甲酯（DMFu）	物品或任何部件中 DMFu 浓度超过 0.1mg/kg 不得投放市场。	防霉剂
偶氮染料	含有可释放出浓度高于 30mg/kg 致癌芳香胺的偶氮染料不得用于与人体皮肤或口腔直接长期接触的纺织品和皮革制品。	纺织品、皮革制品

企业必须确保在欧盟销售的产品中不含有相关的限制物质。另外值得注意的是，REACH 法规并没有覆盖欧盟的所有限制法规，如 POPs（Persistent Organic Pollutants，持久性污染物）法规、RoHS 指令等，因此仅满足 REACH 法规的限制要求并不代表满足了欧盟所有有害物质的限制法规。例如对于手机这样的电子产品，除了满足 REACH 法规的限制要求外，还需要满足 RoHS 指令、POPs 法规、电池指令等众多要求。企业在具体应对时除了要考虑 REACH 法规外，还需对欧盟的其他所有相关限制法规进行全盘考虑。

（四）注册

"注册"是一种"市场准入式"的要求，满足条件的制造商或进口商必须先在 ECHA 为该物质进行注册，产品才可以在欧盟境内销售。注册时制造商或进口商需向 ECHA 提交列明物质属性、用途、级别和使用该物质时的安全指导的技术档案资料（大于等于 1 吨/年的物质），或包含危险等级、暴露评估信息等的化学品安全报告（大于 10 吨/年的物质）并支付注册费用。注册时，其主体可以是欧盟的制造商或进口商。对于非欧盟的企业，由于无法直接注册，可以委托欧盟境内的自然人或法人作为企业的"唯一代表"进行注册。

企业需要注意的是，并不是所有产品都需进行 REACH 注册，企业首先需要判断自身产品所属的类型，再明确相应要求，因为不同类型的产品注册的要求不同。具体要求见表 3-3。

表 3-3　各类产品履行注册义务的条件

产品	物质	混合物	物品
条件	≥1 吨/年	混合物中的物质≥1 吨/年	制造/进口的物品正常使用或可预见合理使用时该物质从物品中有意释放；制造/进口的所有物品中该物质的总量≥1 吨/年。

（五）授权

"授权"要求是指当制造商、进口商或者下游使用者制造、销售或使用"授权清单物质"时，必须预先获得 ECHA 的授权，授权适用于物质、混合物直接出口企业，中国境内的物品生产企业一般不受"授权"要求影响。ECHA 先后将邻苯二甲酸二（2 - 乙基己基）酯、六溴环十二烷、铬酸钠等 43 项物质纳入授权清单。最新的授权清单可参见 ECHA 网站：http：//echa. europa. eu/web/guest/ad-dressing – chemicals – of – concern/authorisation/recommendation – for – inclusion – in – the – authorisation – list/authorisation – list。

国内相关企业如果在欧盟市场上销售或使用这几种物质，必须尽早准备相应资料申请授权。另外，因为申请授权的过程漫长而复杂，而且只有在申请者证明该物质的使用风险能被充分控制，或在没有合适的可替代物的情况下其社会经济效益超过其带来的风险，授权才有可能被批准。因此企业应积极寻找替代物质，以避免无法获得授权的风险。

四、REACH 法规罚则和执法进展

REACH 法规颁布之后，各欧盟成员都颁布了相应的罚则，对违反法规的行为，视情节轻重处以罚款、监禁或二者并罚等惩罚措施。部分成员的罚则见表 3 – 4。

表 3 – 4　部分欧盟成员的 REACH 罚则示例

成员国	处罚措施
德国	违反 SVHC 信息传递要求：最高罚款 50 000 欧元 违反附录 XVII 限制要求：最高处 5 年监禁
法国	罚款最高 75 000 欧元；监禁最高 2 年
比利时	罚款最高 62 500 欧元；监禁最高 1 年
荷兰	罚款最高 740 000 欧元；监禁最高 6 年

在执法方面，欧盟主要由非食品类消费品快速预警系统（RAPEX）来进行通报。该平台会随时更新执法信息，确保将一个成员发现的不合规信息迅速传达给所有其他国家的监管机构和欧洲委员会，以便采取后续跟进措施，防止这些产品流入消费者和专业用户手中。从 2009 年 6 月起，RAPEX 通报的案例中就开始出现因违反 REACH 法规限制要求而被通报的消费品。2010 年，

涉及REACH法规的通报案例占到RAPEX中因"化学原因"而被通报的案例总数的48%，这一比例还在逐年上升，在2015年该比例已升至62%。由此可见，欧盟对于REACH法规的执法非常重视且有不断加强的趋势。另外，欧盟各官方机构和非官方机构也加紧对消费者进行REACH法规宣传，如推出SVHC信息问询APP等，鼓励消费者行使REACH法规赋予的权利，敦促和监督企业遵守REACH法规。

对于中国企业而言，REACH法规既是挑战，也是机遇。虽然REACH法规的要求可能会加重中国企业负担，增加产品成本，但是确保化学物质的安全使用、保护环境和人类健康是整个工业界的大势所趋。企业应结合自身产品特性，准确理解REACH法规各项义务的要求，及早应对，树立绿色生产、绿色营销理念，使产品更加绿色环保，使企业在这一博弈中立于不败之地。

第三节　欧盟《通用产品安全指令》（2001/95/EC，GPSD指令）

一、法规背景与概述

《通用产品安全指令》（General Product Safety Directive，GPSD）又名《一般产品安全指令》。这个指令是欧盟制定技术法规和标准的指导性文件，对除特别专门法规管辖以外的所有产品应满足的安全要求，设定了欧盟标准的制定程序和对不合格产品的处理原则，并要求欧盟成员建立专门的市场监督部门。

二、法规规管的产品范围

它适用于除特别法管辖以外的所有产品，包括玩具、家具、自行车等日用品。

三、法规的要求

GPSD定义了产品安全的概念，并规定了产品的通用安全要求、符合性评定程序、标准的采用，并明确了产品生产商、经销商和各成员应负的产品安全法律责任。确立了没有专门法规规管的产品所要遵循的安全准则，以及标签和警示语等要求，使得欧盟市场的产品都有法可依。

四、违反法规的惩罚

一旦生产商或分销商发现产品可能会对使用者构成危险，必须立即向有关监管部门提出警示，收回有关产品。生产商或分销商若不肯收回产品或忽视产品构成的危险，将会受到处罚。被召回或被撤出市场的产品不得再转销非欧盟的任何第三国（地区）。

第四节　欧盟 POPs 法规

一、法规背景与概述

POPs 是指通过各种环境介质（大气、水、生物体等）能够长距离迁移并长期存在于环境中，具有长期残留性、生物累积性和高毒性，对人类健康和环境具有严重危害的有机污染物质。

1979 年 11 月 13 日，34 个国家（地区）和欧洲共同体签署了《远距离越境空气污染公约》（Long-range Transboundary Air Pollution，LRTAP），于 1983 年 3 月 16 日生效。1998 年 6 月在丹麦奥尔胡斯召开的泛欧环境部长会议上，美国、加拿大和欧洲 32 个国家（地区）正式签署了该公约下的《持久性有机污染物协议书》。该协议书规定，禁止或削减 POPs 物质的排放，并禁止和逐步淘汰某些含有 POPs 产品的生产。为推动 POPs 的削减和淘汰，保护人类健康和环境免受 POPs 的危害，多国（地区）于 2001 年 5 月 22 日共同签署了《关于持久性有机污染物的斯德哥尔摩公约》。截至 2017 年 5 月该公约已有 152 个签署国（地区），签署国（地区）有责任采取适当措施以实现公约的目标。

在此基础上，2004 年 4 月 29 日，欧洲议会和理事会发布关于持久性有机污染物的法规（EC）No 850/2004（简称 POPs 法规），对欧盟境内 POPs 的使用提出了具体管控措施。

二、法规规管的产品范围

POPs 法规列明首批禁止使用 13 类物质、无限制使用物质、减少释放 4 类物质、废弃物中管控 14 类物质。后经多次修订，修订历程见图 3-3，目前针对产品中的 POPs 管控要求如表 3-5 所示。

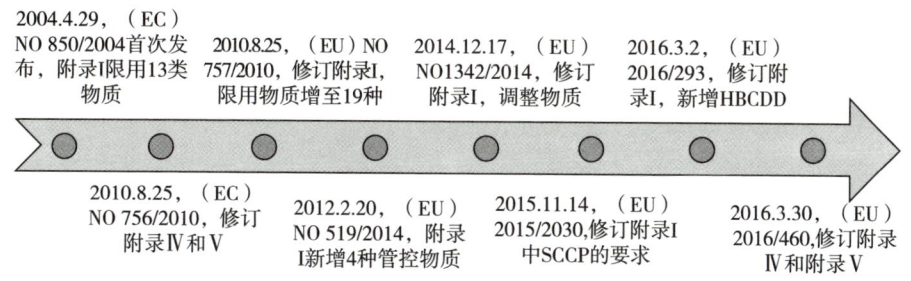

图 3-3　欧盟 POPs 指令的修订历程

表 3-5　欧盟 POPs 指令管控要求

物质	产品中限值要求	废弃物中限值要求
硫丹	禁用	5 000mg/kg
六氯丁二烯	禁用	1 000mg/kg
多氯化萘	禁用	1 000mg/kg
短链氯化石蜡（SCCP）	1. 物质和混合物中 SCCPs 的质量含量 <10 000mg/kg； 2. 物品中 SCCPs 的质量含量应 <1 500mg/kg； 3. 豁免：2015 年 12 月 4 日前投入使用的矿业用传送带和大坝密封剂。	10 000mg/kg
四溴二苯醚、五溴二苯醚、六溴二苯醚、七溴二苯醚	10 mg/kg，RoHS 管控范围内的产品豁免	1 000mg/kg
戴奥辛/苯并呋喃	/	5mg/kg
滴滴涕、六氯环己烷（包括林丹）、狄氏剂、异狄氏剂、七氯、六氯苯、十氯酮、艾氏剂、五氯苯、灭蚁灵、毒杀芬、六溴联苯	禁用	5 000mg/kg

续表

物质	产品中限值要求	废弃物中限值要求
氯丹	禁用	50mg/kg
全氟辛烷磺酰基化合物（PFOS）	物质或混合物中：≤10mg/kg； 半成品/物品部件中：<0.1%； 纺织品或涂层中：<1μg/m²	50mg/kg
多氯联苯（PCB）	禁用	50mg/kg
六溴环十二烷（HBCDD）	物质、混合物、物品及物品的阻燃部分中HBCDD浓度≤100mg/kg，委员会将于2019年3月22日前进行审查。 如已根据（EC）No 1907/2006获得相关用途授权，或于2014年2月21日前提交了授权申请但暂未得到结果，允许将HBCDD或其混合物用于生产发泡聚苯乙烯，同时允许生产该类用途的HBCDD投放市场。 仅在2019年11月26日之前，或在授权决定指定的截止日前，或根据（EC）No1907/2006撤销HBCDD授权的日期之前（三者取最早日期），可允许根据本段要求将HBCDD或其混合物投放市场并投入使用。	1 000mg/kg

三、法规的要求

POPs指令主要内容是规管一些持续性有机污染物在产品中的使用。

四、违反法规的惩罚

POPs指令是欧盟的强制要求，不符合该法规的产品，将无法进入欧盟市场，如果此类产品在市场上被发现，将会被强制下架并召回。

第五节 美国加利福尼亚州 65 号提案

一、法规背景与概述

美国加利福尼亚州 65 号提案（以下简称"加州 65 号提案"），即《1986 年饮用水安全与毒性物质强制执行法》，于 1986 年 11 月颁发，其宗旨是保护美国加利福尼亚州（以下简称加州）居民及该州的饮用水水源，减少有毒化学品的危害，保护公众健康，减少有害化学品可能引起的癌症及生殖系统伤害。尽管该法案仅针对一个州，但由于加州在美国经济中的重要性，出口美国的产品都应该关注这个法案。

二、法规规管的产品范围

该法规管控范围包括饮用水、环境暴露、专业暴露、消费品等。该法案的影响遍及所有在加州销售或分销的产品，包括纺织品、金属产品、玩具、青少年产品、电子电气产品以及一些常见日用消费品等。该提案由加州环境保护署辖下的 OEHHA（The Office of Environmental Health Hazard Assessment，环境健康危害评估机构）负责执行。

三、法规的要求

根据加州 65 号提案的要求，加州政府每年会发布一份具有致癌、致畸，或其他生殖毒性的化学物质清单。该提案自 1987 年第一次发布以来，目前已有超过 900 种化学品被列入该清单，清单中的化学物质涉及广泛，可用于产品制造和建筑，或化学过程的副产物，如机动车辆排气、抽烟、天然气燃烧。日常使用的产品也可能含有清单中的一些化学物质，比如重金属（铅、镉和镍等）、有机化学物质（邻苯二甲酸盐、PAHs 等）、溶剂（苯、含氯溶剂等）、农业杀虫剂等。

提案规定，从事商业的个体，其雇员人数达到 10 人或 10 人以上的（另有豁免的除外），须在使消费者暴露于已知致癌性或生殖毒性的化学物质的产品上贴上清晰、合理的警告标识，以降低与人体接触的风险，且不得将该等化学物质排放到饮用水中，消费品警告可直接置于产品标签上，也可置于店面产品附近的显眼处。简而言之，基于法案关乎消费品的范畴，加州 65 号提案可作为消费者的"知情权利法"，让消费者知悉产品或其包装是否暴露某些有害物质。假如使消费者暴露水平超过致癌性的非显著风险水平（No Significant Risk Level，NSRL），或致生殖毒性的最大允许剂量水平（Maximum Allowable Dose Level，MADL），则需贴上警告标签。

一旦某一种化学物质被纳入加州 65 号提案清单之中，制造商和经销商须在一年内完成警告，在 20 个月内终止化学物质排放至饮用水源。此日期后，政府或个人执法者，包括代表公众利益的个人或组织，可对未履行义务的企业采取法律行为。例如，双酚 A 于 2015 年 5 月 11 日加入加州 65 号提案清单中，如产品中存在双酚 A 暴露风险，则需于 2016 年 5 月 11 日前完成标识要求。

美国加州行政法办公室于 2016 年 8 月 30 日批准了加州 65 号提案中针对条款 6 "清晰合理的警告信息"的修订案。本次修订废止了加州 65 号提案中标题 27 下条款 6 所有的规定，并新增两项子条款。

修订案主要内容包括 5 点：

- "WARNING"字眼必须全大写粗体印刷；
- 左侧必须有含有黑色感叹号的黄色等边三角形象形图（若产品上的相关标识或货架标签未使用黄色印刷，则此标识可黑白印刷），标识置于警告文字左侧，字号不小于"WARNING"，高度不低于"WARNING"；
- 警示内容必须含有一种以上的有害物质名称，必须引导消费者前往加州 65 号提案警示官方网站：https：//www.p65warnings.ca.gov/，以获得相关信息，并给出产品标签上的警示语；
- 标识不小于其他消费信息的最大字号，任何情况下不小于 6 号字；
- 如果产品的消费信息语言为非英语，则警告标识在英语之外也需要提供同样的语种。

此外，对张贴方式亦做出了详细规定，警告标识可以是以下一种或多种方式联合使用：

- 在产品展示的任一点上，货架标签或货架标识上提供；

- 通过电子设备，在消费者购买前或购买期间，自主向其提供警告标识，而无须消费者主动寻找。

新规将于 2018 年 8 月 30 日生效。在过渡期内，企业可遵照新要求张贴警告标识。警告标识文字更新对比见表 3-6，详情请见加州 65 号提案官网：http：//www.p65warnings.ca.gov/。

表 3-6　美国加州 65 号提案警告标识文字更新对比

毒性	当前版本	2016.8.30 更新（2018.8.30 生效）
致癌性	WARNING：This product contains a chemical known to the State of California to cause cancer.	⚠ WARNING：This product can expose you to chemicals including [name of one or more chemicals], which is [are] known to the State of California to cause cancer. For more information go to www.P65Warnings.ca.gov.
生殖毒性	WARNING：This product contains a chemical known to the State of California to cause birth defects or other reproductive harm.	⚠ WARNING：This product can expose you to chemicals including [name of one or more chemicals], which is [are] known to the State of California to cause birth defects or other reproductive harm. For more information go to www.P65Warnings.ca.gov.
一种或多种致癌性和生殖毒性	/	⚠ WARNING：This product can expose you to chemicals including [name of one or more chemicals], which is [are] known to the State of California to cause cancer, and [name of one or more chemicals], which is [are] known to the State of California to cause birth defects or other reproductive harm. For more information go to www.P65Warnings.ca.gov.
既是致癌性又是生殖毒性	/	⚠ WARNING：This product can expose you to chemicals including [name of one or more chemicals], which is [are] known to the State of California to cause cancer and birth defects or other reproductive harm. For more information go to www.P65Warnings.ca.gov.

四、违反法规的惩罚

加州的公共环境组织以及私人律师机构均会发起大量与加州 65 号提案相关的法律诉讼。加州各个地方法院也会对这些诉讼进行相应的判决。近年来，加州 65 号提案的案例数和案值逐年上升，在 2016 年，案例数 760 起，为近年新高，年花费均在 2 500 万美元以上。

基于美国的法律体系，已存案例的判决结果对后续的相关法律诉讼有着非常大的影响。在消费品领域，加州 65 号提案中并无针对具体产品的限值，相关案例中针对某些相关化学物质在产品中的限值为该产品相关案件的判决提供了指引。总的来看，和大家熟知的依据法规和标准来判断产品是否合规的思路不同，加州 65 号提案在消费品领域，基本上是以已有的法庭判决作为合规的依据。自法案实施以来，相关的法庭判决数以千计，有实力的第三方公司均投入了大量的精力对这些法庭文件进行收集整理和更新，为企业的合规提供参考。

这里要指出的是，加州 65 号提案相关案件的法庭判决，基本上只是针对该案件的相关方。生产和销售类似产品的企业，应该了解案例的内容与要求，采取适合自己的措施，否则将面临潜在诉讼、高额赔偿等风险。另外，加州各地方在判决违背加州 65 号提案的诉讼时，会着重于警示和威慑效应，是否故意添加清单中的化学物质，有无主观上符合加州 65 号提案的诚意，这些都成为影响判决结果的因素。

常见消费产品相关案例见表 3 - 7。

表 3 - 7　美国加州 65 号提案典型案例

产品类型	判决案例编号	案例限值
热固性塑料/热塑性电线、电线/电线组件、插头和连接器	CGC - 07 - 463538	铅≤200mg/kg
PVC 线皮	115CV288687	DEHP、BBP、DBP、DIDP、DINP≤1 000mg/kg

续表

产品类型	判决案例编号	案例限值
移动式电子设备（电话、照相机、DVD 和笔记本电脑）的护套或彩壳	CGC-10-497729 CGC-10-498981	（可接触）PVC 或其他软塑料、合成皮革等 DEHP、DBP、BBP≤1 000mg/kg
儿童玩具	RG-07-356892 BG-07-350969	涂层铅≤90mg/kg 基材铅≤100mg/kg DEHP、BBP、DBP、DIDP DnHP≤1 000mg/kg
人造革家具	RG-13673072 和 RG-13673582	涂层铅≤90mg/kg 基材铅≤200mg/kg DEHP≤1 000mg/kg
手动工具、厨房用具类	112CV231165、 CIV1203098、 CV1104615 等	铅≤100mg/kg DEHP、BBP、DBP≤1 000mg/kg

第六节　美国《消费品安全改进法案》

一、法规背景与概述

在 2008 年 8 月生效的美国《消费品安全改进法案》（Consumer Product Safety Improvement Act，CPSIA），对儿童产品的安全要求大幅度提高，制定了更多更严格的安全要求，并且将产品质量和安全责任转移给了第三方检测机构及生产商、进口商，同时加强了消费品安全协会（Consumer Product Safety Committee，CPSC）的职能和权力。该法案的主要内容集中在儿童消费品所使用的材料中铅含量的要求，增加了对 6 种邻苯二甲酸酯含量的限制，对儿童产品包装及追溯标签的要求，对消费品进行检验监管的措施和美国国内的消费品法律措施等内容。

二、法规规管的产品范围

CPSIA 规管了美国所有生产、进口、分销玩具、服装和其他儿童产品及护理品的产业及相关产品。

三、法规的要求

法案的基本内容/要求如下。

（一）儿童产品中的铅含量（总铅）（101条）

法规规定所有玩具和儿童产品上的材料不应含有铅。儿童产品中铅的含量应低于100mg/kg。

CPSC制定了一些豁免条款，把钻石等珍贵宝石、木材、纸张、四色印刷油墨、纺织品和其他动植物材料等天然材料以及一些金属材料豁免，不受CPSIA关于铅限量的要求。另外，法规中又进一步订立了"功能性目的"豁免条款，若产品所含的铅成分具有功能性目的，而且人体接触产品后不会导致血液中铅含量上升，则产品即使未能符合含铅量上限，也可获得豁免。此外，对非公路用车及若干类二手儿童用品实施豁免，获豁免的二手儿童产品包括慈善捐赠的儿童产品。

最后CPSC发布了有关电子设备中某些可接触含铅零部件的豁免的最终规则，豁免的前提是，为实现零件正常的电子功能不得不使用铅，同时上述零件在技术上无法满足铅含量限制。儿童电子设备的相关豁免清单在联邦公报中发布后，CPSC将每隔五年对豁免条目进行一次审查。

（二）涂料和表面涂层中的铅（101条f款）

法规规定儿童产品中所使用的涂料和表面涂层中的铅含量少于0.009%，即90mg/kg。

（三）第三方强制测试和证书（102条）

CPSIA以及CPSC颁布的其他标准、法规、禁令或规则中规定的儿童产品需要通过测试来说明其符合所有CPSC颁布的相关技术法规。

目前，CPSC建立和发布需要经第三方进行符合性认可评估的产品或测试项目如下：

- 含铅涂料；
- 全尺寸和非全尺寸婴儿床；
- 安抚奶嘴；
- 小零件；
- 儿童金属饰品；
- 婴儿推车、学步带和背带；
- 所有其他儿童产品安全规定中列明的产品。

CPSC可以接受其认可的第三方符合性评估机构或指派一个独立组织进行此项工作，包括周期性地评估、修订认可要求，并利用互联网在其官方网站上公布认可机构清单。以下是第三方检测机构和产品对应的技术法规查询网址：http://www.cpsc.gov/cgi-bin/labsearch/。

（四）儿童产品的溯源性标签（103条）

法规规定所有儿童产品需要具有可溯源性标签。该要求还规定，如果产品的广告、标签或包装涉及消费品安全规则或标准，必须符合该规则或标准的规定。

（五）耐用儿童产品的产品注册（104条）

这个要求涉及的产品有耐用婴儿产品、学步期儿童产品等18类产品，即全尺寸和非全尺寸婴儿床、儿童床、高脚椅（包括为三岁以下儿童设计的高椅子和为三岁以上儿童设计的助力椅子）和桌边椅、浴室椅、约束儿童用的门和围墙、围栏、固定式活动中心、婴儿车、手推车、学步车、秋千、摇篮、儿童折叠椅、可调整桌、婴儿躺椅、婴儿澡盆、便携式婴儿床轨道、婴儿吊带等。

另外，制造商随产品提供产品注册卡（和电子等价物），所收集到的信息由制造商维护，且仅用于召回或安全预警，制造商应保留至少6年。

（六）玩具和游戏广告的标签要求（105条）

该规定针对的对象是玩具和游戏的零售商、制造商、进口商、分销商、贴牌商，要求上述企业进行直销或订购产品做任何广告时，必须包含所有适用的 FHSA 法案中已经对该产品或近似产品要求的警示说明。例如如果游戏中有小零件警告，则在诸如目录零售商或网上零售商的任何销售网点的广告上必须重复这种警示说明。

这些广告要符合该法案规定的广告中的警示说明必须使用的语言、字体和版式，告知零售商满足关于产品广告的这种要求是制造商、进口商或贴牌商的责任。

（七）强制性玩具安全标准（106 条）

此法规中将 ASTM[①] F963（《玩具安全》标准）作为强制性玩具标准。如需要查询目前 CPSC 规定执行的 ASTM F963 的具体条款，可到下面的网址：http：//www.cpsc.gov/cgi-bin/labsearch/。

（八）与消费品相关的、可预防的少数儿童伤害和死亡研究（107 条）

法规要求联邦政府在法规生效后不超过 90 天之内，启动一项研究，评估可预防的少数儿童伤害和死亡的风险和事件。

（九）禁止销售某些含有邻苯二甲酸酯的产品（108 条）

受此条款影响的产品有儿童玩具和儿童产品，该条款限制了 6 种邻苯二甲酸酯用于可触及的材料中的情况。

1. 永久禁止

禁止含有浓度高于 0.1% 的 DEHP（邻苯二甲酸二辛酯）、DBP（邻苯二甲酸二丁酯）和 BBP（邻苯二甲酸丁苄酯）的玩具或者儿童护理用品进入市场。

2. 临时禁止

法规公布后 180 天直至宣布最终规则，禁止含有浓度高于 0.1% 的 DINP（邻苯二甲酸二异壬酯）、DIDP（邻苯二甲酸二异癸酯）或者 DnOP（邻苯二甲酸二正辛酯）的玩具或者儿童护理用品进入市场。

此临时禁止法规中的重要定义有如下 4 个。

- 玩具：12 岁及 12 岁以下儿童玩耍时使用的消费产品。

---

① ASTM：American Society for Testing and Materials，美国材料与试验协会。

- 儿童护理产品：为3岁或以下幼儿生产，旨在促进其睡眠、食物摄取或帮助其吸吮、磨牙的产品，法规规定产品的年龄组根据产品的要素和资源确定。
- 可入口玩具：假如玩具的任何部分可入口、可留在嘴里，以便吸吮和咀嚼（如果产品仅仅可以舔，不被认为是可入口玩具），入口的玩具在任意一个方向上长度小于5cm。
- 不可接触部件：目前对于"不可接触部件"的判断是由于密封覆盖物或包装而导致儿童不能物理触及，并在正常使用和合理滥用（吞咽、放入口中、摔打等）以及产品老化之后，无法物理触及的零部件，这些"不可接触部件"可豁免此条款的要求。

2017年10月27日，CPSC在《联邦公报》上发布了关于邻苯的最终法规（16 CFR 1307《禁止含有特定邻苯二甲酸盐的儿童玩具和儿童护理产品》），永久禁止儿童玩具和儿童护理产品中使用如下8项邻苯物质：DBP（邻苯二甲酸二丁酯）、BBP（邻苯二甲酸丁苄酯）、DEHP（邻苯二甲酸二辛酯）、DIBP（邻苯二甲酸二异丁酯）、DPENP（邻苯二甲酸二戊酯）、DHEXP/DnHP（邻苯二甲酸二己酯）、DCHP（邻苯二甲酸二环己酯）、DINP（邻苯二甲酸二异壬酯）。该法规已于2018年4月25日生效。

（十）增加的CPSC权力人员配置和资金（201-202条）

略。

（十一）CPSC的检查报告（203-209条）

该部分主要涉及几个方面，包括加快规则制定和改变现有规则制定之过程和程序，CPSC的一些内部纪律，国内审计和报告，与联邦、国家、地方和国外的政府机构共享信息等内容。

（十二）消费品信息库（212条）

CPSC建立和保持一个公开的、可用的、可检索的在线数据库。该数据库中包含第5（c）部分报告的信息，以及任何纠正行动的公开通告，消费者提交的消费品使用危害报告。

(十三) 增强的召回权力和修正行动计划（214 条）

CPSC 对某项行动计划的批准应以书面形式进行。如果委员会发现一项修正行动计划是无效的，或者是不适当的，或者未被有效执行，委员会可能命令对其进行修改或要求对行动计划进行修订。

（十四）检查由防火墙隔开的符合性评定机构和鉴定供应链（215 条）

由 CPSC 确定的符合性评定机构，而非生产商、进口商或者私人制造者进行评定。

要求生产商、进口商、零售商和消费品分销商在 CPSC 要求基础上，确认如下信息：

- 产品生产商的名称、地址（或其他要求信息）；
- 产品供应链上的每个零售商或分销商，以及每个转包商。

四、违反法规的惩罚

提高最高民事处罚标准。CPSC 可据企业违反情况进行评估，对每次违反条例的行为处以最高 10 万美元罚款，对同一系列相关的违反条例行为处以最高 1 500 万美元的罚款，并作为委员会评定企业违反等级的考虑因素。此外，CPSC 还会修订刑事违反处罚办法，包括对故意违反法规的企业进行没收资产处罚。

第七节 美国华盛顿州《儿童安全产品法》

一、法规背景与概述

华盛顿州《儿童安全产品法》（Children's Safety Product Act，CSPA）于 2008 年颁布。其最主要的关注点是提出了一份高关注化学物质清单，并据此清单提出一系列要求。

二、法规规管的产品范围

在美国华盛顿州的儿童用品生产商（包括品牌所有者和进口商）生产的产品，以及相关产品。

三、法规的要求

该法案由两个重要部分组成。

第一部分规定了在华盛顿州销售的儿童产品中铅、镉、邻苯二甲酸酯增塑剂的限制值。该标准限量随着 CPSIA 的颁布被其相关规定所取代。

第二部分由生态部门和卫生部门共同协商制定了一份儿童高关注化学物质清单（Chemicals of High Concern to Children，CHCC），并要求儿童产品生产商（包括品牌所有者和进口商）向生态部门申报产品中对儿童具有风险的化学品的存在情况。第一批申报有效期至 2012 年 8 月 31 日，任何意图放入儿童口中、应用于儿童身体或皮肤，或供 3 岁及以下儿童使用的儿童产品的大规模生产商都需要对其进行申报。

在华盛顿州，企业若将高关注化学物质清单上的物质用于儿童产品中，需要按照 CSPA 法规向生态环保部通报物质在产品中的使用情况。截至 2018 年 5 月，这份高关注化学物质清单共列明 85 类化学物质，清单可到下面网址了解：http://www.ecy.wa.gov/programs/hwtr/rtt/cspa/chcc.html。

四、违反法规的惩罚

如果违反该法规，将会受到罚款的惩罚。

第八节　加拿大相关法规

加拿大与美国的经济往来非常紧密，所以出口加拿大的产品，常常都要兼顾美国市场的相关法规要求。与此同时，加拿大也有一些独特的法规要求同样值得相关各方高度关注。下面列出一些加拿大重要的消费品领域的法规。

一、《加拿大消费品安全法案》

(一) 法规背景与概述

《加拿大消费品安全法案》(Canada Consumer Product Safety Act,CCPSA) 是一个关于消费品安全的法案,该法案取代 HPA (Hazardous Product Act,危险产品法) 并且在第 I 部分提出了一个新的法律制度。该法案于 2011 年 6 月 20 日正式生效。

(二) 法规规管的产品范围

该法规规管所有在加拿大境内销售的消费品。

(三) 法规的要求

《加拿大消费品安全法案》包括以下关于消费品的新规定：
- 全面禁止销售引起危险的产品；
- 禁止销售召回或其他未执行纠正措施的产品；
- 禁止涉及健康及安全的错误或误导性包装、标签、广告，包括错误的认证标识；
- 加拿大卫生部部长做出的关于不合格指标检验报告或研究论文的规定；
- 企业保留产品来源及分销记录要求；
- 企业报告其产品严重事故要求；
- 向其他消费品安全执行组织公开商业机密的规定（适当的保密协议）；
- 加拿大卫生部检查员命令召回及采取纠正措施的规定；
- 违反检查员命令的行政处罚制度。

法案也列出一些禁止制造、进口、宣传或销售的消费品，详情请参考该法案的附录 2。

二、《加拿大环境保护法》

(一) 法规背景与概述

《加拿大环境保护法》(Canadian Environmental Protection Act,CEPA) 是

在 1988 年通过的。该法的颁布不仅对处理和解决环境问题起到了积极的作用，而且还促进了加拿大环境保护事业的发展。1999 年加拿大第 36 届国会第一次会议通过了环境保护法的修正案，即 1999 年《加拿大环境保护法》。新法的目标是保护环境和加拿大人民的健康不受有毒物质和其他污染物的侵害。

（二）法规规管的产品范围

《加拿大环境保护法》与化学物质限制要求相关的条款主要是第 5 部分有毒物质管控。CEPA 中对于有毒物质的定义不同于一般的理解，此法中涉及的有毒物质不是物质本身有毒性，而是指如果一种物质进入或可能以一定数量浓度进入环境，符合如下情况的，那此物质就可以称之为有毒物质。

- 对环境或生物多样性产生或可能产生短期或长期的影响；
- 对生物赖以生存的环境构成或可能构成危险；
- 构成或可能构成对加拿大人的生命或健康的危险。

（三）法规的要求

CEPA 对于以商业目的应用的物质和产品及排放到加拿大环境中的物质，实施分类管理。其中用于商业制造目的的物质和产品在加拿大生产、进口的数量达每年 100 公斤以上的列入国内物质清单。国内物质清单中的物质应于该法颁行后七年内完成分类和风险评估审查。风险评估审查决定一种物质是否有毒或是否可能变为有毒，并视情况分别采取对策。无毒的物质不会采取进一步行动；可能有毒的物质会列入优先物质清单，进一步确认有毒的物质会列入附录 1 的有毒物质清单，并在必要时实行"实质性消除"。

被列入该法规附录 1 的有毒物质，需要考虑风险控制的方法，对其实施从研究开发、生产使用到回收处理的生命周期控制。清单上目前已包含多类有害物质如铅、汞、砷、六价铬等重金属以及苯、多环芳烃、四丁基锡等有机物。如果一种有毒物质是难以降解、生物累积并且是由人类的活动引起的，就需要考虑实施"实质性消除"，若某些有毒物质难以立即实施"实质性消除"，则可以制定一个标准通过阶段性的方式逐步达到消除的目的。

三、《禁止特定有毒物质法规》

（一）法规背景与概述

与《加拿大环境保护法》附录 1 相关的代表性法规之一是加拿大《禁止特定有毒物质法规》。2012 年 12 月 14 日，加拿大在其官方公报上公布《禁止特定有毒物质法规 2012》（Prohibition of Certain Toxic Substances Regulations 2012，SOR/2012 - 285）。更新后的法规于 2013 年 3 月 15 日正式生效，而之前的《禁止特定有毒物质法规 2005》同时被废除。

（二）法规规管的产品范围

《禁止特定有毒物质法规 2012》是针对多种物质进行风险管理的一种工具，其目的是在加拿大境内通过禁止制造、使用、销售、提供、进口法规附录 1 和附录 2 中的有毒物质或含有这些物质的产品，防止潜在风险对加拿大环境和公民健康造成伤害。《禁止特定有毒物质法规》并非一部新法规。早在 1996 年加拿大就发布《禁止特定有毒物质法规》，当时仅管控 5 种物质；随后《禁止特定有毒物质法规 2005》将管控物质增加到 18 种，2013 年 3 月 15 日生效的《禁止特定有毒物质法规 2012》进一步将管控的有毒物质扩大到 22 种。2016 年 10 月 5 日，加拿大官方公报发布公告 SOR/2016 - 252，修订《禁止特定有毒物质法规》（SOR/2012 - 285），新增六溴环十二烷、全氟辛酸铵、长链全氟羧酸化合物、多溴联苯醚和全氟辛烷磺酸共 5 项有害物质的限制要求。目前，此法规管控的有毒物质已增至 27 种。

（三）法规的要求

法规要求任何人不得制造、使用、销售、提供或进口法规附录 1 和附录 2 的有毒物质或含有这些物质的产品。法规附录 2 还列出了相应物质的允许使用用途。这些物质全部来自《加拿大环境保护法》附录 1 的有毒物质清单。

在以下两种情况下考虑给予相应的物质豁免：

第一种，非有意添加这些物质的产品的制造、使用、销售、提供或进口；

第二种，这些物质或含有这些物质的产品用于实验室分析、科学研究或用作分析标准物。

在第二种情况下，当物质的预期用量超过 10g/年时，使用人必须在 60 天内提交以下信息。

- 实验室信息：名称、地址、电话号码，以及 email 和传真（如果有）；
- 有毒物质和含有有毒物质的产品信息：物质名称和产品名称（如果适用）、预期使用期、年度（日历年）预期使用量及计量单位、计划用途及实际用途。若在产品中使用，还需提供年度（日历年）预期使用产品数量及计量单位、产品中有毒物质的浓度及其计量单位。

针对附录 1 的有毒物质，法规规定任何人不得制造、使用、销售、提供或进口这些物质或含有这些物质的产品。附录 1 分为两部分，除豁免情形外，第 1 部分的物质不允许在任何产品中含有；而第 2 部分中的物质被允许在物品中使用。

法规要求，除规定的允许使用条件外，任何人不得制造、使用、销售、提供或进口附录 2 第 1、2 或 3 部分第 1 栏中的有毒物质或含有这些物质的产品。

（四）违反法规的惩罚

任何人如制造或使用被禁止的有毒物质或含有这些物质的产品，从法规生效之日起，必须获得许可方可继续制造或进口这些物质或产品。

符合以下条件时，企业可对法规管控的有毒物质申请使用许可：

- 在申请人提交申请时，不存在经济上或技术上可行的替代物或替代技术，只能使用法规管控的这些有害物质；
- 申请人已采取必要的措施，以减少或消除这些有害物质对环境和人类健康产生的危害；
- 申请人需针对有毒物质采取的措施准备一个计划，以符合法规的要求，从申请者获得第一次使用许可起，计划实施期限不超过 3 年。

使用许可的有效期为 1 年，申请人可在许可到期前至少提早 30 天提交续期申请，在同样的条件下只能续期 2 次。

申请使用许可需提交的信息在法规附录 4 中规定，具体包括：申请人信息、有毒物质或含有毒物质的产品信息、替代物和替代技术不可行的说明、减少或消除危害所采取的措施、替代计划。

任何人制造或进口附录 2 第 4 部分的 SCCAs（短链氯化烷烃）、联苯胺和联苯胺二盐酸盐或含有这些物质的产品，物质浓度超出报告阈值时，必须在第二年的 3 月 31 日前提交年度报告。年度报告应包括如下信息：

- 制造商或进口商信息，包括名称、地址、主要营业地点的电话号码，以及 email 和传真（如有）；
- 被授权代表制造商或进口商的任何人的名字、职位、地址、电话号码以及 email 和传真（如有）；
- 制造或进口的有毒物质或含有有毒物质的产品信息；
- 有毒物质的名称和产品的名称（如适用）；
- 使用年度；
- 有毒物质制造的总量和计量单位；
- 在加拿大境内销售的有毒物质的总量和计量单位；
- 有毒物质的出口总量和计量单位；
- 有毒物质和产品的预期用途；
- 产品中有毒物质的年度加权平均浓度和计量单位（如适用）；
- 产品中有毒物质浓度的分析方法（如适用）；
- 产品中有毒物质浓度分析方法的检出限（如适用）；
- 加拿大境内的有毒物质或产品销售对象的名称、地址、电话号码，以及 email 和传真（如有）；
- 若适用，确定产品中有毒物质浓度的实验室的名称、地址、电话号码，以及 email 和传真（如有）。

四、含汞产品法规

加拿大政府于 2014 年通过了有关禁止生产和进口含汞产品的法规 SOR/2014-254，以减少汞对环境和人类健康造成的危害。该法规从 2015

年11月8日起正式生效。此法规针对不同产品的汞含量提出了不同的禁用要求。

对于不在附录中的产品，以及未申请该法规规定的许可证的产品，主要要求为：

- 非电池类产品的均质材料汞含量不得超过0.1%；
- 自2016年1月1日起，电池类产品，包括纽扣电池的均质材料汞含量不得超过0.0005%。

附录中主要涉及产品为医用产品以及含汞类灯具，包括但不限于以下产品：

- 荧光灯中允许添加一定量的汞，如一般照明用途紧凑型荧光灯（功率<25W）允许含汞量不超过4mg/灯；
- 一般照明用途紧凑型荧光灯（功率>25W）允许含汞量不超过5mg/灯；
- 一般照明用途直型荧光灯（T5）允许含汞量不超过3mg/灯；
- 汞蒸汽灯（功率≤250W）允许含汞量不超过40mg/灯，且产品在2017年12月31日之前制造或进口；
- 汞蒸汽灯（功率250W~400W）允许含汞量不超过75mg/灯，且产品在2017年12月31日之前制造或进口；
- 汞蒸汽灯（功率400W~1 000W）允许含汞量不超过250mg/灯，且产品在2017年12月31日之前制造或进口；
- 牙科用汞合金中的汞。

除此之外，表面涂层遵循加拿大表面涂层法规（SOR/2005-109）要求，汞含量小于10mg/kg，铅含量小于90mg/kg。

许可证申请需包括申请方信息、产品信息、技术或经济上暂无替代物的证明以及对产品中汞的释放危害的减少和消除的评估计划或报告。许可证有效期为3年，需在至少有效期截止前90天提出更新申请。

除某些特定产品之外，所有在加拿大生产或进口的含汞的产品需在其产品或包装上，用英语和法语标示以下信息：

- 含汞标识，该产品中含汞；
- 安全使用方法和应对意外泄漏的处理方法；

- 产品处理和回收的方法；
- 说明产品应按照相关法律法规进行处理和回收的声明；
- 部分产品需按法规要求添加汞（Hg）的图标（大小、颜色）。

第九节　全球市场——食品接触材料

一、法规背景与概述

食品接触材料，用一句俗话讲，就是"吃饭用的工具"。民以食为天，全球各个市场对食品接触材料安全性的关注度都很高。

近年来，我国出口的拟与食品接触的电器、容器、器具、包装材料等在国外连连受阻。以欧盟为例，中国已成为"最受关注"的食品接触材料出口国之一。近几年 RASFF（The Rapid Alert System for Food and Feed，欧盟食品和饲料类快速预警系统）中产自中国的不合格食品接触制品通报案例数量始终"排名第一"，不合格原因中以有害物质迁移量超标最为突出。因此，了解全球各个市场食品接触材料相关的安全管理模式和法律法规，加强对食品接触材料的质量控制，对促进我国对外贸易的顺利进行具有重要意义。

二、法规规管的产品范围

食品接触材料是指在正常或可预见的使用条件下会与食物接触的材料，如厨电产品中与食物接触的部件、餐具、食品容器、食品包装、食物加工机械等，具体材料种类可以是金属、塑料、橡胶、硅胶、有机涂层、天然纤维、化学纤维、陶瓷、搪瓷、玻璃、木（竹）材、纸张等。食品接触材料对于食品安全有着双重意义：一方面合适的材料可以保护食品不受外界的污染，保持食品本身的水分、成分、品质等特性不发生改变；另一方面材料本身的化学成分会向食物中发生迁移，当迁移量超过一定界限时，会影响与其接触的食品的卫生安全。

三、法规的要求

（一）欧盟食品接触材料安全法规

1. 欧盟食品接触材料立法框架

欧盟食品接触材料协调一致的立法包括框架法规（EC）No 1935/2004、针对特定材料的专项指令，以及针对特定有害物质的单独指令。然而到目前为止，在欧盟范围内协调一致的立法涵盖的材料类别仍比较有限，针对还没有统一立法的材料，如着色剂、纸和纸板、有机涂层、软木塞、离子交换树脂、橡胶、硅胶、包装油墨、金属等，CoE（Council of Europe，欧洲委员会）颁布的一些决议可作为合规性管控的依据。其他少数材料，如玻璃、胶黏剂、石蜡、纺织品、木材等，既无针对性立法，亦无决议可供参考，其合规性管控工作仍存在一定困境。欧盟食品接触材料立法现状见图3-4。

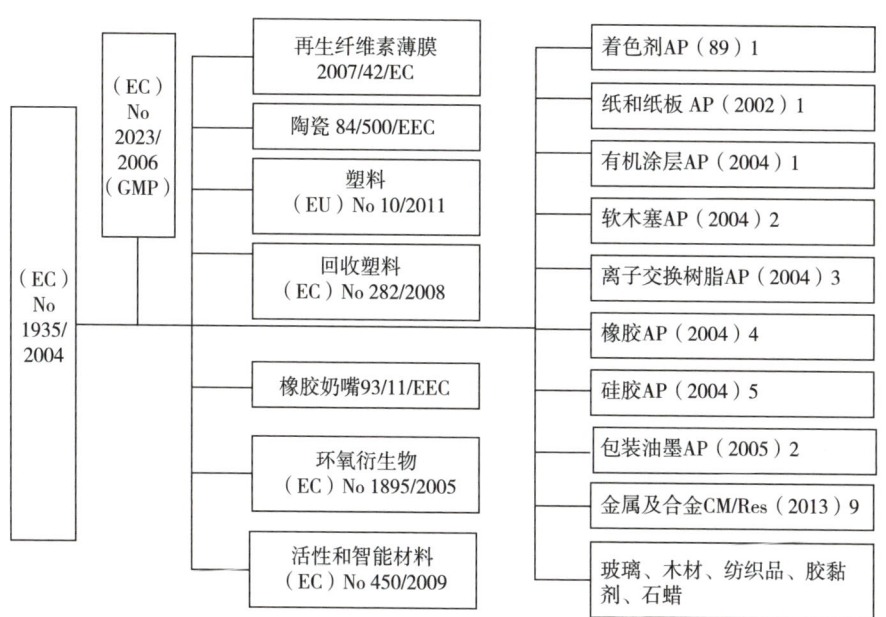

图3-4 欧盟食品接触材料立法框架

2. 框架法规——（EC）No 1935/2004

欧盟食品接触材料框架法规（EC）No 1935/2004，即《欧洲议会和理事会关于拟与食品接触的材料和制品暨废除指令 80/590/EC 和 89/109/EC 的法规》对食品接触材料管理的范围、一般要求、评估机构等做了规定。

（1）该法规第三条明确了食品接触材料的通用要求

- 制造过程符合 GMP（Good Manufacturing Practices，良好制造规范）；
- 不能释出对人体健康构成危害的成分；
- 不能导致食品的成分产生不能接受的改变；
- 不能使食品的感官特性（如气味、味道、颜色）发生劣变；
- 材料和制品的标签、广告以及说明不应误导消费者。

（2）对投放市场时尚未与食物接触的食品接触材料和物品，应当做好标识

- 表明与食物接触的文字或图形，例如"用于食品""咖啡机""酒瓶""汤匙"等，或者如图 3-5 所示；

图 3-5 食品级安全标识

- （如有必要）安全使用说明，如"不能于微波炉使用""不适用于脂肪类食品"等；
- 制造商、加工商或销售商的名称和地址；
- 材料可追溯性信息；
- 如使用了活性和智能材料，也应标识相关信息。

框架法规中的要求比较宽泛，没有具体参数指标，因此，针对具体类别的材料应制定特定执行措施，后者应包括材料和制品制造中允许使用的物质清单（授权物质清单）、纯度标准、生产使用条件、材料中或迁移至食品中的限量，以及其他旨在保护人体健康的特殊要求。

3. 执行措施

根据（EC）No 1935/2004 第 5 条要求，应为其附录 1 中所列 17 类材料分别制定特定执行措施。然而到目前为止，欧盟已经出台的协调一致的执行措施为数不多，包括针对特定材料的（EU）No 10/2011（塑料）、84/500/EEC（陶瓷）、2007/42/EC（再生纤维素薄膜）、（EC）No 282/2008（回收塑料），以及针对特定有害物质的 93/11/EEC（从橡胶奶嘴中释放的亚硝胺和亚硝化

物质)、(EC) No 1895/2005 (环氧衍生物)、(EC) No 450/2009 (活性和智能材料)。以下仅简要说明食品接触塑料法规 (EU) No 10/2011。

塑料是常用的食品接触材料中占比最多的材料,其成分复杂,食品安全状况备受关注。欧盟食品接触塑料法规 (EU) No 10/2011 于 2011 年 1 月 15 日颁布,其整合了有关塑料材料和制品的一般要求、授权物质清单、特殊迁移限量、测试方法、符合性声明等内容。

(EU) No 10/2011 适用的材料包括:完全由塑料构成的材料、由胶黏剂或其他方式结合在一起的多层塑料材料、带印刷或涂层的材料、塑料盖子和密封材料、多层复合材料中的塑料层。法规同时也明确了其不适用于离子交换树脂、橡胶和硅胶。

该法规内容比较复杂,除以上简述的适用范围以外,还对食品接触塑料的定义、投放市场、物质许可、生产控制、迁移测试、合规文件等各方面均做出规定,并经历了多次修订,在此不再一一详述。以下仅列出有害物质迁移或含量限制要求(表 3-8)、迁移测试模拟物与接触食物类型(表 3-9)供读者参考。

表 3-8　(EU) No 10/2011 中迁移量或含量限制要求

要求	限值
全面迁移	10mg/dm^2 (儿童产品为 60mg/kg)
重金属溶出	Al:1;(2018 年 9 月 14 日开始执行) Ba:1; Co:0.05; Cu:5; Fe:48; Li:0.6; Mn:0.6; Ni:0.02(2019 年 5 月 19 日开始执行); Zn:25(2018 年 9 月 14 日起限值下降至 5)。 单位:mg/kg 食物模拟物
初级芳香胺迁移	不得检出(方法检出限:0.01mg/kg 食物模拟物)

续表

要求	限值
其他物质的迁移或含量要求	（以下仅以部分物质为例） 丙烯腈 Acrylonitrile – 迁移不得检出； 己内酰胺 Caprolactam – 15mg/kg 食物模拟物； 己二胺 Hexamethylenediamine – 15mg/kg 食物模拟物； 甲醛 Formaldehyde – 15mg/kg 食物模拟物； 氯乙烯 VCM – 迁移不得检出； 氯乙烯 VCM – 含量 1mg/kg； 1，3 – 丁二烯 1，3 – butadiene – 迁移不得检出； 1，3 – 丁二烯 1，3 – butadiene – 含量 1mg/kg。

表 3 – 9 （EU）No 10/2011 迁移测试模拟物与接触食物类型

食物模拟物	接触食物类型
A：10% 乙醇	亲水性食物
B：3% 乙酸	亲水性食物，且 pH < 4.5
C：20% 乙醇	含乙醇低于 20% 的食物
D1：50% 乙醇	含乙醇高于 20% 的食物，以及水包油乳液
D2：植物油（非皂化成分少于 1%）	表面有油脂的食物
E：MPPO（粒径 60 ~ 80 目，孔径 200 纳米）	干性食物（仅用于测试特定迁移）

4. 欧盟成员法规

如前所述，针对特定材料的欧盟范围协调一致的立法（即执行措施）目前仍比较有限，根据框架法规（EC）No 1935/2004 第 6 条，在特定执行措施缺失时，成员可维持或采纳本国法规，只要后者不违反欧盟条约。

从广大食品接触材料和产品出口企业的反馈来看，在欧盟成员中，德国、法国、意大利、荷兰等成员的食品接触要求受关注度最高，相应的食品接触材料法规如下：

• 德国：LFGB §30，31 & 33、BfR recommendations；

• 法国：French Décret no 92 – 631、French Décret no 2007 – 766、DGC-CRF NI 2014 – 108、File organic materials – synthetic matter、File File metals and alloys 等；

- 意大利：Act No 283 of 30 April 1962、Presidential Decree No 777 of 23 August 1982、DM 21/03/1973 等；
- 荷兰：Warenwetregeling Verpakkingen en gebruiksartikelen（Commodity Act on Packaging and Consumer Products），Annex Part A。

欧洲委员会决议，针对尚未有欧盟层面协调一致的立法材料，欧洲委员会可能会采取行动，出台相关决议供成员参考，以便降低风险。相关决议举例如下：

- AP（89）1《关于食品接触塑料材料中着色剂的使用的决议》；
- AP（2002）1《关于食品接触的纸和纸板材料和制品的决议》；
- AP（2004）1《关于接触食品的有机涂层的决议》；
- AP（2004）2《关于接触食品的软木塞和其他软木制品的决议》；
- AP（2004）3《关于食品加工过程中使用的离子交换树脂的决议》；
- AP（2004）4《关于与食品接触的橡胶产品的决议》；
- AP（2004）5《关于食品接触用品中使用的硅有机化合物的决议》；
- AP（2005）2《关于应用于食品包装材料非食品接触面的印刷油墨的决议》；
- CM/Res（2013）9《关于食品接触金属及合金的决议》。

（二）美国食品接触材料安全法规

根据美国《食品、药品和化妆品法案》（Food Drug and Cosmetic Act，FD&C Act），食品包装材料属于（间接）食品添加剂的范畴，由美国FDA（Food and Drug Administration，食品药品管理局）统一管理。FDA主要通过食品添加剂申报程序（Food Additive Petition，FAP）来控制大多数与食品接触的产品。

美国将各类联邦法律规章汇编于《美国联邦法典》，其中第21卷即为美国《食品、药品和化妆品法案》，与食品接触材料相关的内容在该卷的170～189部分（21 CFR Part 170～189）。其对食品添加剂的定义中包括了通过直接或间接地添加、接触食品成为食品成分或者影响食品性质的所有物质。由于包装、贮存或其他加工处理过程而迁移到食品的物质属于间接添加剂，又称 FCS（Food Contact Substance，食品接触物质）。对于其安全性已经得到普遍认定的物质（Generally Recognized as Safe，GRAS）或 1958 年修订案之前已被核准使用的物质（Sanctioned substance prior to 1958），FDA 不再将其视为需评估审批的食品接触物质，而将其列入《美国联邦法典》第 21 卷第 182 部分（21 CFR Part 182）。如果一种食品添加剂或与食品接触的材料经 FAP 程序规定为可以使用，这种材料便会录入 21 CFR Part 170～189 中，并进行相应的法规管控。列入联邦法规的物质，任何人均可依据法规生产和使用。

依照美国法规，对于一种进入市场的新材料，须经美国 FDA 审核及认可。FDA 从 2000 年 1 月开始采用较食品添加剂许可程序更为简化的方式——FCN（Premarket Food Contact-substance Notification，食品接触物质市场准入通报程序）进行管理。生产商须向 FDA 提交相关化学及毒理学信息以及证明其使用安全性的所有资料。FDA 评估并同意该项材料通报后即在 FDA 网站公布。与 GRAS 物质名单不同的是，食品接触物质的通报仅适用于该物质的申请者，如其他生产商要应用同种物质，则必须再次向 FDA 申请该物质的通报。通报的物质一旦出现食品安全问题，申请通报者应当承担全部责任。食品接触物质通报程序大大简化了新型食品包装材料类物质的审批程序，促进了相关行业的发展。

除了 CFR 第 21 卷法案之外，相关企业还需留意 FDA 制定的 CPG（Compliance Policy Guides，《符合性政策指南》，以下简称《指南》）中的要求。这些《指南》对 FDA 依法监管的相应产品做了详细的规定，统一了检查员的检查标准及程序。《指南》一旦颁布，FDA 就会遵照执行，具有事实上的强制力，现行实施涉及食品接触材料的 CPG《指南》文件有 FDA CPG Sec. 545.400、545.450、545.500，针对进口镀银餐具和陶瓷制品中的铅、镉溶出量制定了相关的限量指标要求。

美国食品接触材料立法框架见图 3-6。

美国法规（U.S. FDA 21 CFR Part 170～189）对于食品接触材料有非常具体和复杂的管控要求，并且材料分类非常细致，既包含该材料生产所允许使

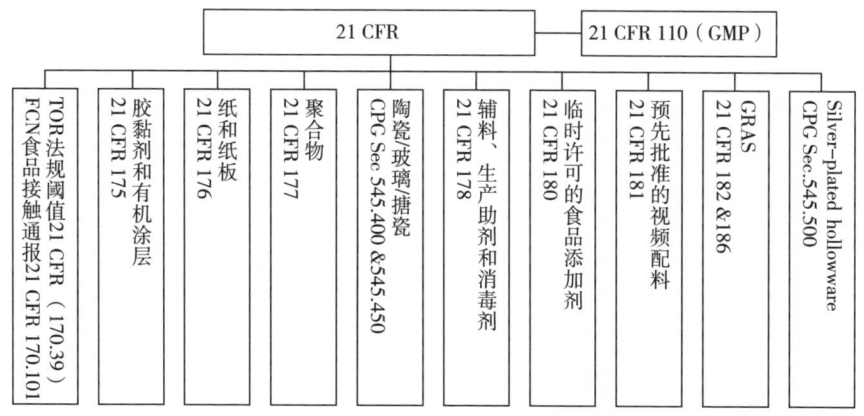

图 3-6 美国食品接触材料立法框架

用的单体、聚合物、添加剂及其纯度、用量等要求,也有对成品的溶出物、氯仿可溶溶出物、特定单体物质的溶出等测试要求。某些塑料材料还有对物理性能,如密度、熔点、分子量、溶解度、紫外吸收等针对原材料的要求,具有明显区别于欧盟法规的特点。

(三)加拿大食品接触材料法案

加拿大危险消费品法规对特定食品接触产品有要求,如 SOR/2016-175 釉面陶瓷和玻璃器皿条例,对上釉的陶瓷和玻璃中的溶出铅、镉进行管控,SOR/2016-181 水壶条例,对水壶的溶出铅进行管控,SOR/2016-180 婴儿奶瓶奶嘴条例则对婴儿奶嘴的亚硝胺含量进行管控。

(四)中国食品接触材料法规

《中华人民共和国食品安全法》规定,所有在中国境内从事食品、食品添加剂以及食品相关产品的生产、经营、贮存、运输等活动,都必须符合该法规及相关标准要求,而食品容器、包装材料和食品制作工具、设备属于"食品相关产品"的范畴。

在《中华人民共和国食品安全法》的框架下,中国食品接触材料安全标准体系由基础标准、制品标准、检测方法、生产规范四大模块构成,详见表 3-10。

表 3-10 中国食品接触材料安全标准体系

食品安全法			
基础标准	制品标准	检测方法	生产规范
通用安全要求 添加剂标准 GB9685	塑料成型品 塑料树脂 橡胶 有机涂层 金属 陶瓷、玻璃、搪瓷 纸张 竹木 其他材料	迁移试验通则 迁移试验预处理方法通则 特定项目检测方法	生产通用卫生规范 GB 31603

值得注意的是，中国正在对食品接触材料安全标准进行大范围的修订和整合。从 2014 年 5 月开始，中华人民共和国国家卫生和计划生育委员会正式启动食品安全国家标准整合工作并制定《食品安全国家标准整合工作方案（2014~2015 年）》。在此基础上，食品接触材料相关标准陆续完成制定、修订工作，并于 2015~2017 年相继出台。

与旧版食品接触材料卫生标准相比，修订和整合后的安全管理体系更加全面、合理。例如新制定了《食品安全国家标准 食品接触材料及制品通用安全要求》《食品安全国家标准 食品接触材料及制品生产通用卫生规范》《食品安全国家标准 食品接触材料及制品迁移试验通则》。原有的超过 20 个针对塑料树脂和塑料成型品的国家标准被整合成两份标准，即《食品安全国家标准 食品接触用塑料树脂》和《食品安全国家标准 食品接触用塑料材料及制品》。原有的针对有机涂层的 8 个标准被整合成 1 份标准，即《食品安全国家标准 食品接触用涂料及涂层》。

新安全管理体系对食品接触材料合规管理也更加系统化，涵盖了材料及制成品规范、合规检测、生产过程、通用安全等各环节。总体而言，食品接触材料的合规性将包含以下几方面：

- 使用原则、标签、符合性声明等应符合通用安全要求；
- 食品接触材料用添加剂应符合 GB9685《食品安全国家标准 食品接触

材料及制品用添加剂使用标准》；

- 原料、产品技术要求、特殊迁移试验条件、特殊使用要求应符合各制品标准；
- 迁移试验应符合迁移试验通则、迁移试验预处理方法通则，以及相应的检测方法标准；
- 产品的生产过程应符合生产通用卫生规范 GB31603《食品安全国家标准 食品接触材料及制品生产通用卫生规范》。

截至 2017 年 4 月，已发布的 10 类食品接触材料及制品的新国标以及 50 份测试新标准已全部正式实施，未来将有更多食品接触材料相关标准相继出台。

（五）亚洲其他国家食品接触材料法规

1. 日本

投放日本市场的食品接触产品应符合日本《食品卫生法》（Food Sanitation Law No. 233），该法规禁止生产、销售、使用可能含有有害人体健康的物质的食品容器、包装材料。而日本厚生劳动省公告（MHLW Notification NO. 370）则为每一种食品接触材料规定了具体的参数指标，这些指标可大致分为 3 类。

（1）一般标准

规定了所有食品容器和包装材料中重金属特别是铅的含量要求。

（2）类别标准

建立了金属罐、玻璃、陶瓷、橡胶等类材料的类别标准。此外，它还制定了 13 类聚合物的标准，包括 PVC、PE、PP、PS、PET、PMMA、PC 等。各种聚合物材质首先要符合合成树脂的通用要求，例如蒸发残渣、高锰酸钾消耗量、重金属溶出等项目。另外，特定材料还须符合其特殊的要求，例如聚氯乙烯制品中氯乙烯单体含量就不能超过 $1.0\mu g/g$。

（3）专门用途标准

针对具有特定用途包装而制定的标准，如巴氏杀菌牛奶用包装等。

2. 韩国

韩国《食品卫生法》是韩国食品安全的基本法，其中第三章中规定了食品器具、容器和包装材料的通用要求，并规定由食品药品管理厅负责制定食品包装材料、容器的标准和规范。韩国食品接触材料的法规要求与日本类似，例如每种树脂都需要同时符合合成树脂的通用要求以及该树脂的专门要求。韩国食品接触材料受韩国食品药品安全部监管，只有经过其授权的实验室出具的检测结果，才会被韩国政府认可。

四、违反法规的惩罚

食品接触材料，一直是各个市场都非常重视的产品。一旦违反相关法规，都会受到下架并罚款的处罚。有些国家，如中国，甚至可能会涉及刑事处罚。

第十节　全球市场——包装环保要求

包装是商品存储、运输、销售过程中必不可少的一部分，通常以塑料、纸张、玻璃、金属、木材等为包装材料。包装材料在生产过程中需要消耗众多资源并产生大量废弃物，同时其中可能含有的重金属等有害物质也会威胁生态环境。

一、美国包装材料法案

1989 年，由美国东北部 8 个州组成的"CONEG（Coalition of Northeastern Governors，东北部州长联盟）"的下属机构——资源节约委员会（Source Reduction Council）制定了公示法案《包装中的毒物》，其目的是为了减少在美销售产品的包装和包装部件中重金属的含量。

1992 年成立的 TPCH（Toxics in Packaging Clearinghouse，有毒包装交流中心）则专门负责向美国各州推广公示法案《包装中的毒物》，并支持和协调法规的实施工作。在 TPCH 的努力下，迄今为止已有 19 个州采纳了这项法规。事实上，从业界实际操作情况来看，出口美国产品的包装材料符合此法规要求已成行业共识。

该法规核心要求为，重金属铅、镉、汞、六价铬不得以任何浓度有意添加到包装或包装部件中，若偶然含有，四项重金属在包装或包装部件中总含量不能超过 100mg/kg。

包装生产者或提供者应提供一份符合性证书,声明产品的包装材料符合法律的要求,并保留证书直到该包装不再使用。

二、欧洲包装材料指令

欧盟出台了包装指令对所用材料中有害物质的含量、回收率等提出了具体要求,以便降低其在使用和回收过程中对环境和人类健康带来的潜在风险。需要特别说明的是,可能与食品接触的各类包装材料要求已在本书其他章节中做了详细介绍,此处不再讨论。

(一)包装指令 94/62/EC 及其修订

目前欧盟执行的包装指令为 1994 年 12 月 20 日颁布的 94/62/EC,即《包装及包装废弃物指令》。该指令适用于投放欧共体市场(现欧盟)的所有包装物与包装废弃物,无论它是用于工业、商业、办公室、商店、服务业、家庭还是其他场所,也不管包装物使用何种材料。在指令中尤为重要的是对包装和包装废弃物中的有害物质的限制要求以及降低资源消耗的措施。

根据指令第十一条规定,四种有害重金属(铅、镉、汞、六价铬)含量之和不得超过 100mg/kg。该要求不适用于完全由铅晶玻璃(69/493/EEC 指令确定的)制成的包装。

此后,欧盟也多次发布了 94/62/EC 的修订案,对最低回收率、最低再循环率做了规定,也对包装的定义、有害物质要求等做了修订。

根据欧盟理事会《关于技术协调与标准新方法决议》,关系公共利益的基本要求由欧盟理事会以技术法规、指令等形式提出,而为符合基本要求的技术协调工作则委托欧洲标准化委员会(Comité Européen de Normalisation,CEN)实施,制定相应的"协调标准"。法规涵盖的产品只要符合了协调标准即视为符合基本要求。因此,除《包装及包装废弃物指令》本身外,基于指令要求和目标所派生出的具体技术措施、相关指令协调标准及符合性评定制度,相关企业也应特别注意。下述标准是欧盟颁布的用以支持包装指令的协调标准及其引用标准:

- EN 13193:2000 包装　包装与环境　术语;

- EN 13427：2004 关于包装和包装废弃物　欧洲标准的使用要求；
- EN 13428：2004 包装　制造和成分的特殊要求　预先减少用量；
- EN 13429：2004 包装　重复使用；
- EN 13430：2004 包装　材料循环再生　可回收利用的条件；
- EN 13431：2004 包装　能量回收利用　可回收利用的要求　最低热量值陈述；
- EN 13432：2004 包装　堆肥和生物降解　可回收利用的条件　试验和最终判定准则；
- CEN/CR 13695 – 12000 检测和验证包装中存在的四种重金属及其在环境中排放的要求；
- CEN/TR 13695 – 22004 检测和验证包装中存在的危险性物质及其在环境中排放的要求。

对于包装的标识，欧盟并未进行强制性规定，企业可按照标识体系要求张贴标识。如针对塑料的标识可参考 ISO11469 以及 ISO1043 – 1 至 ISO1043 – 4 系列标准，更替"循环箭头"图案中间的编码及下方文字。较为常见的几种塑料的标识方式为：01 – PET、02 – HDPE、03 – PVC、04 – LDPE、05 – PP、06 – PS。

（二）欧盟包装材料的其他有害物质要求

包装还应符合欧盟 REACH 法规的相关要求。依据欧洲化学品管理局发布的关于物品中物质要求的指南文件，在 REACH 法规下包装为一个单独的物品需履行通报、告知、限制等义务。因欧盟 POPs 法规的管控范围和 REACH 法规一致，所以欧盟包装材料还应符合 POPs 法规的要求。

三、中国包装材料法规

2008 年 7 月 18 日，中国颁布了 GB/T 16716.1 – 2008《包装与包装废弃物　第 1 部分：处理和利用通则》，替代了旧标准 GB/T 16716 – 1996《包装废弃物的处理与利用通则》，于 2009 年 1 月 1 日起实施。另外此次修订也将 GB/T 16716 发展为系列标准，共包含 7 个部分：

- 处理和利用通则；

- 评估方法和程序；
- 预先减少用量；
- 重复使用；
- 材料循环再生；
- 能量回收利用；
- 生物降解和堆肥。

该标准适用于一般包装的设计、生产、使用和处理利用，不适用于危险货物包装。其中包装术语依据现行的 GB/T 4122.1 - 2008《包装术语 第1部分：基础》确定。

GB/T 16716.1 - 2008 参照欧盟 94/62/EC《包装及包装废弃物指令》制定，最为重要的是包装和包装材料中重金属铅、镉、汞和六价铬的总含量不应超过 100mg/kg。但是，该标准并未规定各类包装材料的循环再生率和回收利用率。

GB/T 16716.1 - 2008 规定包装回收标识应符合 GB/T 18455 - 2010 的规定。GB/T 18455 - 2010 引用的标准包括 GB/T 1844.1《塑料 符号和缩略语 第1部分：基础聚合物及其特征性能》（GB/T 1844.1 - 2008，ISO 1043 - 1：2001，IDT）、GB/T 16288 - 2008《塑料制品的标识》、GB/T 16716.1 - 2008《包装与包装废弃物第1部分：处理和利用通则》、GB/T 16716.2 - 2010《包装与包装废弃物第2部分：评估方法和程序》。可见 GB/T 16716.1 - 2008 和 GB/T 18455 - 2010 以及相关的其他包装法规是相互协调的。常见的包装材料的回收标识如表 3 - 11、表 3 - 12 所示。

表3-11 常用包装材料的回收标识

材料名称	回收标识	说明
纸		适用于纸盒、纸箱和纸浆模塑等制品，在标识下方可标注"纸"
塑料		左图仅为基本图形

续表

材料名称	回收标识	说明
铝	(Al)	在标识下方可标注"铝"
铁	(Fe)	在标识下方可标注"铁"

表 3-12 常用塑料代码和缩略语

材料术语	聚对苯二甲酸乙二酯	高密度聚乙烯	聚氯乙烯	低密度聚乙烯	聚丙烯	聚苯乙烯
代号	01	02	03	04	05	06
缩略语	PET	PE-HD	PVC	PE-LD	PP	PS

所有包装材料都应该符合国家标准或行业标准，同时特殊产品的包装还需要同时满足特殊要求。如直接接触食品类的包装材料应满足食品包装材料相关的要求，运输包装件应该符合 GB/T 4857《包装 运输包装件》系列标准要求。

第四章
世界主要国家和地区消费品主要认证简介

所谓认证,通常是指一种信用保证形式,按照国际标准化组织和国际电工委员会的定义,是指由国家认可的认证机构证明一个组织的产品、服务、管理体系符合相关技术规范、标准(TS)或其强制性要求的合格评定活动。在本章中,我们主要关注对产品的认证。

关于产品的认证有多种形式,包括强制性和自愿性认证。如果一个产品在某一个市场中属于强制性认证的范畴,这就意味着这类产品只有在获得该项强制认证后才能进入市场。中国的3C认证就是一个大家熟知的例子。自愿性认证,虽然并没有要求在认证范围内的产品一定要获得认证,但是获得认证的产品无疑会获得更高的市场接受度。

无论何种形式的产品认证,都有一整套预设的目标产品要求,甚至有对生产产品的组织的要求,并且对验证这些要求有一套完整的流程。只有在这些流程下,被确认满足预设要求的产品,才有可能获得认证。

本章介绍了世界各主要市场的一些认证,希望能够为读者提供产品认证的基本知识。

第一节 欧盟 CE 标识

一、背景与概述

CE 标识是安全符合性标识而非质量合格标识,是产品进入欧洲市场的通行证,是针对具体产品的符合性评估,侧重于产品的安全特性。它是反映产品对公共安全、卫生、环境以及人身的安全性要求的符合性评估。CE 标识是欧盟法律对产品提出的一种强制性安全标识，它是法语"Conformité Européenne"（欧洲合格评定）的缩写。凡是符合欧盟指令的基本要求并且经过适宜的符合性评定程序的产品皆可加贴 CE 标识。所有欧盟指令下涵盖的产品都必须符合相关产品指令的要求，否则无法在欧盟销售。如在市场上发现不符合欧盟指令要求的产品，要责令制造商或分销商从市场收回。持续违反相关指令要求者，将被限制或禁止进入欧盟市场或强行要求其退出市场。

二、CE 标识涉及的产品范围

CE 框架下的主要指令、法规有如下 19 个：

- 玩具指令 TOY 2009/48/EC；
- 移动式承压设备指令 TPED 2010/35/EU；
- 建筑产品指令 CPR 305/2011/EU；
- 电磁兼容指令 EMCD 2014/30/EU；
- 非自动衡器指令 NAWI 2014/31/EU；
- 测量仪器指令 MID 2014/32/EU；
- 电梯指令 2014/33/EU；
- 防爆产品指令 ATEX 2014/34/EU；
- 无线设备指令 RED 2014/53/EU；
- 低电压指令 LVD 2014/35/EU；
- 压力设备指令 PED 2014/68/EU；
- 医疗器械指令 MDD 93/42/EEC；
- 机械指令 MD 2006/42/EC；
- 个人保护设备指令 PPE（EU）2016/425；
- 燃气具法规 Regulation（EU）2016/426（GAR）；
- 娱乐用船只指令 2013/53/EU；
- 简单压力容器指令 2014/29/EU；
- 限用有害物质指令 RoHS 2011/65/EU；
- 《关于化学品注册、评估、授权和限制的法规》REACH（EC）No 1907/2006。

三、获得 CE 标识的要求和程序

几乎所有的欧盟产品指令都会给制造商提供几种 CE 符合性评估的模式，制造商可根据本身的情况量体裁衣，选择最适合自己的模式。一般来说，CE 符合性评估模式可分为以下 9 种基本模式：

- 模式 A：内部生产控制（自我声明）；
- 模式 Aa：内部生产控制，加第三方检测；
- 模式 B：型式测试认证；
- 模式 C：符合型式；
- 模式 D：生产质量保证；
- 模式 E：产品质量保证；
- 模式 F：产品验证；
- 模式 G：单元验证；
- 模式 H：全面质量保证。

基于以上几种基本模式的不同组合，又可能衍生出其他若干种不同的模式。一般情况下，并非任何一种模式均可适用于所有的产品。换言之，并非制造商可以随意选取以上任何一种符合性评估模式使其产品获得 CE 标识。

四、主要 CE 标识产品法规分类介绍

（一）玩具指令 TOY 2009/48/EC

欧盟玩具安全新指令 2009/48/EC，"玩具"的范围及定义是设计为或用于为 14 岁以下儿童玩耍使用的产品，无论其是否专门用于玩耍。玩具包含的产品范围有：毛绒玩具、电动玩具、塑胶玩具、童车等。

（二）建筑产品指令 CPR 305/2011/EU

以永久性方式结合在建筑工程（包括建筑物和土木工程）中而生产的任何一种产品即建筑产品。其根据产品的不同分为 1 类、2 类、3 类、4 类认证。CPR 指令内主要包含的产品有：地板、马桶、浴缸、台盆、水槽、淋浴底盘、

淋浴围栏等。

（三）电磁兼容指令 EMCD 2014/30/EU

EMCD 即电磁兼容指令（Electromagnetic Compatibility Directive）的简称。EMCD 指令包含的产品有：除无线指令包括的设备、航空产品和业余爱好者使用且不在市场上销售的无线设备以外，其他所有电器设备，如各种消费产品、工业用品。

（四）测量仪器指令 MID 2014/32/EU

MID 即欧盟计量器具指令（Measuring Instruments Directive）。指令范围内的计量器具，出厂前必须通过相应的符合性评定程序，符合 2014/32/EU 指令，并加贴 CE 标识，方能投放到欧盟市场。

MID 指令包含的产品有：水表、煤气表、电表等。

（五）无线设备指令 RED 2014/53/EU

RED 指令（Radio Equipment Directive）包含的产品有：除航海设备（2014/90/EU 指令范围内的航海设备）、航空产品，业余爱好者使用且不在市场销售的、专业人员研发用的组装套件以外，其他所有通过发射或接收无线电波来进行无线通信或无线定位的设备。本指令不适用于专门用于公共安全、国防、国家安全等活动的无线电设备。

（六）低电压指令 LVD 2014/35/EU

LVD 是低电压指令（Low Voltage Directive）的简称。额定交流电压在 50V～1000V 之间或直流电压在 75V～1500V 之间的电气产品需要符合该指令的要求。但在爆炸性环境下使用的电气设备、医疗设备、电梯、电表以及在船舶、飞行器和铁路上使用的电气设备不在 LVD 指令的管控范围内。

（七）压力设备指令 PED 2014/68/EU

从 2002 年 5 月 28 日起销往欧盟的压力设备类产品必须符合压力设备指

令。凡是涉及压力超过 0.5bar 的设备，无论其压力、容积如何，均须符合 CE‑PED 的规定。PED 指令包含的产品有：灭火器、压力表、阀件、安全阀、空气柜、塔槽、管路、管件、蒸汽设备等装载或输送流体的设备等。

（八）医疗器械指令 MDD 93/42/EEC

用于人体的任何仪器、装置、器具或者其他物品，无论它们是单独使用还是组合使用，包括为其正常使用所需的软件。医疗器械主要包括的产品有：疾病的诊断、预防、监视或者治疗等所用的物品。根据 MDD 指令附录，器械应根据预期用途、接触人体时间与部位等分为 1 类、2a 类、2b 类和 3 类认证。

（九）机械指令 MD 2006/42/EC

机械指令的法律依据是《欧共体条约》第 95 条（现在取而代之的条约是《欧盟运作条约》第 114 条），它使欧盟能够采取措施，协调成员国立法建立和运作内部市场。机械指令具有双重目的：允许自由流动的机械在销售到欧盟市场的同时，确保高水平地保护人们的健康和环境的安全。机械指令适用于各种机械产品以及在市场上销售的安全零部件。机械产品包括机械指令中所述的单台的机械、有联系的一组机械和可更换设备，主要包含的产品有：压缩机、铸造机械、木材加工机械、建筑机械、热处理设备、食品加工设备等。

（十）个人保护设备指令 PPE（EU）2016/425

PPE 是 Personal Protective Equipment 的简称，是指任何供个人为防备一种或多种损害健康和安全的危险而穿着或持用的装置或器具。该指令于 2018 年 4 月 21 日更新为（EU）2016/425。它主要用于保护雇员免受由于接触化学辐射、电动设备、人力设备、机械设备或在一些危险工作场所工作而引起的严重的工伤或疾病的设备。除了面罩、安全玻璃、安全鞋以外，个人防护设备包括了大量的呼吸防护设备、防护服、安全帽、护目镜、听觉保护器（耳塞）、安全手套、呼吸器和安全带。

（十一）燃气具法规 Regulation（EU）2016/426（GAR）

燃气具产品出口欧盟国家必须满足 GAR 指令要求。燃气具法规包含的产品是以气体燃料为主要能源用于烹饪、加热、制冷、照明灯用途的产品或者组件。燃气具法规包含 6 个评估模块，分别称为模式 B、C、D、E、F 和 G。由这些模块组成的评估程序有 5 种，根据产品生产的实际情况和厂商的选择，通过 5 种评估程序中的任何一种都能取得形式证书和工厂审核证书。

第二节　德国 GS 认证

一、认证背景与概述

GS 标识，是德国产品安全监督机构（ZLS，Zentralstelle der Länder für Sicherheitstechnik）授权，并由 ZLS 认可的第三方检验机构颁发的安全认证标识。GS 是德语"Geprüfte Sicherheit"的简称，有"Tested Safety"（产品测试安全）的意思。GS 认证标识是以 ProdSG（German Product Safety Act，德国产品安全法）为依据，按照欧盟统一标准 EN、德国工业标准 DIN 或者其他适用的安全标准进行检测的一种自愿性认证。该认证标识，不仅仅是德国，也是整个欧洲乃至全球市场都公认的安全认证标识。

二、认证涉及的产品范围

正如上文所说的，GS 标识是一个代表产品安全的标识，只有 ZLS 认可的第三方 GS 标识发证机构才能够颁发 GS 标识认证证书（简称 GS 证书）。除了对申请 GS 标识的产品进行测试之外，ZLS 还要求 GS 标识发证机构对产品的生产厂家进行工厂的质量管理体系的审核，以确保工厂生产出来的每一件产品，都符合法规要求，是安全的产品。当然，并不是所有的产品都可以申请 GS 认证标识，GS 认证标识有着固定的产品范围，其主要针对的是技术场合应用的设备和即插即用的消费品设备，认证产品的范围包括但不限于家用电器、家用器械、体育运动设备、炭烤炉、家具和家用电子设备、电气及电子办公设备、工业机械、实验测量设备，以及其他与安全有关的产品，如健身器材、运动产品、玩具、家具等。

三、认证的要求和程序

对于制造商来说，面对激烈的市场竞争，获得市场高度认可的 GS 标识是提高产品竞争力的钥匙，拿到了这把钥匙，市场的大门就更可能向你打开。同时，GS 标识又是一种鞭策，其高标准的要求会时时刻刻提醒着制造商改善生产管理，提高产品质量，以符合 GS 认证的要求。当产品通过 GS 认证之后，制造商也可以对自己的产品在产品质量、安全性、符合法律要求方面有更大的信心。这些对于制造商的长远发展有很大的帮助。GS 认证对于制造商的要求如下：

- 与认证方签订合同；
- 产品必须是即插即用的；
- 产品投放市场时应没有危害；
- 技术文件完整并可追溯；
- 符合所有产品标准的要求和其他安全要求；
- 符合其他 EK 决议的要求；
- 德语标签简单易懂，说明书符合德国《产品安全法》的要求；
- 符合与健康安全相关的所有法规要求；
- 通过首次工厂审核。

SGS、TÜV 南德、TÜV 莱茵和 ITS 等都是德国 ZLS 认可的 GS 标识发证机构。

申请 GS 认证的流程并不复杂。当制造商提出认证咨询时，我们通常首先会评估产品、制定测试方案。评估的内容包括产品的设计、技术资料和说明书等。

测试方案得到制造商确认后，制造商就可以将样品寄到相应的测试实验室进行测试。与此同时，企业也可以开始约定工厂审核的时间。

第三方检验机构会派遣审核员，根据 CIG023（工厂审查报告）的相关要求，对工厂进行审核，以确保工厂拥有完整的质量管理体系和相关的记录。

在测试和审核获得通过并且认证合同回签之后，SGS 会发送证书给 GS 证书申请人。证书的有效期为五年，当然制造商还需确保相关的技术文件的记录，以便能够通过每年的工厂审核，使证书在有效期内持续有效。

对于消费者来说，GS 认证的标识，可以说是对产品品质的一种保障。这种保障不仅来源于所有通过认证的产品通过相应安全标准测试的承诺，也来源于 GS 认证会对制造商进行一年一度的工厂审核监督，还来源于当产品的结构有变化时，制造商也需要第一时间通知认证机构，由认证机构重新进行安全验证的要求。种种举措，都能最大限度地保障消费者买到的产品是安全可靠的。消费者在购买商品时也可以特别留意一下，选择带有 GS 标识的产品。

第三节　美国加利福尼亚州 CARB 认证及法规解析

一、认证背景与概述

甲醛是一种室温下无色的有强烈刺激性气味的气体，甲醛释放污染会造成人眼睛流泪、眼角膜和结膜充血发炎、皮肤过敏、鼻咽不适、咳嗽、急慢性支气管炎等呼吸系统疾病，严重时还会引起持久性头痛、肺炎、肺水肿，甚至导致死亡。甲醛已被世界卫生组织确定为致癌和致畸性物质，还可能导致白血病。

早在 1992 年，美国加州就将甲醛定为有毒空气污染物，CARB（California Air Resources Board，加州空气资源局）相关人员经过调查研究发现，人类吸入甲醛的一个重要来源是使用有甲醛基树脂做胶黏剂的复合板，这种复合板会释放出大量的甲醛气体。为保护环境以及人类的健康，2007 年 4 月 26 日，CARB 通过了《降低复合木制品甲醛排放的有毒物质空气传播控制措施》

（Airborne Toxic Control Measure，ATCM），来减少复合木制品的甲醛释放量。2008年4月18日，ATCM被编入《加利福尼亚州规则法典》第17册第93120-93120.12章节（Sections 93120-93120.12，title 17，California Code of Regulations），立即生效。这一举动将ATCM从一个控制措施上升到法律法规的高度。以上也就是我们常说的CARB认证产生的原因。根据法规，没有通过CARB认证的复合木制品不得进入加州市场，出口到加州的复合木制品如果没有达到法规要求，将被责令召回。

这里需要阐明，我们常说的CARB认证，CARB是发起机构，其所涉及的法规是ATCM法规，也就是《加利福尼亚州规则法典》第17册第93120-93120.12章节。

二、认证涉及的产品范围

ATCM法规适用的产品是在加州销售、供销、供应、使用和制造的复合木制品，以及含有复合木制品的成品。这里的复合木制品主要指硬木胶合板、刨花板和中密度纤维板。在ATCM法规中，将整个复合木制品的供应链分为制造商、进口商、加工商、分销商和零售商，这些供应链厂商就是法规的适用对象。

三、认证的要求和程序

（一）第三方认证

在供应链中，只有制造商被要求进行第三方认证，其他供应链厂商则需要确保其产品合乎法规要求。同时，第三方认证机构（TPC）也必须得到CARB的认可批准。

（二）甲醛释放量标准

既然要限制复合木制品中甲醛的释放量，自然就有相应的释放量限制标准，ATCM法规将甲醛的释放标准分为P1和P2两个阶段，具体要求如表4-1所示。

表 4-1 CARB 对甲醛释放量的要求

生效日期	阶段	甲醛释放量（ml/m^3）				
		HWPW-VC	HWPW-CC	PB	MDF	Thin MDF
2009-1-1	P1	0.08		0.18	0.21	0.21
2009-7-1			0.08			
2010-1-1	P2	0.05				
2011-1-1				0.09	0.11	
2012-1-1						0.13
2012-7-1			0.05			

说明

HWPW-VC = 单板芯的硬木胶合板

HWPW-CC = 复合芯的硬木胶合板

PB = 刨花板

MDF = 中密度纤维板（包括具备中密度纤维板性能的高密度纤维板）

Thin MDF = 厚度不超过 8mm 的中密度纤维板

（三）关于使用 NAF 和 ULEF 树脂的复合木制品的规定

NAF 即不添加甲醛树脂，ULEF 即超低甲醛释放树脂，对于使用了这两类树脂的复合木制品，CARB 对其认证有特殊的规定。

使用 NAF 树脂的复合木制品，制造商需要同第三方检验机构向 CARB 提交相关资料，包括：

- 产品类型的声明，不添加甲醛树脂的化学式表示；
- TPC 的名称；
- 不添加甲醛基树脂的释放性能的资料；
- TPC 递交包括三个月的常规品质控制测试资料、关联性测试的资料，以及至少一项主要方法或次要方法测试结果。

如果三个月的常规品质控制测试的结果中有 90% 的数据结果显示甲醛释放量不超过 0.04ml/m^3，所有的测试结果不超过 0.05ml/m^3（对于 HWPW）、0.06ml/m^3（对于 PB、MDF、Thin MDF），则可以申请豁免 ATCM 的甲醛释放性能要求，只需要每两年进行一次审核。

对于使用 ULEF 树脂的复合木制品，制造商需要同第三方检验机构向 CARB 提交相关资料，包括：
- 产品类型的声明，ULEF 树脂的化学式；
- TPC 的名称；
- ULEF 树脂释放性能的资料；
- 甲醛释放量符合要求；
- TPC 递交包括六个月的常规品质控制测试资料、关联性测试资料，以及二项季度主要方法或次要方法测试结果。

如果六个月的常规品质控制测试中，HWPW 的测试结果显示甲醛释放量不超过 $0.05ml/m^3$，PB 和 MDF 的测试结果不超过表 4-2 的规定，则可以申请降低季度主次要方法测试和常规品质控制测试的频率。

表 4-2　CARB 对 ULEF 甲醛释放量的规定（ml/m^3）

使用 ULEF 释放甲醛	PB	MDF	Thin MDF
ULEF 排放目标值	0.05	0.06	0.08
ULEF 上限值	0.08	0.09	0.11

如果使用 ULEF 树脂的复合木制品的甲醛释放量能达到 NAF 树脂的甲醛释放要求，也可以申请豁免。

（四）产品标签要求

对于板材制造商和成品加工商而言，在板材获得 CARB 认证证书的基础上，符合法规要求的产品上必须明确贴标。

1. 制造商标签至少要包括的内容
- 制造商的名称；
- 生产批号和所生产的批量；
- CARB 认可的第三方认证机构的编号；
- 符合 ATCM P1 或 P2 阶段排放标准的声明，或使用 ULEF 或 NAF 树脂的标识。

2. 加工商标签至少要包括的内容

- 加工商的名称；
- 成品生产日期；
- 符合 ATCM P1 或 P2 阶段排放标准的声明，或使用 ULEF 或 NAF 树脂的标识。

进口商、分销商、零售商只要没有修改复合木制品，只需沿用上一级供应商的标签即可。为保护商业秘密，CARB 允许后续供应链更改标签上的制造商或加工商名称，但是标签上的其他信息必须跟原始标签一致。

CARB 只对标签的基本内容有要求，对于标签的格式、颜色、大小以及尺寸没有具体的规定，标签可以用印章、吊牌、贴标或条形码的形式来体现。CARB 强烈建议在产品和包装上都体现标签。

（五）关于延续销售的规定

在 ATCM 法规的附录 1 中，专门对制造商、进口商、加工商、分销商、零售商的延续销售期进行规定。硬木胶合板、刨花板和中密度纤维板的制造商在每个阶段的生效日期之后，对在生效日期前生产的产品，可以继续销售的最长时间是 3 个月，进口商也是 3 个月，分销商是 5 个月，零售商是 12 个月，加工商是 18 个月，成品的进口、分销，零售商的最长时间是 18 个月。2009 年 5 月 29 日，CARB 发布了新的规定，针对 P1 阶段，将复合木制板材的分销商和零售商的延迟销售期再向后延续 4 个月，其后，CARB 又多次修改过延迟销售期的规定。

（六）关于测试方法的规定

CARB 要求的主要测试方法为 ASTM E1333 大气候箱法，次要方法是 ASTM D6007 小气候箱法。由于这两种方法的实施成本很高，且不适宜于在制造商内部进行，按法规 93120.9 中的规定，工厂内部品质控制测试时可以用其他较方便的测试方法来代替，但前提是工厂内控方法需与主要或次要方法建立关联性。目前，被认可的工厂内控方法有多种，如 ASTM D6007、ASTM D5582、JIS A1460、EN 120 等，比较常用的是 ASTM D5582 干燥器法。由于没有个人或机构向 CARB 申请，中国国标的方法并不被接受作为工厂内控方法。

（七）对制造商的品质保证要求

由于制造商需要第三方认证，因此其要求也不同于其他供应链厂商，总结起来有以下几点：

- 制定品质控制手册，包括各种操作规范、实施方法、记录表格等；
- 建立品质控制设施，制造商可以自己建立实验室，也可以委托被批准的第三方检验机构；
- 设定专门品质控制部门和人员，如果制造商自建实验室，则实验室的检测人员必须通过第三方的考核获得认可；
- 主要或次要方法测试（关联测试和持续季度监督检测）；
- 在工厂进行的小规模品质控制测试，可以在自建实验室测试，也可以委托被认可的第三方检验机构测试。

四、相关法规简介——EPA 认证

复合木制品的 CARB 认证给美国带来了巨大影响，但它只是加州的法规，在其生效约两年之后，2010 年 7 月 7 日，美国总统奥巴马签署了 S.B.1660 法案。S.B.1660 法案被收录在美国 TSCA（Toxic Substance Control Act，简称有毒物质控制法案）Title Ⅵ，且国会指定 EPA（The Environmental Protection Agency，美国环境保护署）负责完成法案的实施规则的制定工作。

2013 年 6 月 10 日，EPA 完成实施规则和第三方机构认可项目规则框架。

2016 年 12 月 12 日，EPA 颁布了 S.B.1660 法案的实施规则，这也就是所谓的 EPA 认证。

EPA 认证法规是以 CARB 认证法规为主体建立起来的，其主要内容大致相同，比如甲醛释放的限值，适用的复合木制品的类型等，所以 CARB 的发证机构（TPC）SGS、AIDIMME、MPA 等可以在 2017 年 5 月 20 日后申请成为

EPA 的发证机构。

相比较于 CARB 认证法规，EPA 认证法规最大的区别在于：

- 增加了使用脲醛树脂胶贴面的层压板的生产商，包括地板商、某些家具厂商的产品认证要求；
- 进口商要按有毒物质控制法案要求进行进口商认证。

另外，EPA 认证法规对于记录保存的时间以及成品中小面积复合木制品豁免的规定，与 CRAB 认证法规也不相同。

第四节　巴西 INMETRO 认证

一、认证背景与概述

INMETRO（The National Institute for Metrology，Standardization and Industrial Quality，官网网址为"www.inmetro.gov.br"）是巴西国家标准局的简称，负责发展和实施巴西认证体系（包括安全、能效和噪声认证要求），并进行市场监管。属于管控范围内的产品必须向 INMETRO 认可的资质机构申请获取认证，产品通过认证并加贴 INMETRO 标识后方可进入巴西市场合法流通。INMETRO 认证是产品进入南美市场的重要认证。

二、认证涉及的产品范围

INMETRO 安全认证分强制认证和自愿认证。强制认证类产品目前有近百个品类，包括铸铁管，钢丝绳，一些汽车、摩托车、自行车部件，安全帽及摩托车头盔，儿童及婴儿床，有源医疗器械、开关、插头插座、电线，家电类产品等。

三、认证的要求和程序

INMETRO 证书有效期视产品而定，2~5 年不等。家电产品证书有效期 3 年，每年需通过工厂审查、买家审核和监督测试维持。

第五节　全球市场包装 ISTA 认证

一、认证背景与概述

20 世纪中后期，发达国家（地区）间的贸易活动蓬勃发展，货物流通达到了一个新的水平。长距离、长周期的货物流通过程中产生了不可忽视的货物破损现象。由于货物破损带来的经济损失无法忽视，随着贸易量的不断攀升，因货物破损导致的经济损失的绝对数字不断上升。之后世界各国（地区）对于货物破损的原因进行了分析，货物包装的问题随之成为正式的研究议题。

对包装的要求，与本书前面提及的对产品品质的要求不同。包装的要求，其实就是要求货品的包装可以保证被其包装的货品经受住运输和仓储中的各种潜在危害，在到达终端消费者手中的时候，其品质仍然可以满足本书中所述的各类要求。从这个角度来讲，包装的要求是具有普适性的，对各个市场都适用。当然，除了本节所述内容之外，各个市场对包装还有环保方面的要求，请详见本书的相关章节。

国际安全运输协会（International Safe Transit Association，简称 ISTA）成立于 1948 年。历届工作人员辛勤工作，通过采集、归纳实际运输环节中的风险，并建立试验程序，在实验室内通过模拟运输试验来验证货物的包装是否具备足够的保护性，从而在实际运输中降低货物破损率。

通过长期的努力，国际安全运输协会已经成为全球货运商、产品制造商、实验室及教育科研院所的联盟机构。其主要工作内容有：

- 建立和出版实验室试验程序；
- 对各实验室进行认证；
- 培训实验室专业技术人员；
- 对货物包装件的包装性能进行评价以及出具机构认证；
- 提供教育、培训和技术支持。

国际安全运输协会的总部位于美国密歇根州，在美国市场，ISTA 出具的认证具有很高的认可度。如果货物包装件带有其认证标识，就说明其在进入市场流通环节之前已经通过了切实有效的实验室测试，并且具备很高的可信度。如果产生与货物破损有关的纠纷，ISTA 认证标识在美国市场上是一个具有说服力的证据。

二、认证涉及的产品范围

ISTA 认证标识适用于被包装的产品，换言之，这项认证服务并不适用于包装服务提供方。取得认证标识需要完成以下步骤：

- 产品制造商属于 ISTA 会员；
- 选择通过认证的实验室；
- 选择合适的测试程序进行测试，并且完全通过测试；
- 测试实验室出具指定格式的报告，并提交给 ISTA 总部；
- ISTA 审核报告通过后，下发认证标识注册号码，认证标识及号码可印于包装件外部用于展示。

对于包装行业而言，包装的对象非常广泛，没有具体的产品种类划分。任何行业的产品，即使是一些区别于常规性质的产品，如易碎的价值高昂的货物（化学危险品及特殊产品除外）亦包括在内。在包装界看来，需要完成的目标都是一致的，即让产品经过实际运输完好地抵达使用场所。因此包装测试标准的划分与选择，不会将产品性质作为考虑因素，而更多的是从包装面进行考虑，如包装件的质量、流通环境、物流渠道、包装方式。相应的，各家企业在选择包装测试标准时，要从上述方面出发。

三、认证的要求和程序

为了更好地理解测试程序，企业应当了解货物的流通环境，并且观察和测量流通运输过程中的危害因素并将其量化，这有助于明确包装的性能并选择合适的测试程序。同时，因为包装材料、生产工艺、物流危害和销售地域会不断发生变化，这些变化会影响包装件的性能，所以对于任何变化都需要加强关注。通过不断监督物流过程来确定测试程序与实际物流危害的匹配性。

（一）实验室测试与运输危害

运输过程中主要存在四种危害：冲击、振动、压力和环境。每一种危害都有对应的实验室测试方法。需要注意的是并非每个 ISTA 试验程序都包含这四种运输危害，每种试验方法模拟具体的运输危害，具体有以下体现：

- 实际搬运过程中的跌落与冲击通过冲击测试项目来体现，包含的类型有自由跌落、旋转跌落、危险物冲击、斜面冲击、水平冲击。
- 运输过程中的振动危害通过相应振动测试项目来体现，包含的类型有固定位移振动含圆周方向振动及垂直线性振动，可变位移振动含垂直振动及水平振动，随机振动含垂直方向、水平方向及多轴向振动。
- 仓储过程中的堆码载荷危害由压力测试项目体现，分为静态固定载荷和运用压力机进行压力试验。压力试验中又包含加载压力至预定值立即释放和加载压力至预定值并保持压力。
- 环境危害由环境试验箱提供环境测试项目来进行模拟。通常提供的测试项目包括恒定温湿度及温湿度交替循环测试。

（二）ISTA 测试类型介绍

1. 1 系列非模拟整体性能试验

主要考核包装和产品的刚度和强度，但是不模拟任何运输危害因素，适用于筛选试验，可用于产品和包装的持续质量控制。在非模拟整体性能试验中，主要测试项目为冲击及振动。针对质量小于 68kg 的包装件，冲击为自由跌落，用于模拟人工搬运过程中的跌落。振动方式为固定位移振动，这种机械振动方式由机械振动台提供，并不能代表实际路况中的情况，但它也具备了必要的测试强度。针对质量大于 68kg 的包装件，用斜面冲击及旋转跌落的方式模拟大型包装件可能遭遇的冲击形式。另外，试验也引入了随机振动的项目，但随机振动参数设置相对单一，也不能模拟实际情况。

2. 2 系列部分模拟整体性能试验

在 1 系列测试基础上，部分模拟整体性能试验更多地考虑了实际运输中的因素，引入环境测试项目模拟环境变化对包装的影响。例如引入压力测试项目，在冲击项目中设置了两次冲击环节。另外，自由跌落测试的高度比 1 系列中有所提高。随机振动测试中也考虑了多方向的设置，但参数设置仍然与实际情况有差异，因此被称作部分模拟。

3.3 系列通用模拟性能试验

在之前两个系列基础上，为进一步增强现实模拟性，通用模拟性能试验中考虑了通用运输危害因素，试验项目与实际运输危害一致。主要体现为测试中全部采用了随机振动测试，并且模拟实际情况采用了动态载荷，很好地再现了实际运输过程。跌落环节设置了前后两次，针对不同包装形式的包装件，模拟实际情况，也设置了各种对应的测试环节。所有这些因素的考虑及测试环节设置都是对实际情况的一个充分模拟，因此 3 系列测试被称作通用模拟性能试验。

第五章
"一带一路"沿线及非洲部分国家(地区)产品符合性评定要求

第一节 符合性评定简述

为确保进口产品符合本国相关技术法规和标准,保障本国消费者健康安全、保护本国环境、维护本国正常的工商业秩序,在资金、人员、技术、设备等资源相对不足的情况下,"一带一路"沿线及非洲部分国家实施产品符合性评定方案(Product Conformity Assessment,简称PCA),强制要求进口的产品必须在装运前完成产品符合性评定。通过实施产品符合性评定方案,这些国家既解决了资源瓶颈,又达到了较好的综合效果。

这些国家产品符合性评定方案的具体措施是:授权具备资质和能力的第三方检验机构在出口国对他们拟进口的产品依照进口国相关技术法规和标准进行验证,对验证合格的产品签发符合性证书,对验证不合格的产品签发不符合证书。通常情况下,只有获得符合性证书的产品才能在目的港顺利清关从而进入当地市场,不符合进口国相关技术法规和标准要求的产品由于无法获得符合性证书也就无法进入当地市场。

相比其他国家(地区)常规的进口产品监管体系,这些国家实施的产品符合性评定方案有以下优点。

● 资源投入少,监管效果立竿见影。产品监管体系的建立从技术储备到人员、设施、仪器配备等环节都需要巨额的投入,难以一蹴而就,因此监管效果需要较长时间才能呈现出来,而这些国家实施的产品符合性评定方案,由于大部分产品的技术验证工作由专业的第三方检验机构完成,进口国几乎不需要什么投入就能在短时间内取得较好的监管效果。

● 产品验证环节前置，有效降低贸易双方风险。由于产品符合性评定方案中产品技术验证环节发生在出口国所在地、货物出运前，一旦产品不能通过验证，出口方还有机会整改或者选择不出运，从而避免了货物到港后由于验证不合格而被退回的风险，进口方也可避免因到港货物不合格而产生罚金、损失商誉等风险。

● 通关效率提升，贸易便利性提高。由于耗时费力的产品技术验证环节发生在装运前，货物抵达目的港后，进口国监管部门只需进行简单的文件查验和小批量的产品抽检，避免了大量货物在目的港因检验、测试等原因发生滞港等问题，货物通关效率得到有效提升，合格产品也获得了进入市场的快捷通道，贸易便利性得到大幅的提高。

正是基于以上优点，产品符合性评定方案得到了越来越广泛的认可和采用，越来越多的国家（地区）加入到实施符合性评定方案的行列。

第二节 "一带一路"沿线及非洲部分国家（地区）产品符合性评定方案

一、沙特阿拉伯王国（Saudi Arabia）

（一）简介

根据沙特阿拉伯王国（简称沙特阿拉伯）内阁相关法令要求，产品符合性评定项目管制目录内的产品在海关清关时必须随附由SASO（Saudi Standards，Metrology and Quality Organization，沙特阿拉伯计量和质量标准组织）授权的检验认证机构，如SGS出具的产品符合性证书，以证明所进口的产品符合沙特阿拉伯相关技术法规和标准。此产品符合性证书名为CoC（Certificate of Conformity，符合性证书），是在沙特阿拉伯海关清关必需的文件。

（二）管制产品目录

沙特阿拉伯符合性评定监管的产品包括所有消费品，但进口国监管部门可能调整管制产品目录。有关最新的管制产品信息,可以向被授权的检验认证机构咨询。

(三) 产品适用的标准

- SASO Standards(沙特阿拉伯标准 SASO);
- GSO Standards(海湾国家标准 GSO);
- International Standards(ISO, IEC)(国际标准化组织标准 ISO、国际电工委员会标准 IEC);
- National Standards(NF, BS, DIN…)(法国标准 NF、英国标准 BS、德国标准 DIN 等)。

(四) 被授权的检验认证机构

沙特阿拉伯授权的检验认证机构包括 SGS、Bureau Veritas(必维国际检验集团)、TÜV、Intertek(天祥)等,均为世界上规模较大的消费品测试、检验和认证公司。

(五) 申请方案和收费标准

沙特阿拉伯产品符合性评定方案的三种申请方案:
- ROUTE A:清关证书,即符合性证书(CoC);
- ROUTE B:产品注册;
- ROUTE C:产品形式认可证书(只针对制造商)。

CoC 收费标准如表 5-1 所示。

表 5-1　沙特阿拉伯符合性评定收费标准

FOB 货值	CoC 费用
USD 0 – 10 000	USD 200
USD 10 001 – 60 000	USD 350
USD 60 001 – 100 000	USD 450

续表

FOB 货值	CoC 费用
USD 100 001 – 200 000	USD 900
USD 200 001 – 500 000	USD 1800
USD 500 001 – and above	USD 2500

特别提醒：

出口沙特阿拉伯的产品，不能有任何违反穆斯林宗教信仰的图案、形状、语句等。当地不允许进口六角星图案设计的相关产品，不允许进口任何有希伯来语标识的产品、任何以色列制造或者和以色列有关的产品。

GSO（The GCC Standardization Organization，海湾国家标准组织）的 G-Mark Regulation（G-Mark 认证规则）要求进入海湾七国（包括阿拉伯联合酋长国、巴林、沙特阿拉伯、阿曼、卡塔尔、科威特、也门）的全部玩具和部分电器需通过 GCC 认证，并在产品上显示 GCC 标识。因此，G-Mark Regulation 管制目录内的产品必须先完成 GCC 认证才能申请产品符合性证书，有关 GCC 认证的详情请向被授权的检验认证机构咨询。

二、卡塔尔（Qatar）

（一）简介

根据 QGOSM（Qatar General Organization for Standards and Metrology，卡塔尔国标准计量组织）有关规定，产品符合性评定项目管制目录内的产品在投放到卡塔尔国内市场之前需要获得一份 CoC 证书，以确保产品符合卡塔尔的相关技术法规或者标准要求。CoC 证书用于在目的港海关清关，SGS 是卡塔尔政府授权的检验机构，在出运地可帮助客户签发此证书。

（二）管制产品目录和适用的标准

进口国监管部门可能调整管制产品目录，有关最新的管制产品信息，请向被授权的检验认证机构咨询。目前管制产品适用的标准如表 5-2 所示。该表节选日期为 2017 年 12 月 31 日。

表 5-2　卡塔尔符合性评定的管制产品与适用标准

产品	适用标准
儿童玩具	EN 71-1，EN 71-2，EN 71-3，and other applicable parts BD-131704-01 "GSO Toys Directive" Only GSO Notified Bodies can issue the certificates（SGS Gulf Ltd. Is Notified Body）
密胺塑料餐具	GSO 142
美容产品	GSO 1943
建筑产品包括： 混凝土砖块、混凝土用非可焊钢筋、预制混凝土铺路砖、道路用沥青 60/70、集料和石灰	QCS 2014
机动车配件	制动器衬片：GSO ECE 90 轮辋：GSO 1712，GSO ISO 7141，GSO ISO 3006，GSO ISO 4000-2 安全带：GSO 97
G-Mark 规定下的电气产品	参考 GSO List Only GSO Notified Bodies can issue the certificates（SGS Gulf Ltd. Is Notified Body）
塑料、纸和发泡材料制的食品及饮料包装、杯子等	EC/10/2011
科尼尔耐蚀铬镍合金钢	QS GSO 1046：2001

（三）被授权的检验认证机构

任何国际电工委员会电工产品合格测试与认证组织（IECEE）CB 体系下的检测实验室（CBTL）和国家认证机构（NCB），凡是具备 ISO 17025 或 ISO 17065 资质的检验认证机构都可以签发 CoC，但 CoC 是否能被认可取决于卡塔尔海关，建议企业选择知名的检验认证机构合作以减少 CoC 不被认可的风险。

（四）收费标准

符合性评定收费标准见表 5-3。

表 5-3　卡塔尔符合性评定收费标准

FOB 货值	CoC 费用
USD 0 – 60 000	USD 300
USD 60 001 – 200 000	FOB 货值 ×0.5%（最低 USD 300，最高 USD 900）
USD 200 001 以上	FOB 货值 ×0.45%（最低 USD 900，最高 USD 2 400）

三、科威特（Kuwait）

（一）简介

根据 PAI（Public Authority for Industry of the State of Kuwait，科威特工业部）相关法令要求，产品符合性评定管制目录下的产品进入科威特时，需要在出运前向被科威特工业部授权的检验认证机构申请产品符合性证书，以证明所出口的产品符合科威特相关技术法规和标准。此产品符合性证书名为 TIR（Technical Inspection Reports，技术检验报告），TIR 证书是货物在目的港海关清关的必需文件。

（二）管制产品目录

进口国监管部门可能调整管制产品目录，有关最新的管制产品信息，请向被授权的检验认证机构咨询。目前，科威特符合性评定管制的产品目录见表 5-4。本表节选时间为 2017 年 12 月 31 日。

表 5-4　科威特符合性评定管制产品目录

第一类	电动玩具
第二类	家用和商用电器以及燃气器具
第三类	化工品
第四类	面巾纸和密胺餐具
第五类	建筑材料

（三）产品适用的标准

- Kuwaiti Standards and Specification Standards（科威特标准和规范 KSS）；
- GSO Standards（海湾国家标准 GSO）；
- International Standards（ISO，IEC）（国际标准化组织标准 ISO、国际电工委员会标准 IEC）；
- National Standards（NF，BS，DIN…）（法国标准 NF、英国标准 BS、德国标准 DIN 等）。

（四）被授权的检验认证机构

科威特授权的检验认证机构包括 SGS、Intertek 等。

（五）收费标准

符合性评定收费标准见表 5-5。

表 5-5 科威特符合性评定收费标准

FOB 货值	CoC 费用
USD 0-60 000	USD 270
USD 60 001-200 000	FOB 货值×0.40%（最低 USD 270）
USD 200 001-1 000 000	USD 800 +（FOB 货值-200 000）×0.25%
USD 1 000 001 以上	USD 2 800 +（FOB 货值-1 000 000）×0.1%

四、埃及（Egypt）

（一）简介

根据 GOEIC（General Organization of Export & Import Controls，埃及进出口控制总局）相关法令要求，产品符合性评定项目管制目录内的产品在海关清关时必须随附由被授权的检验认证机构出具的产品符合性证书以证明进口的产品符合埃及相关技术法规和标准。此产品符合性证书名为 CoI（Certificate of

Inspection，检验证书），是企业在埃及海关清关必需的文件。

(二) 管制产品目录（产品对应的海关编码）

进口国监管部门可能调整管制产品目录，有关最新的管制产品信息，请向被授权的检验认证机构咨询。目前，埃及符合性评定管制产品目录见表5-6，本表节选日期为2017年12月31日。

表5-6 埃及符合性评定管制产品目录（产品对应的海关编码）

HS CODE
1 – Chapter 04：0401，0402，0403，0404，0405，0406
2 – Chapter 08：all HS codes
3 – Chapter 15：all HS codes
4 – Chapter 17：1704
5 – Chapter 18：1806
6 – Chapter 19：1902，1904，1905
7 – Chapter 20：2009
8 – Chapter 22：2201，2202
9 – Chapter 33：3303，3304，3305，3306，3307
10 – Chapter 34：3401.11，3401.19，3401.2090，3401.30，3402.20，3402.9090
11 – Chapter 39：3918，3922，3924
12 – Chapter 40：4016.91
13 – Chapter 44：4419
14 – Chapter 48：4803，4818（with the exception 4818.1090）
15 – Chapter 50：5007
16 – Chapter 51：5111，5112，5113，
17 – Chapter 52：5208，5209，5210，5211，5212
18 – Chapter 53：5309，5311
19 – Chapter 54：5407，5408
20 – Chapter 55：5512，5513，5514，5515，5516，
21 – Chapter 57：all HS codes

续表

HS CODE
22 – Chapter 58：5801，5802，5804，5805，5809，5810.1090，5810.91，5810.92，5810.99
23 – Chapter 60：all HS codes
24 – Chapter 61：all HS codes with the exceptions 6113.0010，6114.3010，6115.10，6116.1010
25 – Chapter 62：all HS codes with the exceptions 6210.1010，6210.2010，6210.3010，6210.4010，6210.5010，6211.3910，6211.4910，6212.2010，6212.9010，6216.0010，6217
26 – Chapter 63：all HS codes with the exception 6307
27 – Chapter 64：6401，6402，6403，6404，6405
28 – Chapter 68：6802.10，6802.2110，6802.9110，6810.19
29 – Chapter 69：6904.40，6907，6908，6910，6911，6912
30 – Chapter 70：7013
31 – Chapter 72：7213，7214，7215
32 – Chapter 73：7321，7322，7323，7324
33 – Chapter 74：7418，7418.10
34 – Chapter 75：7508
35 – Chapter 76：7615
36 – Chapter 82：8211.10，8211.91
37 – Chapter 84：8414.51，8415.10，8415.81，8415.82，8415.83，8418.10，8418.21，8418.29，8418.30，8418.40，8422.11，8450.11，8450.12，8450.19，8451.21
38 – Chapter 85：8508.11，8509.40，8509.80，8516.10，8516.21，8516.32，8516.40，8516.50，8516.60，8516.71，8516.72，8516.79，8527.12，8527.13，8527.19，8527.91，8527.92，8527.99，8528.71，8528.7220，8528.7290，8528.73
39 – Chapter 87：8711，8712
40 – Chapter 91：all HS codes
41 – Chapter 94：9401.30，9401.40，9401.51，9401.59，9401.61，9401.69，9401.7190，9401.79，9401.8090，9403，9404，9405.10，9405.20，9405.30，9405.4090
42 – Chapter 95：9503
43 – Chapter 96：9619

（三）产品适用的标准

- Egypt Standards（埃及标准 ES）；
- 埃及进出口控制总局（GOEIC）批准的其他标准。

（四）被授权的检验认证机构

埃及授权的检验认证机构包括：SGS、Cotecna Inpsection SA（泰纳检验公司）、Intertek、Bureu Veritas、CCIC［China Certifications & Inspection（Group）Co., Ltd.，中国检验认证集团］、TÜV Rheinland（德国 TÜV 莱茵集团）、TÜV Sud（TÜV 南德意志集团）等。

（五）收费标准

由被授权的各检验认证机构自行定价，详情需咨询具体的检验认证机构。

特别提醒：

根据埃及 GOEIC 最新颁布的规定，出口至埃及的管制目录内的产品除了需要取得清关用的 CoI 以外，其制造商或商标持有公司必须在 GOEIC 官网"http：//www.goeic.gov.eg"上进行注册。并且要求产品制造商或商标持有公司必须拥有经 ILAC 或 IAF 授权机构签发的质量管理体系证书、ILAC 或 IAF 授权的相关机构质量监控方面的认证两者中的一个。

五、阿尔及利亚（Algeria）

（一）简介

根据阿尔及利亚政府的相关法令和阿尔及利亚央行（Bank of Algeria）的通知要求，产品符合性评定项目管制目录内的产品贸易结算方式为信用证或凭单付现时，必须随附由被授权的检验认证机构出具的产品符合性证书以证明所进口的产品符合阿尔及利亚相关技术法规和标准。此产品符合性证书名为"Certificat de Contrôle de Qualité des Marchandises"，是在阿尔及利亚海关清关及银行议付的必需文件。

（二）管制产品目录

阿尔及利亚符合性评定管制的产品包括贸易结算方式为信用证或凭单付现的所有进口产品。

（三）产品适用的标准

- Algerian Standards（阿尔及利亚标准 AS）；
- 阿尔及利亚国家标准化组织（IANOR）批准的其他标准。

（四）被授权的检验认证机构

阿尔及利亚授权的检验认证机构包括 SGS、Intertek 等，中国海关出具的符合性证书也是被认可的。

（五）申请方案和收费标准

由被授权的各检验认证机构自行定价，详情需咨询具体的检验认证机构。

六、埃塞俄比亚（Ethiopia）

（一）简介

根据埃塞俄比亚政府相关法令要求，产品符合性评定项目管制目录内的产品在海关清关时必须随附由 MoT（Ministry of Trade，埃塞俄比亚贸易部）授权的检验认证机构出具的产品符合性证书，以证明所进口的产品符合 ESA（Ethiopian Standard Agency，埃塞俄比亚标准机构）的相关技术法规和标准。此产品符合性证书名为 CoC，是在埃塞俄比亚海关清关时必需的文件。

（二）管制产品目录

埃塞俄比亚产品符合性评定管制的产品为水泵和水泵配件等。

（三）产品适用的标准

Ethiopian Standard Agency（ESA，埃塞俄比亚标准局）Ref：no 4/2/1/34/06。

（四）被授权的检验认证机构

埃塞俄比亚授权的检验认证机构仅有 SGS。

（五）收费标准

FOB 货值 ×0.5%，最低收费：USD 350。

七、肯尼亚（Kenya）

（一）简介

根据 KEBS（Kenyan Bureau of Standards，肯尼亚标准局）相关法令要求，产品符合性评定项目管制目录内的产品在海关清关时必须随附由 KEBS 授权的检验认证机构出具的产品符合性证书，以证明所进口的产品符合肯尼亚相关技术法规和标准。此产品符合性证书名为 CoC，是在肯尼亚海关清关时必需的文件。属于管制目录内的产品而未获得 CoC 证书的，货物抵达肯尼亚进口商将被处 CIF（Cost Insurance and Freight，成本加运费加保险费，即到岸价格）货值 15% 的罚金及目的港测试检验等费用，且货物需由 KEBS 在肯尼亚进行符合性评定。

（二）管制产品目录

肯尼亚符合性评定项目管制产品目录包括除机动车、工程机械、农用拖拉机等之外的绝大部分产品，具体详见肯尼亚标准局网站（https://www.kebs.org）。

（三）产品适用的标准

- Kenyan Standards（肯尼亚标准 KS）；
- East African Standards（东非国家标准 EAS）；

- International Standards（ISO，IEC）（国际标准化组织标准 ISO、国际电工委员会标准 IEC）；
- National Standards（NF，UNE，BS，DIN…）（法国标准NF、西班牙标准 UNE、英国标准 BS、德国标准 DIN 等）；
- Manufacturer's own standards and methods（quality plans and technical specifications）–only if no standards are applicable（没有可适用的标准时，经 KEBS 批准，可采用制造商的标准和方法）。

（四）被授权的检验认证机构

肯尼亚授权的检验认证机构包括 SGS、Intertek、Bureu Veritas、CCIC。

（五）申请方案和收费标准

肯尼亚符合性评定的申请方案和收费标准见表 5-7。

表 5-7 肯尼亚符合性评定申请方案和收费标准

ROUTE A：清关证书（CoC）	FOB 货值 ×0.60%（最低 USD 265，最高 USD 2 700）
ROUTE B：产品注册	FOB 货值 ×0.55%（最低 USD 265，最高 USD 2 700）
ROUTE C：产品形式认可证书（只针对制造商）	FOB 货值 ×0.35%（最低 USD 265，最高 USD 2 700）

八、坦桑尼亚（Tanzania）

（一）简介

根据 TBS（Tanzania Bureau of Standards，坦桑尼亚标准局）相关法令要求，产品符合性评定项目管制目录内的产品在海关清关时必须随附由被授权的检验认证机构出具的产品符合性证书，以证明所进口的产品符合坦桑尼亚相关技术法规和标准。此产品符合性证书名为 CoC，是在坦桑尼亚海关清关时必需的文件。属于管制目录内的产品而未获得 CoC 证书的，货物抵达坦桑尼亚进口商将被处 CIF 货值 15% 的罚金。

（二）管制产品目录

进口国监管部门可能调整管制产品目录，有关最新的管制产品信息，请向被授权的检验认证机构咨询。目前，坦桑尼亚符合性评定管制产品目录见表5-8，本表节选日期为2017年12月31日。

表5-8 坦桑尼亚符合性评定管制产品目录

第一类	玩具和体育用品
第二类	电子电气产品
第三类	汽车、摩托车、自行车及其配件
第四类	化工产品
第五类	机械材料和燃气器具
第六类	纸制品和玩具
第七类	家具（木材及金属制品）
第八类	纺织品
第九类	安全（个人防护）设备
第十类	食品
第十一类	海关编码为6309、6310的二手纺织品和鞋

（三）产品适用的标准

- Tanzanian Standards（坦桑尼亚标准TS）；
- East African Standards（东非国家标准EAS）；
- International Standards（ISO，IEC）（国际标准化组织标准ISO、国际电工委员会标准IEC）；
- National Standards（NF, UNE, BS, DIN…）（法国标准NF、西班牙标准UNE、英国标准BS、德国标准DIN）；
- Manufacturer's own standards and methods（quality plans and technical specifications）- only if no standards are applicable（没有可适用的标准时，经

TBS 批准，可采用制造商的标准和方法）。

（四）被授权的检验认证机构

坦桑尼亚授权的认证机构包括 SGS、Bureu Veritas、CCIC。

（五）申请方案和收费标准

坦桑尼亚符合性评定的申请方案和收费标准见表 5-9。

表 5-9 坦桑尼亚符合性评定申请方案和收费标准

ROUTE A：清关证书（CoC）	FOB 货值×0.53%（最低 USD 250，最高 USD 5 000）
ROUTE B：产品注册	FOB 货值×0.45%（最低 USD 250，最高 USD 5 000）
ROUTE C：产品形式认可证书（只针对制造商）	FOB 货值×0.25%（最低 USD 250，最高 USD 5 000）

九、乌干达（Uganda）

（一）简介

根据 UNBS（Uganda National Bureau of Standards，乌干达国家标准局）相关法令要求，产品符合性评定项目管制目录内的产品在海关清关时必须随附由被授权的检验认证机构出具的产品符合性证书，以证明所进口的产品符合乌干达相关技术法规和标准。此产品符合性证书名为 CoC，是在乌干达海关清关必需的文件。属于管制目录内的产品而未获得 CoC 证书的，货物抵达乌干达时进口商将被处 CIF 货值 15% 的罚金。

（二）管制产品目录

进口国监管部门可能调整管制产品目录，有关最新的管制产品信息，请向被授权的检验认证机构咨询。目前，乌干达符合性评定管制产品目录见表 5-10，本表节选日期为 2017 年 12 月 31 日。

表 5-10　乌干达符合性评定管制产品目录

第一类	玩具和体育用品
第二类	电子电气产品
第三类	汽车、摩托车、自行车及其配件
第四类	化工产品
第五类	机械材料和燃气器具
第六类	纸制品和玩具
第七类	家具（木材及金属制品）
第八类	纺织品、皮具、塑料橡胶制品
第九类	安全（个人防护）设备
第十类	食品
第十一类	海关编码为6309、6310的二手纺织品和鞋

（三）产品适用的标准

- Ugandan Standards（乌干达标准 US）；
- East African Standards（东非国家标准 EAS）；
- International Standards（ISO，IEC）（国际标准化组织标准 ISO、国际电工委员会标准 IEC）；
- National Standards（NF，UNE，BS，DIN…）（法国标准 NF、西班牙标准 UNE、英国标准 BS、德国标准 DIN）；
- Manufacturer's own standards and methods（quality plans and technical specifications）- only if no standards are applicable（没有可适用的标准时，经 UNBS 批准，可采用制造商的标准和方法）。

（四）被授权的检验认证机构

乌干达授权的检验认证机构包括 SGS、Intertek、Bureau Veritas。

（五）申请方案和收费标准

乌干达符合性评定的申请方案和收费标准见表 5-11。

表 5-11　乌干达符合性评定申请方案和收费标准

ROUTE A：清关证书（CoC）	FOB 货值 ×0.50%（最低 USD 235，最高 USD 3 000）
ROUTE B：产品注册	FOB 货值 ×0.45%（最低 USD 235，最高 USD 3 000）
ROUTE C：产品形式认可证书（只针对制造商）	FOB 货值 ×0.25%（最低 USD 235，最高 USD 3 000）

十、布隆迪（Burundi）

（一）简介

根据 BBN（The Bureau Burundais de Normalisation，布隆迪财政和经济发展规划总署和布隆迪标准管理局）相关法令要求，产品符合性评定项目管制目录内的产品，在海关清关时必须随附由 SGS 出具的产品符合性证书以证明所进口的产品符合布隆迪相关技术法规和标准。此产品符合性证书名为 CoC，是在布隆迪海关清关时必需的文件。任何未获得 CoC 证书的货物抵达布隆迪，进口商将被处 CIF 货值 15% 的罚金，且货物须由 BBN 在布隆迪进行符合性评定。

（二）管制产品目录

进口国监管部门可能调整管制产品目录，有关最新的管制产品信息，请向被授权的检验认证机构咨询。目前，布隆迪符合性评定管制目录的商品包括绝大部分新产品、二手衣服、二手 IT 设备、二手机器、二手机动车。

（三）产品适用的标准

- Burundi Standards（布隆迪标准 BS）；
- East African Standards（东非国家标准 EAS）；
- International Standards（ISO，IEC）（国际标准化组织标准 ISO、国际电工委员会标准 IEC）；
- National Standards（NF，UNE，BS，DIN…）（法国标准 NF、西班牙标准 UNE、英国标准 BS、德国标准 DIN 等）；

• Manufacturer's own standards and methods (quality plans and technical specifications) – only if no standards are applicable(没有可适用的标准时,经 BBN 批准,可采用制造商的标准和方法)。

(四)被授权的检验认证机构

布隆迪授权的检验认证机构仅有 SGS。

(五)申请方案和收费标准

布隆迪符合性评定的申请方案和收费标准见表 5-12。

表 5-12 布隆迪符合性评定申请方案和收费标准

ROUTE A:清关证书(CoC)	FOB 货值×0.50%(最低 USD 235,最高 USD 2 375)
ROUTE B:产品注册	FOB 货值×0.45%(最低 USD 235,最高 USD 2 375)
ROUTE C:产品形式认可证书(只针对制造商)	FOB 货值×0.25%(最低 USD 235,最高 USD 2 375)

十一、喀麦隆(Cameroon)

(一)简介

根据 ANOR(喀麦隆质量标准局)相关法令要求,产品符合性评定项目管制目录内的产品在海关清关时,必须随附由被授权的检验认证机构出具的产品符合性证书,以证明所进口的产品符合喀麦隆相关技术法规和标准。此产品符合性证书名为 AC(Attestation de Conformité),ANOR 会在 AC 证书的基础上为进口商签发产品符合性证书 CoC,CoC 是在喀麦隆海关清关时必需的文件,属于管制目录内的产品而未获得 AC 证书的,货物抵达喀麦隆时进口商将被处交易金额 5%或预期贸易利润 100%的罚金。

(二)管制产品目录(产品对应的海关编码)

进口国监管部门可能调整管制产品目录,有关最新的管制产品信息,请向被授权的检验认证机构咨询。目前,喀麦隆符合性评定管制产品的 HS 编码见表 5-13。本表节选日期为 2017 年 12 月 31 日。

表 5-13 喀麦隆符合性评定管制产品目录

1 - Chapter 02(肉及食用杂碎):all HS codes
2 - Chapter 03(鱼、甲壳动物、软体动物及其他水生无脊椎动物):0302 to 0307
3 - Chapter 04(乳品;蛋品;天然蜂蜜;其他食用动物产品):all HS codes(except 0407110000 and 04071900000)
4 - Chapter 07(食用蔬菜、根及块茎):all HS codes with the exceptions of 0701100000 and 0713310010
5 - Chapter 08(食用水果及坚果;甜瓜或柑橘属水果的果皮):all HS codes with the exception of 0802701000
6 - Chapter 09(咖啡、茶、马黛茶及调味香料):all HS codes with the exceptions 0901111100;0901112100;0901113100;0901114100;0901115100
7 - Chapter 10(谷物):all HS codes with the exceptions 1001110000;1001190000(imported in bulk)100191;100210;100310;100410;100510;1006101000;100710;1008101000;100821;100830
8 - Chapter 11(制粉工业产品;麦芽;淀粉;菊粉;面筋):all HS codes
9 - Chapter 15(动、植物油、脂及其分解产品;精制的食用油脂;动、植物蜡):all HS codes
10 - Chapter 16(肉、鱼、甲壳动物、软体动物及其他水生无脊椎动物的制品):all HS codes
11 - Chapter 17(糖及糖食):all HS codes
12 - Chapter 18(可可及可可制品):all HS codes
13 - Chapter 19(谷物、粮食粉、淀粉或乳的制品;糕饼点心):all HS codes
14 - Chapter 20(蔬菜、水果、坚果或植物其他部分的制品):all HS codes
15 - Chapter 21(杂项食品):all HS codes
16 - Chapter 22(饮料、酒及醋):all HS codes with the exception of 2207101000

续表

17 – Chapter 25（盐；硫黄；泥土及石料；石膏料；石灰及水泥）：2501001100 to 2501001990 and 2501009090 and 2523100000 to 2523900000
18 – Chapter 33（精油及香膏；芳香料制品及化妆盥洗品）：3301120000 to 3301290000 and 3301900000 and 3302100000 to 3302900000 and 3303000000 to 3307900000
19 – Chapter 34（肥皂、有机表面活性剂、洗涤剂、润滑剂、人造蜡、调制蜡、光洁剂、蜡烛及类似品、塑型用膏、"牙科用蜡"及牙科用熟石膏制剂）：3401110000
20 – Chapter 35（蛋白类物质；改性淀粉；胶；酶）：3507100000 and 3507900000
21 – Chapter 48（纸及纸板；纸浆、纸或纸板制品）：481810 to 481830 and 482010 and 482020 and 482040
22 – Chapter 63（其他纺织制成品；成套物品；旧衣物及旧纺织品；碎织物）：6305100000（Jute bags）
23 – Chapter 72（钢铁）：7210110000 to 7210900000 and 7212100000 to 72126000000 and 7213100000 to 7214990000
24 – 721710 to 721790 and all HS codes 7227
25 – Chapter 73（钢铁制品）：73110010000 and 7311009000 and 731420 to 731449
26 – Chapter 76（铝及其制品）：7606120000 and 7606920000

（三）产品适用的标准

- Cameroonian Standards（NC）（喀麦隆标准 NC）；
- International Standards（ISO，IEC）（国际标准化组织标准 ISO、国际电工委员会标准 IEC）；
- Manufacturer's own standards and methods（quality plans and technical specifications）– only if no standards are applicable（没有可适用的标准时，经 ANOR 批准，可采用制造商的标准和方法）。

（四）被授权的检验认证机构

喀麦隆授权的检验认证机构包括 SGS、Intertek。

(五) 申请方案和收费标准

喀麦隆符合性评定的申请方案和收费标准见表 5 – 14。

表 5 – 14　喀麦隆符合性评定申请方案和收费标准

ROUTE A：AC 证书	FOB 货值 ×0.45%（最低 USD 300，最高 USD 7 000）
ROUTE B：产品注册	FOB 货值 ×0.40%（最低 USD 300，最高 USD 7 000）
ROUTE C：产品形式认可证书（只针对制造商）	FOB 货值 ×0.27%（最低 USD 300，最高 USD 7 000）

十二、加蓬（Gabon）

(一) 简介

根据加蓬的 AGANOR（Agence Gabonaise de Normalisation，加蓬标准化组织）相关法令要求，产品符合性评定项目管制目录内的产品在海关清关时，必须随附由被授权的检验认证机构出具的产品符合性证书，以证明所进口的产品符合加蓬相关技术法规和标准。此产品符合性证书名为 CoC，是在加蓬海关清关时必需的文件。

(二) 管制产品目录

进口国监管部门可能调整管制产品目录，有关最新的管制产品信息，请向被授权的检验认证机构咨询。目前，加蓬符合性评定管制的产品目录见表 5 – 15。本表节选日期为 2017 年 12 月 31 日。

表 5 – 15　加蓬符合性评定管制产品目录

第一类	机械和电器、电气设备、电子设备及其零部件
第二类	土木工程、化学工业和建筑产品
第三类	卫生、医疗和外科器械及设备、个人护理用品、化妆品和玩具

（三）产品适用的标准

- Gabon Standards（加蓬标准 GS）；
- 加蓬标准化组织（AGANOR）批准的其他标准。

（四）被授权的检验认证机构

加蓬授权的检验认证机构包括 SGS、Intertek、Bureau Veritas。

（五）申请方案和收费标准

表 5-16　加蓬符合性评定申请方案和收费标准

方案	收费标准
ROUTE A：清关证书（CoC）	FOB 货值 ×0.53%（最低 EUR 300，最高 EUR 7 000）
ROUTE B：产品注册	FOB 货值 ×0.45%（最低 EUR 300，最高 EUR 7 000）
ROUTE C：产品形式认可证书（只针对制造商）	FOB 货值 ×0.27%（最低 EUR 220，最高 EUR 7 000）

十三、桑给巴尔（Zanzibar）

（一）简介

根据 ZBS（Zanzibar Bureau of Standards，桑给巴尔标准局）相关法令要求，产品符合性评定项目管制目录内的产品在海关清关时，必须随附由被授权的检验认证机构出具的产品符合性证书，以证明所进口的产品符合桑给巴尔相关技术法规和标准。此产品符合性证书名为 CoC，是在桑给巴尔海关清关时必需的文件。属于管制目录内的产品而未获得 CoC 证书的，货物抵达桑给巴尔时进口商将被处 CIF 货值 15% 的罚金。

（二）管制产品目录

进口国监管部门可能调整管制产品目录，有关最新的管制产品信息，请向被授权的检验认证机构咨询。目前，桑给巴尔符合性评定管制产品目录见

表 5-17。本表节选日期为 2017 年 12 月 31 日。

表 5-17 桑给巴尔符合性评定管制产品目录

第一类	玩具和体育用品
第二类	电子电气产品
第三类	汽车、摩托车、自行车及其配件
第四类	化工产品
第五类	机械材料和燃气器具
第六类	纸制品和玩具
第七类	家具（木材及金属制品）
第八类	纺织品、皮具、塑料橡胶制品
第九类	安全（个人防护）设备
第十类	食品
第十一类	二手纺织品、二手鞋、二手机动车部件、二手家具
第十二类	燃料

（三）产品适用的标准

- Zanzibar Standards（桑给巴尔标准 ZS）；
- 桑给巴尔标准局（ZBS）批准的其他标准。

（四）被授权的检验认证机构

桑给巴尔授权的检验认证机构包括 SGS、Bureau Veritas。

（五）申请方案和收费标准

桑给巴尔符合性评定的申请方案和收费标准见表 5-18。

表 5-18 桑给巴尔符合性评定的申请方案和收费标准

ROUTE A：清关证书（CoC）	FOB 货值 ×0.53%（最低 USD 250，最高 USD 3 000）
ROUTE B：产品注册	FOB 货值 ×0.45%（最低 USD 250，最高 USD 3 000）
ROUTE C：产品形式认可证书（只针对制造商）	FOB 货值 ×0.25%（最低 USD 250，最高 USD 3 000）

十四、尼日利亚（Nigeria）

（一）简介

根据尼日利亚联邦政府相关政策要求，SON（Standards Organization of Nigeria，尼日利亚标准局）从 2005 年 9 月开始实施 SONCAP（产品符合性评定方案，全称为 Standards Organization of Nigeria – Conformity Assessment Program），产品符合性评定项目管制目录内的产品在海关清关时，必须随附由被授权的检验认证机构出具的产品符合性证书，以证明所进口的产品符合尼日利亚相关技术法规和标准。此产品符合性证书名为 SONCAP 证书（SONCAP Certificate，简称 SC），是在尼日利亚海关清关时必需的文件。

（二）管制产品目录

进口国监管部门可能调整管制产品目录，有关最新的管制产品信息，请向被授权的检验认证机构咨询。目前，尼日利亚符合性评定管制的产品为除食品、药品、军用品等之外的绝大部分产品。

（三）产品适用的标准

- Nigerian Industrial Standards（尼日利亚工业标准 NIS）；
- 尼日利亚标准局（SON）批准的其他标准。

（四）被授权的检验认证机构

尼日利亚授权的检验认证机构包括 SGS、Cotecna、Intertek、CCIC。

（五）申请方案和收费标准

产品注册证书 PC（全称为 Product Certificate）费用见表 5–19。
批次产品符合性证书 SC（SONCAP Certificate）费用：USD 300/SC。

表 5-19 尼日利亚符合性评定的申请方案和收费标准

PC 证书 ROUTE A：产品未注册，即批次检验	USD 300/PC，只能使用一次
PC 证书 ROUTE B：产品注册	USD 300/PC（包含一个型号，每增加一个产品类 USD 300，每增加一个型号 USD 60，有效期一年）
PC 证书 ROUTE C：产品形式认可证书（只针对制造商）	USD 1 300/PC（包含一个型号，每增加一个产品类 USD 300，每增加一个型号 USD 60，有效期一年）

第三节　申请各国（地区）产品符合性证书的流程

一、阿尔及利亚、埃及、埃塞俄比亚、布隆迪、喀麦隆、加蓬、坦桑尼亚、乌干达、桑给巴尔、沙特阿拉伯、卡塔尔、科威特等国家（地区）产品符合性证书申请流程

第一步：出口商递交填写完整并签名盖章的申请表（Request for Certification，简称 RFC）、形式发票和装箱单给被授权的检验认证机构。

第二步：出口商提供产品的质量文件如产品测试报告、产品技术参数、制造商质量管理体系证书等给被授权的检验认证机构进行审核。

第三步：被授权的检验认证机构确定项目计划下可行的产品符合性评定实施方案和适用的标准。

第四步：如需进一步抽样测试，被授权的检验认证机构将协调取样并实施实验室测试。

第五步：完成上述步骤后被授权的检验认证机构将安排现场货物检验，对实际出运货物进行核查。

第六步：现场检验完成后出口商递交最终文件（商业发票和装箱单）至被授权的检验认证机构，并由其最终出证评估。

第七步：出口商完成相关费用支付后，被授权的检验认证机构出具产品符合性证书给出口商或者进口商。

二、肯尼亚产品符合性证书申请流程

第一步：进口商在肯尼亚向 KEBS 提交申请获得 IDF（Import Declaration Form，进口申报表），然后把 IDF 发给出口商。

第二步：出口商递交填写完整的 RFC、IDF、形式发票和装箱单给被授权的检验认证机构。

第三步：出口商提供产品的质量文件，如产品测试报告、产品技术参数、制造商质量管理体系证书等给被授权的检验认证机构进行审核。

第四步：被授权的检验认证机构确定项目计划下可行的产品符合性评定实施方案和适用的标准。

第五步：如需进一步抽样测试，被授权的检验认证机构将协调取样并实施实验室测试。

第六步：完成上述步骤后被授权的检验认证机构将安排现场货物检验，对实际出运货物进行核查。

第七步：现场检验完成后出口商递交最终文件（商业发票和装箱单）至被授权的检验认证机构，并由其最终出证评估。

第八步：出口商完成相关费用支付后，被授权的检验认证机构出具产品符合性证书给出口商或者进口商。

三、尼日利亚产品符合性证书申请流程

尼日利亚产品符合性证书申请流程包括产品证书 PC 和批次产品符合性证书 SC 两个部分，其中 PC 用于申请 Form M，SC 用于海关清关。出口商需先申请 PC，获得 PC 后才能申请 SC，两个部分申请流程如下。

第一部分，产品证书 PC 申请流程。

第一步：出口商递交填写完整的产品证书申请表，产品质量文件，如测试报告、产品技术参数、制造商质量管理体系证书、产品图片及标识等相关文件，给被授权的检验认证机构。

第二步：被授权的检验认证机构进行文件审核。

第三步：申请文件通过审核后被授权的检验认证机构出具报价给出口商，

让其付款。

第四步：出口商确认付款并提供相关付款凭证。

第五步：被授权的检验认证机构出具产品证书 PC 给出口商。

第六步：出口商把产品证书 PC 发给进口商，进口商凭产品证书在尼日利亚向贸易主管部门申请 Form M。

第二部分，批次产品符合性证书 SC 申请流程。

第一步：出口商从进口商那里获得 Form M 编号。

第二步：出口商递交填写完整的批次证书申请表和形式发票。

第三步：被授权的检验认证机构进行文件审核。

第四步：被授权的检验认证机构确定可行的产品符合性评定实施方案，如有需要将安排现场货物检验及集装箱监装。

第五步：现场检验完成后出口商递交最终文件（商业发票和装箱单）至被授权的检验认证机构进行最终出证评估。

第六步：出口商完成相关费用支付，被授权的检验认证机构出具 SC 给出口商或者进口商。

第四节　中国企业应对策略及典型案例分析

一、中国企业应对策略

以上提及的实施产品符合性评定方案的"一带一路"沿线及非洲部分国家（地区）并非"中国制造"的传统市场。相对于成熟的欧美市场，中国企业对这些新兴市场的了解相当有限，由此造成的产品不符合进口国要求而无法获得符合性证书的情况屡见不鲜。不少中国企业的产品在欧美市场畅通无阻，但在这些新兴市场却水土不服，究其原因，主要有以下两个方面：

- 企业/贸易商不了解进口国的相关技术法规要求；
- 企业/贸易商不了解进口国特定条件下形成的一些特殊要求。

尽管我们身处资讯发达、信息爆炸的网络时代，但由于种种原因，想获知上述国家的相关技术法规和特殊要求并不容易，甚至一些身处当地的进口商都对这些技术法规和要求一无所知，中国企业想要获知这方面的信息难度可想而知。基于上述现状，照搬出口欧美国家的经验或者盲目听从进口商的指示都是有风险的，中国企业的应对策略只能是在组织生产前与被授权的检验认证机构充分沟通以获取全面的信息，从而避免后期货物被拒或者需要整改而产生损失。

二、典型案例分析与处理方案

案例5-1 非授权使用标准机构认证标识

出口目的国：肯尼亚

出口国：中国

出口产品：婴儿纸尿裤

不符合原因：产品零售包装上印刷了肯尼亚标准局（KEBS）产品认证标识（如图5-1所示），而进口商并未获得此授权

不符合原因分析：出口商不清楚此标识的含义和有关规定，只是遵照进口商的要求印刷此标识，而进口商对当地的法规也不了解，并未意识到其提出的要求已违反了进口国规定

出口商处理措施：更换货物零售包装

图5-1　肯尼亚标准局产品认证标识

案例5-2 电器插头不符合进口国标准要求

出口目的国：加蓬

出口国：中国

出口产品：机顶盒

不符合原因：产品装配的插头是英标的 BS1363，而加蓬标准规定的插头是 Type C（如图 5-2 所示）

不符合原因分析：出口商按照以往出口非洲其他国家的经验，选配了英标的插头，进口商代表检查样品时也未提出异议，双方都未意识到此插头不符合进口国标准

出口商处理措施：更换符合进口国标准的插头

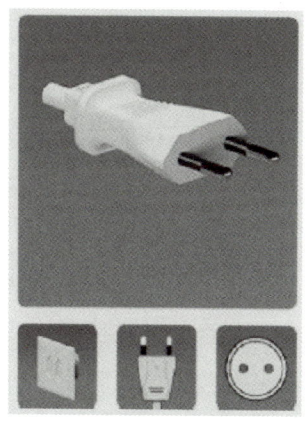

图 5-2　加蓬标准规定的插头

案例5-3　原产地标识不符合进口国特殊要求

出口目的国：沙特阿拉伯

出口国：中国

出口产品：健身器材

不符合原因：产品上原产地标识为"Made in P. R. C."，不符合进口国要求

不符合原因分析：沙特阿拉伯相关法规要求，原产地必须以"MADE IN <COUNTRY>"格式标示，而且必须标出国家（地区）全称，例如"MADE IN CHINA"或"MADE IN THE PEOPLE'S REPUBLIC OF CHINA"都可以接受，但不接受"MADE IN P. R. C"，如使用阿拉伯语显示原产地也可接受

出口商处理措施：整改货物的原产地标识

三、热点问题解答

工程项目物资是否需要以及如何申请产品符合性证书？

随着"一带一路"倡议的推进，中国企业对非洲国家的投资持续加大，这些国家中就包括肯尼亚、坦桑尼亚、乌干达等实施符合性评定方案的国家。近几年来，越来越多的工程项目在这些非洲国家落地开工，但由于当地经济欠发达，很多产品无法生产，因此大量的工程项目物资都需

要进口。然而，大部分工程项目物资都是产品符合性评定项目管制目录内的产品，按照这些国家的有关规定，这些进口的工程项目物资都需要取得相应的产品符合性证书才能清关并投入使用。

众所周知，一个工程项目所需的物资种类成千上万，且来源复杂，按照常规的流程为这些物资申请产品符合性证书几乎是不可能的，由此导致工程物资无法顺利进入这些国家的情况时有发生。基于工程项目物资的特殊性，在确保产品只供特定的工程项目使用、不会进入当地市场再次销售的前提下，有些被授权的检验认证机构推出了"项目注册"服务，不管是政府项目还是私人项目，只要符合条件都可以申请。"项目注册"服务的推出简化了工程项目物资申请产品符合性证书的流程，大大降低了工程项目物资获得产品符合性证书的难度，使工程项目物资快捷且合法地进入这些国家成为可能，从而为有关工程项目的顺利推进提供了保障。

第三篇

货销全球：消费品主要产品线质量管控与案例分析

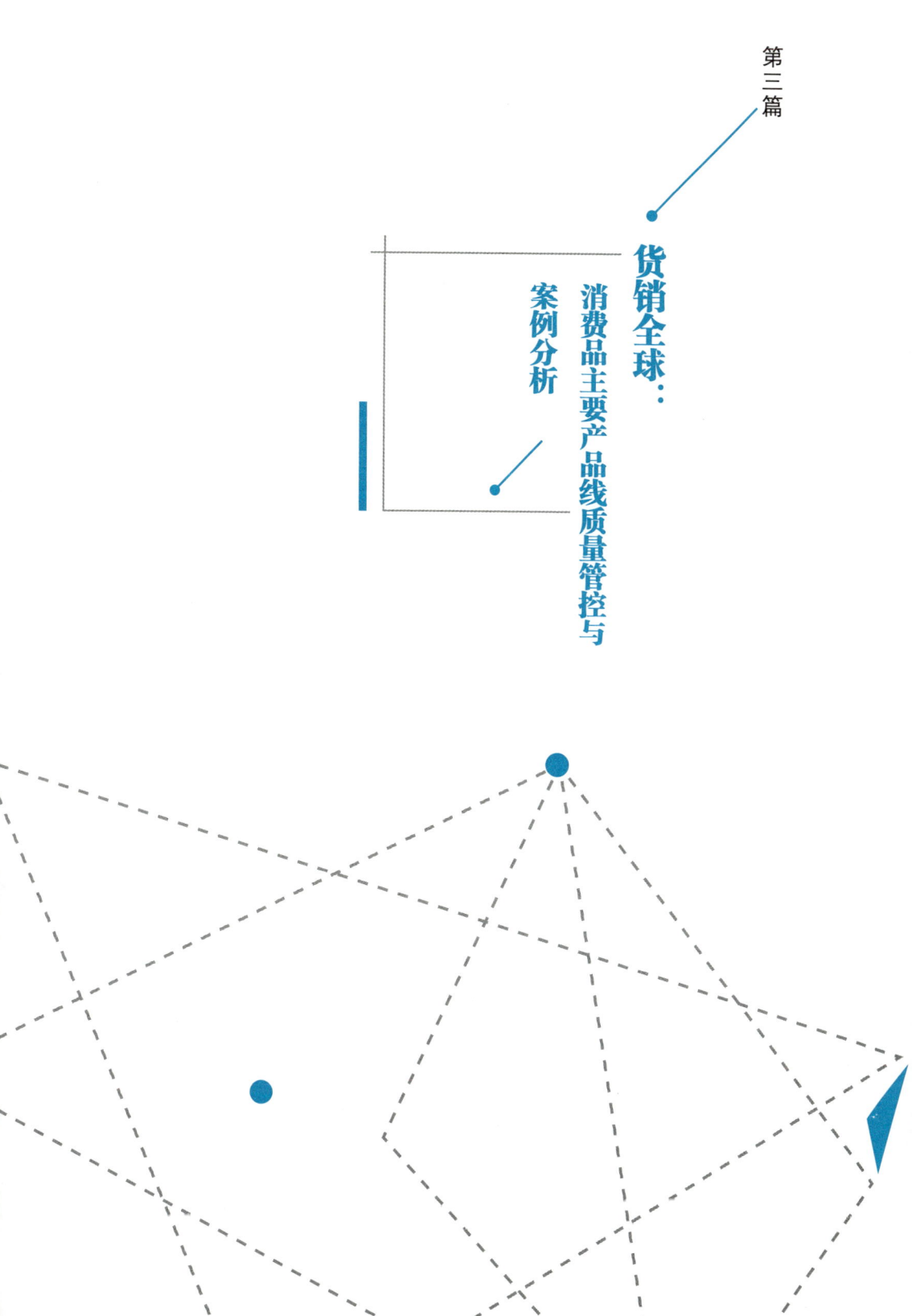

第六章
电子电气产品

第一节 电子电气消费品质量管控要求及中国企业应对策略

一、全球电子电气产品要求综述

电子电气产品所涉及的技术法规和标准非常多，不同的国家（地区）会因为配电系统或者用电传统的不同制定本国的电气安全法规和标准。综合全球不同的国家（地区）对电子电气产品制定的法规和标准，大体上我们可以把它们归类为：产品安全测试、电磁兼容测试、无线通信测试、能效要求和化学安全测试等几大类。

其中产品安全测试和电磁兼容测试是电子电气产品出口到目的国遇到的最常见的技术法规要求。一些发达国家（地区）制定的法规和标准比较齐全，可能包含了上面提到的所有相关法规和标准，比如欧盟和美国。而有些发展中国家（地区）可能只需要符合产品的安全测试要求就可以进口，比如一些非洲国家。

当电子电气产品需要出口时，首先我们需要了解这个国家或地区对相关的电子电气产品有什么样的法规要求，需要按照哪些标准进行符合性测试。

下面我们根据测试类型的不同来介绍一下相关的测试。

（一）产品安全测试

产品安全测试的目的是要避免由于下列各种危险对人体或者周围环境造

成人身伤害或者财产损失。

1. 电击或触电危险

电击或触电是由电流通过人体造成的。起因是在使用电子电气产品时人体接触了带危险电压的部件。在特定条件下，只有低于一定限值的电压才不被认为是危险电压。因此在设计或者生产产品时，为了对可接触的部件上可能出现的危险电压进行防护，就需要为这样的部件提供充分的绝缘保护措施或者接地保护措施。

2. 过高温度危险

过高温度危险是指在正常工作条件下使用电子电气产品因为过高的温度可能对人体或者周围环境造成伤害，引发过高温度危险的原因主要包括以下三个：

- 接触高温的可触及部件而引起的灼伤；
- 绝缘防护等级下降和安全元器件性能降低；
- 引燃可燃液体或易燃部件。

3. 机械危险

机械危险是指由于产品的设计或者结构导致的对人体或者产品本身的机械危害。引起机械危险的原因主要包括：

- 尖锐的外部部件和拐角；
- 可能引起潜在危害的运动零部件，如扇叶、刀片等；
- 设备的不稳定性。

4. 爆炸危险

爆炸危险是指由于设备内部的零部件发生爆炸而对人体或者周围环境产生危害。比如电视机显像管以及锂电池的爆炸等。

5. 辐射危险

辐射危险是指设备产生的某种形式的辐射会对使用人员和维修人员造成伤害。辐射的危害可以是声波辐射、射频辐射、红外线/紫外线辐射、电离辐射和激光辐射等。产品设计时可以考虑以下方法减少这种危险：

- 限制潜在辐射源的能量等级；
- 屏蔽辐射源；

- 使用安全互锁装置；
- 如果使用人员不可避免暴露在辐射危险中，要提供警告标识来告诫他们。

6. 着火危险

在设备正常工作条件下，过载、元器件失效和绝缘击穿等都可能导致着火。这样就要求产品的设计应当保证设备内的着火点产生的火焰不会蔓延到火源近区以外的区域，或避免对设备周围造成危害。

7. 化学危险

化学危险是指使用人员由于接触化学物品或者吸入它们的气体和烟雾造成伤害。

（二）电磁兼容测试

什么是电磁兼容（Electromagnetic Compatibility，EMC）？日常生活中，当我们使用电吹风时，可能导致电视机有雪花点；打雷时，可能损坏家里的电视机、电话；有时候触摸屏怎么按都没反应；开车时行驶记录仪和U盘不能同时工作。这些现象的产生都可能是因为电磁兼容问题。

在最新的欧洲EMC指令2014/30/EU里，电磁兼容被定义为：设备在其所处的电磁环境中能正常工作且不对该环境中其他设备产生不能承受的电磁骚扰的能力。与最初的国际电工委员会标准IEC TR 61000-1-1：1992（对应国标GB/T 17624.1-1998电磁兼容综述 电磁兼容基本术语和定义的应用与解释）中的定义（161-01-06）以及第一版EMC指令89/336/EEC的定义有所不同，新的定义强调电磁对设备的骚扰而非对任何事物。由此看出，电磁兼容包括两方面，一方面，指设备在正常工作过程中对周围设备产生的电磁干扰不能超过一定的限值，通常称为EMI（Electromagnetic Interference，电磁干扰）；另一方面，是指设备在一定程度的电磁干扰环境中能正常工作，有一定的抗扰性，通常称为EMS（Electromagnetic Susceptibility，电磁敏感度）。在EMC指令2014/30/EU里，电磁兼容分为电磁骚扰（Electromagnetic Disturbance）和（电磁）免疫能力。前者的定义为任何可能降低设备性能的电磁现象。电磁干扰可能是电磁噪声、无用的信号在传播介质中本身的变化。

对后者的定义是在电磁干扰存在的情况下，设备按预期执行且性能不会降低的能力。虽然字面内容不同，但实际意义一致。行业内，EMI 就是指电磁骚扰，EMS 就是电磁免疫。

20 世纪后期，信息时代到来，数字产品越来越多，也越来越容易受到环境中电磁杂波的影响，人们对电器产品的兼容性有了更切实的要求，欧美发达国家率先对进入欧美市场的电器产品提出电磁兼容的规范。一方面是为了提高产品性能，保证产品质量；一方面是提高市场准入的技术壁垒。2001 年 12 月 11 日，中国正式成为世界贸易组织成员。中国政府为履行入世承诺，按照世界贸易组织有关协议和国际通行规则，保护广大消费者和动植物生命安全，保护环境安全、国家安全，于 2003 年 8 月 1 日开始强制施行 CCC 认证（China Compulsory Certification，强制性产品认证），对部分在中国市场销售的电器提出电磁兼容要求。

常用 EMC 标准网页有如下一些。

国际标准 IEC/CISPR（International Special Committee on Radio Interference，国际无线电干扰特别委员会）https://www.iecee.org/dyn/www/f?p=106:48:0，在 IEC standards 下拉菜单中选 EMC。

欧盟 EMC OJ（Official Journal，欧盟官方期刊）标准 https://ec.europa.eu/growth/single-market/european-standards/harmonised-standards/electromagnetic-compatibility-en 或 https://www.cenelec.eu/，然后 Standards Development-List of Technical Bodies 中寻找 CLC/TC 210。

欧盟 RED OJ 标准 https://ec.europa.eu/growth/single-market/european-standards/harmonised-standards/rtte_en 或 http://www.etsi.org/standards-search#Wireless Systems。

美国 FCC（Federal Communications Commission，美国联邦通信委员会）标准 https://www.ecfr.gov/cgi-bin/ECFR?page=browse，在下拉菜单中寻找 Title47。

加拿大 ISED（Innovation Science and Economic Development，创新、科学和经济发展部）标准 http://www.ic.gc.ca/eic/site/smt-gst.nsf/eng/h_sf06127.html。

澳大利亚/新西兰 AS/NZS 标准 http：//archive.acma.gov.au/WEB/STANDARD/pc=PC_310707。

中国 GB（国家强制性标准）标准 http：//www.sac.gov.cn/was5/web/outlinetemplet/gjbzcx.jsp。

（三）无线通信测试

随着移动通信、物联网技术的飞速发展，无线通信产品（包括具有无线通信功能的产品，如蓝牙的传感器、带 Wifi 的空调等）也越来越普及。无线设备对其周边环境产生的电磁骚扰更严重，对工作环境的电磁干扰信号也更敏感，特别是无线设备的大规模应用使频谱资源变得越来越紧缺。因此，除了在电磁兼容、安全方面有更多要求，为了加强频谱资源的有效利用，各国对频谱资源使用还有更严格的准入要求，主要是对占用频率、占用带宽、发射功率以及杂散辐射进行限制，还针对产品性能的信号阻塞、频率自适应、交互调制等提出要求。如欧盟有专门的无线设备指令 RED 2014/53/EU，韩国有 KC RF 认证，日本有 giteki 认证，中国有 SRRC 认证。

欧洲的 RED 是代替旧版的 R&TTE（Radio Equipment and Telecommunications Terminal Equipment，无线电设备及通信终端）的指令，新无线设备指令 RED 把有线通信的部分划给了电磁兼容指令 EMCD，而把原来属于 EMC 指令范围的广播收音机、电视机纳入 RED 范围，RED 产品的频率范围也去掉原来 9kHz 以上的下限频率。RED 从 2016 年 6 月 13 日开始执行，过渡期一年。也就是说从 2017 年 6 月 13 日起，所有无线通信产品都必须按新的无线设备指令 RED 执行。与旧无线指令一样，RED 包括了安全［LVD+EMF（Electromagnetic Fields，对人体电磁辐射的安全要求）］和 EMC 的要求。此外，RED 增加了一些新要求，比如某些类别的无线产品要使用通用的充电器，对软件的使用要求，说明书必须标明产品使用频率和发射功率等。

一些特殊的行业组织协会为了保护知识产权，也有特定的认证，如蓝牙（Blue Tooth）、WiFi、USB、MFi（Made for iOS）、OTA（手机天线）、Qi（无线充电）、NFC（Near Field Communication，近距离无线通信）、HDMI（High

Definition Multimedia Interface，高清晰度的媒体接口）等。这些行业协会的测试认证不是国家或地区的法规认证。

另外，很多人容易把 EMC 与对人体电磁辐射安全要求的 EMF 混淆。两者最大的区别就是，EMC 是为了让电器设备之间和谐相处，互不影响。EMF 是保证电器设备的电磁辐射不危害使用设备者的健康，对电器的 EMF 要求在欧洲属于安全的范畴，由低电压指令 LVD（2014/35/EU）和无线设备指令 RED 2014/53/EU 管控，也有人称之为 SAR（Specific Absorption Rate，人体组织吸收电磁波率）。欧盟有专门的 EMF 指令（2013/35/EU），主要是针对在电磁辐射环境工作的工人的最低限度的安全健康要求，但与电器要求无关。在北美地区、中国、日本、韩国等也有 SAR 的要求，主要是针对无线通信产品，如手机、发射基站等。

（四）能效要求

能效要求主要针对一些能源消耗（特别是电能）比较大的产品，比如冰箱、空调、洗衣机、洗碗机、大功率烤箱等。能效要求根据产品的耗能水平进行分级以及设置最低能效限值。能效要求主要包括能效标签要求、最低能效要求以及产品的性能指标要求等。

下面重点介绍欧洲、美国、澳大利亚、墨西哥等国家和地区的能效要求。

1. 欧洲能效要求

欧盟颁布的能效要求的法规有能源标签指令 2010/30/EU 和 ErP 指令 2009/125/EC。

根据 2010/30/EU 指令的要求，欧盟的能效标签把相关产品的能耗分为 A＋＋＋、A＋＋、A＋、A、B、C、D、E、F 和 G。其中 A＋＋＋的等级最高，也就是代表该级别的产品耗能最少。

ErP 指令 2009/125/EC（取代旧指令 2005/32/EC）规定了在欧盟市场上使用比较多的，并且对能源的消耗影响比较大的一些产品的生态设计要求。在这个框架性指令的要求下，从 2008 年开始欧盟陆续颁布了针对不同类型产品的实施措施，所涵盖的产品包括家用电器、大型家电产品、消费电子产品、电源适配器以及各种灯具等生活中常见的电子电气产品。

2. 美国能效要求

DOE（Department of Energy 美国能源部）是美国最主要的能源政策制定及节能管理部门，负责制定能源效率目标，即 MEPS（Minimum Energy Performance Standards，最低能源效率标准）。对以家电为主的电器产品实行强制性的能效标识制度。能效标签覆盖的产品包括冰箱、冷冻箱、洗碗机、洗衣机、室内空调、热水器、火炉、锅炉、中央空调、热泵和泳池加热器、电视机等。

能源之星是美国能源部和美国环境保护署共同推行的一项政府计划，旨在更好地保护生存环境、节约能源。1992 年由美国环境保护署参与，最早在电脑产品上推广。现在纳入此认证范围的产品已经达 40 多类，如家用电器、制热/制冷设备、电子产品、照明产品等。

CEC（California Energy Commission，加利福尼亚州能源委员会）采取了电器效率法规，目的是减少加州能源的消耗，以改善能源系统，打造强有力的经济和健康的环境。该法规里的标准适用于在加州销售或代销的产品，法规管控的产品范围包括 23 个类别（参考法规 CEC－400－2017－002），如组合音频设备、电视机、DVD 播放机/录像机、外部电源、家用电冰箱/红酒柜、镇流器/节能灯、电池充电系统、灯具等。

3. 澳大利亚能效要求

澳大利亚市场的能效要求是根据 E3 能源计划来贯彻和执行的。E3 能源计划的要求由能源等级标签和 MEPS 两大部分组成。

能效等级标签按照节能的级别分为六星级，星级越多表示设备越节能。

MEPS 规定了设备进入澳大利亚市场的最低能效要求。相关产品进入市场前必须在官方网站上进行能效注册。

4. 墨西哥能效要求

墨西哥指定并授权能源部和消费者权益部共同颁布能耗标签实施方案。

2009 年 9 月 1 日，墨西哥宣布要求所有制造商、进口商或经销商涉及能耗的电子电气产品向能源部和消费者权益部申请能耗注册。

2010 年 9 月 10 日，墨西哥能源部和消费者权益部公布能耗标签强制清单，该清单包含了电器和燃料供给产品，如煤气炉、空调、冰箱、洗衣机、电风扇等。

能耗标签方案于 2011 年 9 月 10 日起强制执行。如强制清单内的产品没有进行能耗注册并加贴能耗标签，墨西哥政府将对制造商、进口商或经销商处以罚款。

5. 其他国家（地区）

除了上面介绍的几个国家和地区的能效要求外，加拿大、沙特阿拉伯、阿联酋、新加坡、约旦和中国香港等国家和地区都颁布了与能效要求相关的法规。

（五）化学安全测试

参考本书中有关 RoHS 指令及 REACH 法规部分的介绍。

（六）CB 认证体系

CB 认证体系是由 IECEE 建立的主要针对电子电气产品测试认证的一个全球互认体系。经过近些年的快速发展，这个体系已经广泛地被世界上主要的国家（地区）所接受。

到目前为止，全球包括中国在内共有 53 个国家（地区）的 77 个认证机构参加了这个互认体系，获得认可的 CB 实验室已经超过了 400 家。参加 CB 体系的成员几乎囊括了中国电子电气产品的主要出口国（地区），如美国、英国、德国、法国、日本、韩国、澳大利亚、加拿大、意大利、俄罗斯、南非共和国、印度、阿根廷、墨西哥、新加坡、马来西亚等。

企业可以把自己的产品送到参与该体系的任一成员的认证机构去获取 CB 测试报告和证书（统一使用 IEC 标准），然后去申请其他成员的安全认证许可，这样可以避免重复测试。

CB 体系为广大的出口型企业提供的便利和益处可以总结如下：

- 统一测试标准；
- 减少贸易上的技术壁垒；
- 节省时间与费用成本；
- 有利于企业迅速打开国际市场。

二、电子电气产品欧盟市场相关的法规（指令）

从欧盟成立以来，针对不同的产品，欧盟委员会曾制定复杂的技术规定。在确保产品在国际市场自由流动和安全使用的前提下，在已有的法律基础上，欧共体执委会（欧盟委员会前身）于1985年引入"新准入指令"对这些技术规定进行简化。

2008年，欧盟委员会批准NLF（New Legislative Framework，新立法框架），其由两个互为补充的条例Regulation（规则）No 765/2008和Decision（决定）No 768/2008/EC组成，并按照该新立法框架对原指令进行更新。

在已有的支持CE标识的指令中（指令名单可在"http：//www.newapproach.org/Directives/DirectiveList.asp"中查阅），以下指令适用于普通电子电气产品（医疗器械、提升装置、爆炸环境下使用的设备和保护系统、测量设备除外）：

- 与能量相关产品的生态设计指令（Erp指令）；
- 电磁兼容指令（EMCD）；
- 低电压指令（LVD）；
- 机械指令（MD）。

以低电压指令（LVD 2014/35/EU）为例，指令一般包含以下方面的内容。

（一）通用条款

通用条款主要包括以下内容。

- 说明制定该指令的目的，在保证内部市场功能的同时，确保市场上销售的设备能对人、家畜、财产提供高级的防护。
- 适用于该指令的电气设备的电压范围为交流电50V~1000V，直流电75V~1500V。
- 对指令中使用的一些名词进行定义。
- 规定电气设备只有满足下述条件才可在欧盟市场上销售。在安全问题上，其按照欧盟内大量采用被证明有效的工程实践制造产品，且其在被正确安装、维护和使用时，不危害人畜的健康和安全或带来财产的损失。

- 强调产品的自由流动。如果产品满足本指令，成员不能以产品不满足本标准包含的内容的原因，阻止产品在市场上销售。成员应确保供电机构不能强加比本指令规定的更严格的安全要求。

（二）经营者义务

经营者义务包括制造商的义务、进口商的义务和分销商的义务。

1. 制造商具体义务

- 制造商应确保产品按照本指令规定的安全目标设计和制造。
- 制造商应起草附录 III 规定的技术文档，并执行或已经执行附录 III 规定的符合性评定，当通过符合性评定证明产品满足安全目标后，制造商应起草 EU（European Union，欧盟）符合性声明并粘贴 CE 标识。
- 在产品投放市场后，制造商应保留技术文件和 EU 符合性声明 10 年。
- 制造商应确保批量生产产品仍满足本指令要求。
- 制造商应充分考虑与产品设计以及与产品符合性声明相关的协调标准、国际标准或国家标准或其他技术规格的改动。如果认为电气产品有风险，为保护使用者的安全和健康，制造商应对市场上的产品进行抽样测试和监测。如果有必要，进行产品投诉登记以及不合格产品登记和召回，并通知分销商进行市场监视。
- 制造商应确保投放市场的产品上标注型号、批量或系列号或其他能表示其单一性的标识。如果产品的自然特性或尺寸不允许在产品上标注这些信息，这些信息可标注在其包装或随机文档上。
- 制造商应确保投放市场的产品上标注制造商名称、注册商标名称或注册商标标识和可联系的通信地址。如果产品的自然特性或尺寸不允许在产品上标注这些信息，这些信息可标注在其包装或随机文档上。通信地址应为可联系到制造商的单一地址，并且应使用容易被最终用户和市场监管当局理解的语言。
- 说明书和安全信息应使用消费者，即最终用户容易理解的语言。说明书、安全信息和铭牌应清晰，可理解或可懂。

- 如果考虑或有理由相信市场销售电气设备不符合本指令要求，制造商应立即采取必要的修正措施使产品符合指令要求。如果有必要，收回、召回设备，并且立即通知产品销售涉及的欧盟成员的主管机构，告知其具体细节，尤其要说明不符合指令要求的产品细节和对此不合格产品所采用的任何措施的细节。

- 在主管机构的合理要求下，制造商应为其提供证明产品符合该指令的所有电子或书面形式的信息和文档，且信息和文档应使用主管机构容易理解的语言。在主管机构的要求下，协助主管机构采取措施消除投放市场的电气设备的危险。

- 授权代表的义务由制造商书面约定，制造商义务中确保产品满足本标准安全要求和起草技术文档的义务不能授予授权代表，授权代表至少可以获得以下授权：

保留 EU 符合性声明和技术文档 10 年；

在主管机构的合理要求下，提供证明产品符合性的所有文档和信息；

协助主管机构采取措施消除设备产生的危险。

2. 进口商具体义务

- 进口商应确保制造商进行合适的符合性评定，起草技术文档，在产品上标注 CE 标识和提供要求的随机文档；在产品上标注型号、批量或系列号或其他能标示其单一性的标识，如果产品的自然特性或尺寸不允许在产品上标注这些信息，这些信息可标注在其包装或随机文档上；在产品上标注制造商名称、注册商标名称或注册商标标识和可联系的通信地址。

- 如果认为电气产品有风险，在这些危险消除之前，进口商不得将产品投放市场。而且，当产品确有危险时，进口商应通知生产商和产品涉及的市场监管当局。

- 进口商应确保投放市场的产品上标注进口商名称、注册商标名称或注册商标标识和可联系的通信地址，如果产品的自然特性或尺寸不允许在产品上标注这些信息，这些信息可标注在其包装或随机文档上。联系信息使用容易被最终用户和市场监管当局理解的语言。

- 进口商应确保随机配带容易使消费者和其他最终用户理解的语言书写

的说明书、安全信息说明书。

- 进口商应确保设备保存和运输不影响产品符合本指令规定的安全要求。
- 如果认为电气产品有风险，为保护使用者的安全和健康，进口商应对市场上的产品进行抽样测试和监测。如果有必要，进行产品投诉登记及不合格产品登记和产品召回，并通知分销商进行市场监视活动。
- 如果考虑或有理由相信市场销售电气设备不符合本指令要求，进口商应立即采取必要的修正措施使产品符合指令要求，如果有必要，收回、召回设备。而且，如果电气产品确有危险，应立即通知产品销售涉及的欧盟成员的主管机构，告知其具体细节，尤其要说明不符合指令要求的产品细节和针对不符合点采用的任何措施的细节。
- 在产品投放市场后，进口商应保存 EU 符合性声明 10 年，以供市场监管当局调用，并确保在被这些机构要求时能提供相关文件。
- 在主管机构的合理要求下，进口商应为其提供证明产品符合该指令的所有电子或书面形式的信息和文档，且信息和文档应使用主管机构容易理解的语言。在主管机构的要求下，协助主管机构采取措施消除投放市场的电气设备的危险。

3. **分销商具体义务**

- 在将产品投放市场时，分销商应本着应尽的责任心采取本指令规定的行动。
- 在产品投放市场之前，分销商应确保制造商进行合适的符合性评估，起草技术文档，在产品上标注 CE 标识和提供要求的随机文档，并且文档和信息应使用容易被消费者和最终用户理解的语言。
- 在产品上标注型号、批量或系列号或其他能标示其单一性的标识，如果产品的自然特性或尺寸不允许在产品上标注这些信息，这些信息可标注在其包装或随机文档上。
- 在产品上标注制造商和进口商名称、注册商标名称或注册商标标识和可联系的通信地址。
- 如果认为电气产品有风险，在这些危险消除之前，分销商应不得将产品投放市场。而且，当产品确有危险时，分销商应通知生产商或进口商和市场监管当局。

- 分销商应确保设备保存和运输不影响产品符合本指令规定的安全要求。
- 如果考虑或有理由相信市场销售电气设备不符合本指令要求，分销商应立即采取必要的修正措施使产品符合指令要求，如果有必要，收回、召回设备。而且，如果电气产品确有危险，应立即通知产品销售涉及的欧盟成员的主管机构，告知其具体细节，尤其要说明不符合指令要求的产品细节和针对不符点采用的任何措施的细节。
- 在主管机构的合理要求下，分销商应为其提供证明产品符合该指令的所有电子或书面形式的信息和文档，且信息和文档应使用主管机构容易理解的语言。在主管机构的要求下，协助主管机构采取措施消除投放市场的电气设备的危险。
- 当进口商或分销商以其名称或商标销售产品，或者对已投放市场的产品进行可能影响产品符合本指令的修改，进口商或分销商将变为本指令定义的生产商并承担生产商的义务。
- 在被要求提供资料时，经营者应向市场监管当局提供下述信息，并保留该信息 10 年：

谁向其供货；

其又向谁供货。

（三）电气设备的符合性评定

产品相关的经营者应负责确保电气设备符合指令要求，由于制造商熟悉产品的设计和制造过程，因此最好由其执行符合性评估流程。

指令仅限于规定安全目标，为便于认定产品符合指令，可通过证明产品符合协调标准的方式来实现。符合协调标准则可认为符合协调标准包含的指令的安全内容。

如果进口方所在国家或地区暂时没有发布针对该产品的标准，可以采用国际标准（IEC 标准）来证明产品符合指令的要求。

针对该产品，如果上述两种标准都没有发布，可以采用制造商所在国的国家标准来证明产品符合指令的要求。

如果产品符合指令的要求，制造商出具 EU 符合性声明。

如果产品符合使用于该产品的所有指令，则产品在市场销售之前，制造商需在产品上加贴 CE 标识（如果有公告机构介入，其公告机构代码也需显示）。

（四）欧盟市场监管

对进入欧盟市场的电气设备的管控以及欧盟防护措施的流程由各成员方的相关监管机构负责，它们对进入欧盟市场的电气设备进行监管和控制，如果发现具有危险的电气产品，则按照下述流程处理。

如果有充足理由相信产品具有危险，监管当局则按照指令完整评估产品。

如果证明产品确有危险，立即要求相关经营者采取措施使产品符合要求，根据危险程度，收回、召回产品。

如果危险产品不在一个国家或地区之内，通知欧盟委员会和其他成员采取措施。

如果相关经营者在一定期限内不采取措施，监管当局直接禁止或限制产品销售，收回或召回产品。

成员之间交流的信息包括不符合产品的标识、产地、不符合项以及产品具体的危险、不符合的原因，包括不符合指令的安全目标，不满足所采用的协调标准、国际标准或国家标准。

3 个月内企业无反对意见，则认为监管机构采取的措施是公正的。

欧盟委员会对监管机构采取措施有争议时，咨询所有相关成员和所有相关的经营者的意见，再评估成员采取的措施。如果认为措施不对，成员的监管机构需撤销措施。

如果发现产品虽符合相关标准的要求，但仍具有危险，成员仍要求相关经营者采取措施使产品符合要求，并根据危险程度，收回、召回产品，同时将处理意见提交欧盟委员会，欧盟委员会咨询所有成员和相关经营者的意见，在综合这些意见的基础上做出处理措施是否公正合理的判断。

（五）技术委员会流程、违法处罚和法规的过渡

该法规中规定了欧盟电气设备委员会的构成及作用，明确成员应对违反本指令的经营者处以包括刑事处罚的处罚。法规还规定为符合本指令要求，

成员需采用和发布符合对应的法律、法规以及行政措施的期限。

最后,法规规定新版指令的过渡期以及最终生效日期。

三、美国市场联邦法规机构和相关强制技术规范

表 6-1 所示的几个美国联邦法规机构负责与电子电气产品相关法规的制定和监管。

表 6-1 美国联邦机构与相关法规

机构	范围
CPSC(Consumer Product Safety Committee 消费产品安全委员会)	儿童产品、有害物质、危险产品的标签、消费产品安全
CBP(Customs and Border Protection,海关和边防局)	进口产品的原产地
DOE(The Department of Energy,能源部)	能效标准
EPA(Environmental Protection Agency,环境保护署)	有毒物质、能源之星
FCC(Federal Communications Commission,联邦通信委员会)	射频和数码设备
FDA(Food and Drug Administration,食品药品管理局)	食品接触物质、医疗产品和设备
FTC(Federal Trade Commission,联邦贸易委员会)	标签、能效标准、环境要求
OSHA(Occupational Safety and Health Administration,职业安全与健康管理局)	职业安全、国家认可测试计划

(一)消费产品安全委员会

1. 消费品安全法案

1972 年 10 月 27 日,《消费品安全法案》正式成为美国法律,并以此为依据建立消费产品安全委员会。该法案定义该委员会的职权是以保护公众避免受到与消费产品相关的不合理的风险所造成的伤害,协助消费者评估相对安全的消费产品,建立消费产品统一的安全标准,并促进调查和研究与产品相关的死亡、疾病和伤害的原因并做好预防工作。

2. 2008 消费品安全改进法案（CPSIA）

2008 年 8 月 14 日，该法案正式生效，2011 年 8 月 12 日修正案发布。该法案大大强化了 CPSC 的职能和权力。

CPSIA 针对儿童产品大幅度提高了安全要求，制定了更多更严格的安全规定，该法案的主要内容集中在对儿童消费品所使用的材料中铅含量的要求，增加了对 6 种邻苯二甲酸酯含量的限制等。同时，增加了对儿童产品包装及追溯标签的要求、对消费品进行检验监管的措施和对美国国内的消费品法律措施等方面。

同时，CPSIA 要求每个生产商或进口商必须对所有受 CPSC 管控的产品进行测试并签发符合性证书，并标明该产品符合相应的标准、法规或禁令。该证书必须与产品一起提供给零售商或分销商。如果是针对 12 岁或以下儿童的产品，必须由 CPSC 认可的第三方测试实验室进行测试认证。

3. 消费品安全法案对特定产品的要求

（1）季节性和装饰灯具

在 16 CFR Part 1120 中规定所有季节性和装饰灯具必须符合以下要求：

- 符合最小的导线规格的要求；
- 使导线在接线端处免受拉力和扭矩；
- 必须有过流保护。

这些要求可在标准 UL 588《季节性和节日装饰性产品》中找到。

（2）手持式干发器

在 16 CFR Part 1120 中规定，手持式干发器必须提供内嵌式保护器，否则会被认为是有危险的产品。

（3）延长线

在 16 CFR Part 1120 中规定，所有通用的延长线（室内和室外延长线，包括室内季节性延长线）必须符合以下要求：

- 符合最小的导线规格的要求；
- 使导线在接线端处免受拉力和扭矩；
- 适当的极性；
- 适当的连续性；
- 2 线室内延长线或护套线室外延长线必须有插座盖。

（4）全方向民用基站天线

根据 16 CFR Part 1204《全方向基站天线的安全标准》的要求，全方向民用基站天线必须符合现场对接、馈线电缆、电器保护、生产商的指引和警告的特殊要求，并必须持有符合性证书。这个法规采用了两种测试方法来检验生产商选择的预防电击伤害所提供的保护是否足够。一个是绝缘材料的有效性测试，通过用高压电极接触法规所规定的保护区域中的任意两点来测试，必须确保在 5 分钟内通过绝缘材料传递的电流不超过 5 毫安。另一个测试是天线杆系统测试，主要是考核当天线杆系统倒到电力线上时所提供的防触电保护是否足够。

（5）手扶割草机

16 CFR Part 1205《手扶电动割草机安全标准》是对手扶割草机的安全、标签和性能的强制要求，这个标准是为了减少消费者由于手和脚接触旋转叶片所受到伤害的风险。手扶割草机属于强制认证产品。

（6）便携式发电机

在 16 CFR 1407 中规定便携式发电机的生产商必须详细说明使用便携式发电机可能引起一氧化碳中毒的相关事宜。

《联邦危险物品法案》（FHSA）要求被定义为有害的家用物质应贴有警告标语来警告消费者，以使其知晓与产品使用有关的危害，确保消费者安全使用和存储产品。同时，产品中要配有在适当情况下的急救护理说明，并注明："keep out of the reach of children"。产品是否需要贴上标签主要取决于产品的配方，以及消费者在正常使用和可预见的习惯下使用时所暴露到有害物质的程度。

（7）家用冰箱

在 16 CFR Part 1750 中要求家用电冰箱必须确保冰箱门能够非常容易地从里面打开，可以直接从里面往外推或者使用传统的类似门把手的装置，这个装置不能影响冰箱正常储存食品的能力。

（二）海关和边防局

所有进口到美国的产品必须符合 19 CRF Part 134 原产地标识规定，这些规定要求每个原产地的物品（或它们的容器）进口到美国时必须在醒目的位置清楚并永久性地用英文标上原产地。

(三) 能源部

1. 《能源政策和储备法案》(Energy Policy And Conservation Act，EPCA)

《能源政策和储备法案》被收录在《美国联邦法典》第42卷77章中，法案规定了针对电子电气产品的能效、能源使用、水使用或估算年度使用成本的测量程序，并指明联邦贸易委员会（FTC）负责建立标签要求。

在这个法案中，生产商或商标持有人的以下行为是非法的：

- 投放任何包含在法案中的新产品进市场，除非这些产品符合相关规定和适用的能源标准，并贴上标识；
- 移除或使要求的标签难以辨认；
- 故意销售违反地区标准的产品；
- 销售不符合规定的白炽灯适配器，使没有E26螺旋灯座的白炽灯能安装到E26螺旋灯头并能在电压为110V~130V范围内工作。

2. 家用消费产品的能效标准、测试和认证

在10 CFR Part 430《消费产品能源保护计划》中制定了《能源政策和储备法案》所指定的产品的测试要求，规定法案中所包含的产品必须符合指定标准的要求。

10 CFR Part 429 Subpart B 列明了所包含产品符合相关保护标准的认证流程。这些法规指明生产商必须根据能源部的测试程序对批定基本型号的样品制定认证等级，并申请能源部的抽样计划。同时，法规指明生产商必须提交认证报告给能源部，并维护相应的记录。最后，法规指明了能源部首次测试和强制符合认证条款的流程以及能源和水资源保护标准。

《能源政策和储备法案》所覆盖的电子电气产品如表6-2所示。

表6-2 《能源政策和储备法案》覆盖的产品类别

电池充电器	壁炉产品	紧凑型荧光灯
锅炉	厨房炉具和烤箱	荧光灯镇流器
吊扇	微波炉	荧光灯
中央空调和热泵	各种制冷设备	白炽灯

物质产品的警告标语。所有含有Ⅰ类和Ⅱ类物质的产品必须贴上以下警告标语：

> WARNING：Contains ［or Manufactured with，if applicable］ ［*insert name of substance*］，a substance which harms public health and environment by destroying ozone in the upper atmosphere.

3.《美国有毒物质控制法案》(TSCA)

《美国有毒物质控制法案》于1976年实施，它涵盖工业化学品及其在生产和流通过程中的管理，建立了商用化学品报告、记录、跟踪、测试和使用限制等要求在内的一整套化学品管理制度。TSCA授权美国环境保护署作为监管机构。

4.《含汞和可充电电池管理法案》(Mercury-Containing and Rechargeable Battery Management Act)

该法案的主要目的是逐步淘汰汞在电池中的使用，增加了对镍镉电池、小型未密封的铅酸电池、其他电池的收集、回收、处置规定。法案的执行者为EPA，产品范围为在美国销售的电池或消费品中可移除的电池。

法案禁止销售以下产品：
- 含汞的碱－锰电池，除非是汞含量不超过25mg/cell的纽扣碱－锰电池；
- 含汞的锌－碳电池；
- 纽扣氧化汞电池。

（五）联邦通信委员会

联邦通信委员会（FCC）负责管理在美国50个州、哥伦比亚特区和美国领域内通过无线电、电视、电线、卫星和电缆的州际和国际通信。它是一个独立的由国会监督的美国政府机构。该委员会是负责贯彻执行美国通信法律和法规的联邦机构。FCC负责授权和管理除联邦政府使用之外的射频传输装置和设备，并制定了一系列技术法规来管控并使这些设备产生的干扰降到最低。

FCC对个人电脑、办公电器、电子玩具、AV（Audio & Video，音频和视频）产品、收音机/电视机、微波炉/电磁炉等家电产品、照明灯具、工科医用于商用或工业的产品，CLASS B 类——用于家庭的产品。FCC 对 B 类产品法规要求更严格，限值低于 A 类。对通过 SDoC 或 FCC ID 认证的产品，除了 Part 73 的调频广播和 Part 90 要求的陆地移动通信产品有其他标贴要求，其他的产品上要有 part 15.19 要求的包含如图 6-1 所示文字的标贴。

> FCC ID: XXXYYYYYYYYYYYYY
> This device complies with part 15 of the FCC rules. Operation is subject to the following two conditions:
> (1) This device may not cause harmful interference. and
> (2) This device must accept any interference received, including interference that may cause undesired operation.

图 6-1　FCC ID 标签

对有 FCC ID 的产品，标贴上还要有"FCC ID：XXXYYYY"字样。其中 XXX（3 位或 5 位字母或数字，由 FCC 网上申请系统随机生成）是制造商在 FCC 网页上的唯一识别编号（Grantee Code），而 Y 是产品型号的代码，是由制造商自己编制的由数字、大写字母或"-"组成的字符串，但最长不能超过 14 位，不能有空格、斜杠、标点符号。标签要求消费者购买产品时容易看见。不要将标签加贴在产品可拆卸的部位（如电池盒盖）。

如果因为产品太小或其他原因不可能把上述文字以 4 号（或更大的）字体印在标贴上，那么说明书里必须有上述文字内容，而且还必须印在包装上或者随每个产品附上可移除的标贴。

SDoC 认证的产品，除了要有上述的文字标贴，还可以由客户自愿在标贴上加上 FCC 标识，如图 6-2 所示。

图 6-2　FCC 标识

说明书上必须有对客户的警示，未经厂商明确批准的更改或修改可能会导致用户失去操作设备的权限。如"changes or modifications not expressly approved by the party responsible for compliance could void the user's authority to operate the equipment."

微波炉、电磁炉、节能灯是在 Part 18 的范围。需要许可证的产品的测试要求在 47 CFR 的其他部分，如手机在 Part 20/22/24。

（六）联邦贸易委员会

1.《联邦贸易委员会法案》（FTC 法案）

FTC 法案禁止不合理的和欺骗性的商业行为，确保国家市场行为具有竞争性，确保和促进市场顺畅运营。

2. 家用电器的能源指南标准和标签

16 CFR Part 305《能源标签法》制定了对特定消费电器的标签要求，给出产品能源消耗或能源效率的估计值，以帮助消费者比较后购买高能效电器。

这个法案包含的产品如表 6-3 所示。

表 6-3 FTC 法案覆盖的产品类别

冰箱	火炉	中型紧凑型荧光灯
洗碗机	直接供热设备	白炽灯
热水器	泳池加热器	白炽反射灯
房间空调器	厨房炉具和烤箱	金属卤化灯
干衣机	电视机	吊扇
洗衣机	荧光灯镇流器	冷冻箱
中央空调和热泵	荧光灯	电锅炉

（七）食品药品管理局

1. 食品接触材料

食品接触类材料指一切用于加工、生产、包装、存储和运输食品过程中与食品能够接触的材料。常见的材料包括各种塑料、涂层、纸张、金属、陶瓷、玻璃和竹木制品等，也包括了包装材料中发现的黏合剂、色素、抗菌剂、抗氧化剂等。

FDA 对食品添加剂的定义包括了通过直接或间接地添加、接触食品成为食品成分或者影响食品性质的所有物质，因包装、储存或其他加工处理过程而迁移到食品中的物质属于间接添加剂。所有食品接触物质必须符合美国联邦法典第 21 卷《食品、药物和化妆品》的第 174～179 部分（21 CFR 174～179）对食品添加剂的要求。

2. 医疗产品

电子电器类医疗器械必须受医疗器械相关法规的管控，医疗器械可分为Ⅰ类、Ⅱ类和Ⅲ类，法规对这些种类的管控严格程度是逐类递增的。Ⅰ类器械通常不要求入市前通告 510（k），Ⅱ类器械通常要求入市前通告，Ⅲ类器械通常要求入市前批准。

医疗器械在美国销售必须符合以下基本法规：

- 注册（21 CFR 807）；
- 产品列示（21 CFR 807）；
- 入市前通告 510（k）（21 CFR 807 分部 E），除非被豁免或售前批准（21 CFR 814）；
- 临床研究用的器械豁免（IDE）（21 CFR 807）；
- 质量体系法规（21 CFR 820）；
- 标签要求（21 CFR 801）；
- 医疗器械报告（21 CFR 803）。

（八）职业安全与健康管理局

1. 《职业安全与健康法案》(OSH Act)

《职业安全与健康法案》被编入《美国法典》29 USC 15 中，OSHA 通过制定和执行标准以及提供培训、宣传、教育和法律援助的方式，确保工作中的男性和女性在安全和健康的工作条件下工作。根据职业安全及健康法例，雇主有责任为工人提供一个安全和健康的工作场所。

2. NRTL（Nationally Recognized Testing Laboratory，国家认可测试实验室）计划

按照《美国联邦法典》29 CFR Part 1910 的要求，所有在工作场所中使用

的电器设备或产品必须经过国家认可测试实验室的认可，必须经过国家认可测试实验室认可的产品列表可在 OSHA 的官方网站中找到。

（1）OSHA 认可 NRTL 为特定产品做测试和认证时认可的范围

- NRTL 用来测试和认证产品的标准；
- NRTL 可接受其他机构（包括制造商）的测试结果的种类；
- OSHA 认可的 NRTL 的测试设备范围。

（2）OSHA 认可的 NRTL

- 应独立于产品的制造商、供应商和销售商；
- 能够使用特定的产品测试标准对产品进行测试；
- 定期接受 OSHA 的评审以确保其符合 OSHA 关于 NRTL 计划的政策要求。

NRTL 认可一个产品包括测试、工厂审查和认证三个步骤。在产品的样品经 NRTL 测试合格后，NRTL 将对生产工厂进行工厂审查，以确保经生产线生产出来的产品能符合相关标准的要求。在首次工厂审查合格后，NRTL 将颁发证书以证明产品符合相关标准，同时授权制造商使用 NRTL 的认证标识。在证书发行后，NRTL 将对工厂进行跟踪审查，以确保现在生产的带有 NRTL 认证标识的产品与测试认证时的产品一致。

（九）美国各州的相关法律法规

目前在美国，越来越多的领域同时被各州的法律和联邦法律监管，包括消费者保护、就业和食品药品管制。在同一个问题上，州的法律比联邦法律更加严格。州的法律由州长签署，当州法律颁布后，州的相关监管机构负责制定相应法规来执行法律。

1. **各州的技术规范（强制性的）**

在美国，一些州的法律和法规比联邦法律更加严格，这些法规包括对产品的标签、包装和化学品的限制等。加州对消费产品的要求尤为严格。

2. **器具能效**

在一些州，包括但不限于亚利桑那州、加利福尼亚州、康乃迪克州、马里兰州、马萨诸塞州、密苏里州、新罕布什尔州、新泽西州、纽约州、俄勒冈州、华盛顿州、佛蒙特州和罗德岛州都对没有在联邦法律中覆盖的器具制定了能效标准，覆盖的器具在这些州销售时必须符合最低能效要求。对于已在联邦法律中覆盖的器具，各州可以提出比联邦更严格的标准。

3. 纽扣电池

在康乃迪克州、路易斯安那州、缅因州和罗德岛州禁止销售含汞的纽扣电池和装有含汞的纽扣电池的产品。

4. 食品接触产品中的双酚 A

在康乃迪克州、伊利诺伊州、纽约州、佛蒙特州和华盛顿州禁止食品接触产品中含有双酚 A。康乃迪克州和佛蒙特州禁止可重复使用的食品和饮料容器中含有双酚 A。伊利诺伊州和华盛顿州禁止儿童食品或饮料容器中含有双酚 A。纽约州禁止儿童产品含有双酚 A。

5. 被关注的化学物质

在俄勒冈州、华盛顿州、佛蒙特州和缅因州要求生产商在销售含有被关注的化学物质清单里的物质时，必须在这些州销售前提供通告。在一些情况下，生产商必须除去这些化学物质或使用代替物质。

6. 限制使用某些有害物质（RoHS）

在加利福尼亚州、康乃迪克州、佛罗里达州、夏威夷州、爱荷华州、伊利诺伊州、马里兰州、缅因州、密歇根州、明尼苏达州、新罕布什尔州、新墨西哥州、纽约州、俄勒冈州、罗德岛州、弗吉尼亚州、佛蒙特州和华盛顿州，已经效仿欧盟的 RoHS 指令，制定了相应的限制使用有害物质法规。法规要求，如果电子产品中重金属的含量超过限值（重金属含量的限值为：镉不得超过 0.01%，六价铬、铅、汞、PBBs、PBDEs 不得超过 0.1%），则不允许在这些州销售。

7. 电子废弃物

在加利福尼亚州、康乃迪克州、夏威夷州、伊利诺伊州、缅因州、马里兰州、密歇根州、明尼苏达州、新泽西州、俄克拉荷马州、罗德岛州和威斯康星州已经通过立法，建立了电子废弃物的处理和循环再利用机制。电子设备必须清楚标明生产商或商标，生产商也必须在各个州注册。同时，一些州要求生产商必须声明其电子产品中重金属含量符合欧盟 RoHS 指令要求。

8. 阻燃剂

在美国，有 12 个州限制使用多溴联苯醚（PBDEs）、五溴二苯醚（pentaBDE）和八溴二苯醚（octaBDE）。其中有 8 个州限制使用十溴联苯醚（decaBDE）。伊利诺伊州、印第安纳州、明尼苏达州、纽约州和罗德岛州要求如果某些电子产品中的 PBDEs 超过欧盟的最大限定值，生产商必须发出通告。

四、电子电气产品其他国家（地区）要求

本部分覆盖了五大洲 6 个主要经济发展区的电子电气类消费品认证，协助企业了解全球不同国家和地区的准入要求，从而更有效地开拓市场。

（一）亚太地区

1. 中国 CCC 认证、SRRC 认证

（1）CCC 认证

CCC 认证即"强制性产品认证"。CCC 认证对涵盖的产品执行国家强制的安全认证（含安全和电磁兼容测试）。凡列入强制性认证目录的产品，必须经国家指定的认证机构认证，取得相关证书并加贴认证标识后，方能在中国市场销售。CCC 强制性认证目录中覆盖的产品以电器类为主，同时也包括玩具、儿童汽车座椅等其他产品。CCC 认证制度的主要特点是国家公布统一的目录，确定统一适用的国家标准、技术规则和实施程序，制定统一的标识和收费标准。

认证程序包含认可实验室测试以及工厂审查。境外审厂，通常首次检查由 CQC（China Quality Certification Centre，中国质量认证中心）自北京派员执行，后续每年一次的检查可由国外合作机构执行。

（2）SRRC 认证

国家无线电监测中心（SRRC）规定所有在中国境内销售及使用的无线电发射设备，必须取得 RTA（Radia Type Approval，无线电型号核准证）并标明核准号码（CMIIT ID）。SRRC 认证程序不需要进行审厂，但必须提供工厂的 ISO 证书或者 SRRC 认可的质量管控文件。

2. 中国台湾地区 BSMI[①] 标识和台湾地区通信传播行政管理机构认可

（1）BSMI 介绍

BSMI 是台湾地区经济事务主管部门下属的机构，依照有关商品检验规定（强制性要求）和有关标准法的规定（自愿性要求）进行商品检验和认证。有关商品检验规定涉及的所有商品必须通过检验认证方能进入台湾市场销售。进口商品依据台湾商品标准分类号列（C. C. C. code）来区分所需进行的符合性评定程序。符合性评定程序包括 RPC（Remote Procedure Call Protocol，简称验证登录）、TA（Type Approval，型式认证）以及 Doc 模式（Declaration of Conformity，符合性声明），其中验证登录以及形式认可模式在发证前需要进行工厂审查。在台湾，电器类产品能效要求并非独立的认证部分，属于 BSMI 管制范畴。BSMI 和能效测试的持证方是台湾当地合法的公司，其他国家（地区）厂商可通过台湾经销商进行申请。

（2）台湾地区通信传播行政管理机构认可介绍

台湾地区通信传播行政管理机构规定所有电信终端设备、低功率射频电机及电信管制射频器材都需获得形式认可后，方能在市场上销售。持证方可为台湾本地的公司（制造商/进口商/经销商）或其他国家（地区）的制造商。

3. 澳大利亚/新西兰 RCM[②]

RCM 是适用于澳大利亚与新西兰的合规注册标识。自 2013 年 3 月 1 日起，执法部门将普通电器产品的 C – Tick、通信产品 A – Tick 和无线产品的标签要求统一为 RCM。RCM 标识表示产品符合了相应的技术标准，即相应的产品的电信、无线通信、电磁兼容、电磁辐射对人体和适用的州和地区的电气设备安全无害。

ACMA（Australian Communications and Media Authority，澳大利亚通信和媒体管理局）是澳大利亚联邦政府负责通信和艺术的法定机构，主要工作是监管广播、互联网、无线和有线通信，规范在《电信法 1997》和《无线电通信法案 1992》管控下的用户设备、用户布线、无线电通信设备、电气和电子

---

① BSMI：Bureau of Standards, Metrology and Inspection，标准检验机构。
② RCM：Regulatory Compliance Mark，法规符合性标识。

设备、车辆和内燃机设备。

此机构监管产品4个方面的情况，分别是有线通信、无线通信、电磁兼容、电磁辐射（对人体）。澳大利亚的标准以"AS"开头，澳大利亚与新西兰的联合标准为"AS/NZS"标准。澳大利亚的标准与新西兰的标准基本与 IEC/CISPR 一致，只是版本号不同，它们不一定及时采用最新版本，此外，澳大利亚与新西兰也接受部分欧盟的 EN 标准。

澳大利亚、新西兰的电磁兼容要求中，把电气产品分为3类：低风险的、中等风险的和高风险的。

中等风险设备指的是如下3类。

第一类：除第二类另有规定外，设备如果不是高风险设备，并包含以下1项或多项，就是一个中等风险设备。

开关式电源；

晶体管开关电路；

微处理器；

换向器；

滑环电机；

电子器件在开关模式或线性非模式操作。

第二类：电池供电的设备不属于中等风险设备，除非 ACMA 宣布该设备是中等风险设备。

第三类：ACMA 可能书面声明，某个特定的电池供电设备是中等风险的设备，如果：

该设备的一般操作导致无线电发射；且

这些无线电波可能造成骚扰，或对其他设备或无线通信服务造成破坏或干扰；且

该设备不是高风险设备。

针对第三类发出的声明不属于《2003年立法文书法案》规定的法律文书。

对中等风险设备，供应商需要获得一份测试报告或者技术文件确认产品符合要求。

高风险设备指在 AS/NZS CISPR 11：2004 中 Group 2 的工科医产品。

对高风险设备，供应商需要获得一份认可实验室发的认可测试报告，或者技术文件确认产品符合要求。

4. 日本 giteki 认证、PSE① 认证和 VCCI② 认证

（1）giteki 认证

giteki 是日语"技適"的罗马音，来源于日本对技术合格证的称呼，包括分别依据日本 MIC（Ministry of Internal Affairs and Communications，总务省）颁布的《电波法》和《电气通信事业法》进行的认证——技术基准适合证明和技术基准适合认定，因为这两类认证都包含"技適"一词，所以统称为 giteki 认证。通过了这两类认证，产品上须有技适标识（技適マーク）。TELEC（Telecom Engineering Center，电信工程中心）是首家进行《电波法》认证的合法机构，JATE（Japan Approvals Institute for Telecommunications Equipment，日本电信设备审查协会）是首家进行《电气通信事业法》认证的合法机构，而 MIC 是两个法的认证监管部门，所以也有叫 giteki 认证为 TELEC/JATE/MIC 认证等非正规的说法。可以接入电信公共网络且有无线发射功能的设备需要符合 giteki 认证要求。

技术基准适合证明，实际上就是俗称的日本《电波法》认证。技术基准适合认定，就是俗称的日本《电气通信事业法》认证。该认证包含三类：技术基准适合证明（或认定）、工事设计认证、技术基准适合自我确认。

技术基准适合证明（或认定）：表示在日本销售的每一台设备都要进行实验室的测试，以标明该产品符合《电波法》（或《电气通信事业法》）的要求。认证通过后，每一台送检的设备都在商品标签上加贴 giteki 的标识，每一台设备都有唯一编号。

工事设计认证：相当于通常说的型式认证。也就是说，如果你生产一个型号的产品，只要拿几台设备到实验室检测，认证通过后，该型号的每一台设备都可以在商品标签上加贴 giteki 的标识以及相同的电波认证编号。

技术基准适合自我确认：仅适用于《电波法》认证分类中被划分为"特

---

① PSE：Packet Switching Equipment，分组交换机。

② VCCI：Voluntary Control Council for Interference by Information Technology Equipment，电磁干扰控制委员会。

定无线设备"的产品,对应于日本《电波法》第 38 条第 33 款第 1 项;适用于《电气通信事业法》认证分类中被划分为"特定终端设备"的产品。

(2) PSE 认证介绍

根据日本《电气产品安全法》规定,457 种产品进入日本市场必须通过 PSE 认证。其中,116 种 A 类产品为特定电气和材料类,须获取认证并加贴 PSE(菱形)标识于产品上,341 种 B 类产品为非特定电气及材料类,须做自我宣称或申请第三方认证,并标识 PSE(圆形)标识于产品上。申请菱形证书需通过工厂审查程序,申请圆形证书则不需进行工厂审查。PSE 有电磁兼容的 EMI 要求。

(3) VCCI 认证介绍

VCCI 是日本的电磁兼容认证标识,由日本电磁干扰控制委员会管理,根据 CISPR 22 评估信息技术产品是否符合 VCCI 要求。VCCI 是自愿性认证,但在日本销售的信息技术产品,一般会被要求进行 VCCI 认证。制造商首先应申请成为 VCCI 的成员,才可使用 VCCI 标识。为获得 VCCI 的认可,制造商所提供的 EMI 测试报告必须由 VCCI 注册认可的测试机构签发。

2016 年 1 月,VCCI 委员会发布了"自愿控制措施法规"VCCI 32 - 1,与国际标准 CISPR 32:2015"多媒体设备电磁兼容性 - 发射要求"和信息通信委员会报告的内容一致。新法规 VCCI 32 - 1 从 2016 年 11 月起适用,过渡期到 2019 年 4 月 1 日止。2019 年 4 月 1 日起强制适用 VCCI 32 - 1 法规,原 VCCI 法规 V - 2 停止实施。为符合新规则,使用旧版"测量设施登记法规"V - 5 登记的测量设施进行产品符合性注册的测试项目可以接受,或者符合"技术要求"VCCI - CISPR 32 的测试项目也可以接受。日本目前没有抗扰度方面的要求。

5. 韩国认证(Korea Certification,KC)与能效制度

(1) KC Safety(韩国电子电气用品安全认证制度)介绍

韩国电子电气用品安全认证制度,即 KC 标识认证(KC - Mark Certification),是 KATS(Korea Agency for Technology and Standards,韩国技术标准院)依据《电器用品安全管理法》于 2000 年 1 月 1 日开始实施的强制性安全认证

制度。根据《电器用品安全管理法》要求，依据产品危害性等级的不同，将 KC Safety 认证划分为三类：安全认证（Safety Certification）、安全确认（Safety Confirmation）和供应商自我符合声明（SDoC）。从 2012 年 7 月 1 日起，凡在强制范围内申请韩国认证的电子电气产品，针对其安全和电磁兼容要求，须获得 KC 证书。目前共有家用电器、音视频类产品、照明器械等 12 类产品在韩国电子电气 KC 标识认证管控范围内。

（2）KC EMC（电磁兼容 KC 符合性认证）和 KC RF（无线电通信 KC 符合性认证）介绍

从 2013 年 7 月 1 日开始，MSIP（The Ministry of Science, ICT and Future Planning，韩国未来创造科学部）取代 KCC 成为韩国管理 IT（信息技术）类、RF（无线射频）和 Telecom（电信）类认证权威机构。KC EMC 和 KC RF 认证包括电磁兼容测试、无线射频和电信测试，并启用新的认证标签。根据《无线电波法》要求，按产品危害无线电环境等级不同，将认证体系划分为三类：符合性认证（Certification of Conformity）、兼容性注册（Registration of Compatibility）和临时性认证（Interim of Conformity）。

（3）韩国能效制度

为促进高效能产品的普及，韩国政府从 1992 年开始也引入强制的能效等级标记制度，通过对产品划分 1~5 级来进行标识，能效的下限值以 MEPS（最低能源效率标准）为基准。进口商必须履行对相关产品进行能效等级标识的义务，对产品进行登记注册，进口销售符合 MEPS 要求的产品的义务。MEPS 目前适用的产品有 35 种（车辆除外），包括电冰箱、空调、电风扇、电视机等。同时，韩国从 2008 年开始引入了逐步强制的待机低耗电制度（E-Standby）以及自愿性的高效率能源器材制度（High-Efficiency Program）。目前列入 E-Standby 的产品包括微波炉、电脑、显示器、电视、音响、机顶盒等，列入 High-Efficiency Program 的产品包括水泵、LED 照明设备等。通过 E-Standby 待机功率测试的产品，可标识 Energy Boy 的标识并进行注册，不通过的产品必须标注警告标识。其中在韩国生产、销售 MEPS 及 E-Standby 范围内但不符合要求的产品将面临相关的处罚。

6. 印度 BIS[①] 注册和 WPC[②] 认证

（1）BIS 注册介绍

在 BIS 强制认证范围内有 30 种产品，如无线键盘、平板电脑、音响制品等，它们需送到印度当地授权实验室进行测试，注册完成后在标签上打印带有注册码（R number）以及适用印度国家标准号的认证标识。印度 BIS 证书需由印度当地公司代表申请注册。

（2）WPC 认证介绍

印度 WPC 是印度实施无线法规的机构，所有无线产品在进入市场之前必须取得 WPC 的核准。印度的频段分免费开放和暂未免费开放两类。针对免费开放的频段，此类设备只需申请 ETA（Equipment Type Approval，设备型式认证）证书；而其他未免费开放的频段，则需申请执照。ETA 和执照的持有人都必须是当地注册的公司。

（二）东盟地区

1. 马来西亚 ST CoA[③] 和 SIRIM[④] 认证

（1）ST CoA 介绍

ST CoA 是马来西亚能源部（Suruhanjaya Tenaga – Energy Commission）实施的产品安全认证制度。强制范围内的产品必须向马来西亚能源部申请 CoA 证书，方可进入马来西亚市场进行销售。ST CoA 证书持有人必须是马来西亚本地注册公司。目前被列入管控范围的电子电气产品包括空调、适配器、热水器、视频播放器、电冰箱、厨房器具、洗衣机等在内的 34 类电子电气产品。

（2）SIRIM 介绍

SKMM（Malaysian Communications and Multimedia Commission，马来西亚通信及多媒体委员会）是马来西亚管制通信和传媒的机构，SKMM 制定的法规规定所有销往马来西亚市场或在马来西亚使用的通信设备都必须符合当地的

---

① BIS：The Bureau of Indian Standards，印度标准局。
② WPC：Wireless Planning and Coordination Wing，无线规划协调局。
③ ST CoA：Suruhanjaya Tenaga Certification of Approvals，马来西亚认证。
④ SIRIM：Standard of Industrial and Research Institute in Malaysia，马来西亚工业标准研究院。

标准，而 SIRIM QAS 是 SKMM 授权处理所有通信设备的认证和测试的国家机构。无线和电信设备经过 SIRIM QAS 测试或者审核所取得的型号许可证书简称为 SIRIM 证书。型号许可必须由当地的公司申请，并通过网上完成型号许可申请登录。

2. 新加坡 Safety Mark 安全标识和 IMDA[①] 认证

（1）Safety Mark 安全标识认证

安全标识认证是产品出口到新加坡的强制性合规认证要求，在新加坡销售的电子电气产品必须申请获取 SPRING（Singapore Standards, Productivity and Innovation Board，新加坡标准、产业发展和改革委员会）或其授权认可机构颁发的强制性电器安全认证，并在产品上标贴新加坡 Safety Mark 标记。SPRING 负责颁布实施 CPS 体系（Singapore Consumer Protection Safety Requirements Registration Scheme，消费者权益保障注册管理体系），以确保新加坡市场上家用电器（受控产品）的质量符合法规规定安全要求。

（2）IMDA 认证介绍

IMDA 是新加坡管制无线和电信法规的机构，部分无线产品和电信产品必须在进入市场前取得 IMDA 许可。根据产品类别，IMDA 将有不同的认证形式。

3. 泰国 TISI[②] 标识和 NBTC[③] 认证

（1）TISI 标识

TISI 标识是根据《工业产品标准法》规定的强制性认证，要求所涉及的电子电气产品必须符合泰国的强制 TISI 国家标准。本地或进口产品上市销售前必须向 TISI（工业标准协会）获准加贴此标识。只有泰国本地注册的公司才能作为持证方。其符合性评定程序包含样品型式测试以及发证前的工厂审查。

（2）NBTC 介绍

NBTC 是泰国管制无线和电信法规的机构，所有无线和电信产品在进入市场前必须取得 NBTC 许可。只有本地注册公司才能作为 NBTC 持证方。根据具体产品分类，NBTC 申请分为 Class A，Class B 和 SDoC。Class A 产品必须于

---

① IMDA：Info-communications Media Development Authority，信息通信媒体发展管理局。
② TISI：Thai Industrial Standard Institute，泰国工业标准协会。
③ NBTC：National Broadcasting and Telecommunications Commission，国家无线电信委员会。

NBTC 指定的实验室进行测试，并提供 NBTC 要求的数据后拿到登录号码与认证证书，需样品配合。Class B 认证程序与 Class A 产品类别一样，只可用外国的报告如 FCC、CE、CB 等进行转证模式的认证申请，也必须拿到登录号码与认证证书，可能需样品配合。SDoC 产品认证为自愿性模式，必须由客户在泰国当地代表填写 SDoC 表格后，连同技术文件送交 NBTC 备查。

（三）中东地区：海湾国家 GCC[①] 认证

为实现建立海湾阿拉伯国家合作委员会统一市场的"经济协定"的目标，海湾七国基于技术法规号 BD-142004-01，针对部分低压电器设备和用品的技术法规强制实施 GCC 认证。该技术法规于 2014 年 11 月 5 日被正式批准，2015 年 6 月 1 日起生效并已于 2016 年 7 月 1 日全面强制执行。目前海湾成员国共七国，包含阿拉伯联合酋长国、巴林、沙特阿拉伯、阿曼、卡塔尔、科威特和也门。带有海湾阿拉伯国家合作委员会国家 GCC 合格标识的产品表示符合基本卫生、安全和环境要求。粘贴 GCC 合格标识对受 GCC 技术法规管辖的产品来说是强制性的。符合海湾技术法规（Gulf Technical Regulation）的产品应在海湾成员国市场间通行无阻。目前受管控产品类别包含玩具和大小家电、电池充电器、插头插座等电器部件。GCC 对部分产品有 EMC 要求，适用最新的 CISPR/IEC 国际标准，包括 EMI 和 EMS。

（四）非洲地区：南非 NRCS LOA[②]、SABS[③] EMS CoC 证书和 ICASA[④] 认可

1. NRCS LOA 介绍

NRCS 是南非管制强制安全规范的部门，根据其标准法规定，绝大多数电

[①] GCC：Gulf Cooperation Council，海湾阿拉伯国家合作委员会。
[②] NRCS：National Regulator for Compulsory Specifications，国家强制性要求管理部门；LOA：Letter of Authority，授权书。
[③] SABS：South African Bureau of Standards，南非标准局。
[④] ICASA：Independent Communications Authority of South Africa，南非独立通信管理局。

子电气产品和部件纳入 NRCS LOA 的强制认证范围，必须在 NRCS 注册并申请授权书（LOA），方可进入南非市场销售。

2. SABS EMC CoC 介绍

南非标准局标准法规定，绝大多数电子电气产品和零部件纳入南非电磁兼容符合性证书的强制认证范围。同时包括 EMI 和 EMS 部分。

3. ICASA 介绍

ICASA 是南非政府的通信管理部门，所有广播及通信设备都由 ICASA 管制。ICASA 接受 ETSI 标准的 RF（Radio Frequency，无线电频率）、EMC 和 Safety 报告，可基于这些报告颁发产品认可证书。

（五）南美地区

1. 巴西 ANATEL[①] 和 INMETRO[②]

（1）ANATEL 介绍

ANATEL 是巴西针对电信和无线电设备的管制机构，在取得 ANATEL 形式认可之前，申请方必须向 ANATEL 认可的认证评估机构 OCD（Designated Certification Organization，认证机构）申请产品符合声明 CoC，通过 OCD 准备好相应文件后才能取得 ANATEL 颁发的证书。针对具备无线或电信功能的设备，ANATEL 不仅管制 RF & Telecom 方面的测试，测试项目还包括电磁兼容和安规。输出最高功率超出 20mW 的移动无线产品还需要考虑 SAR 要求。认证程序不需进行工厂审查，但需提供工厂 ISO 9001 证书。

（2）INMETRO 介绍

INMETRO 负责发展和实施巴西认证体系（涵括安全、能效和噪音认证要求）和市场监管。管控范围内的产品必须向 INMETRO 认可的机构申请获取认证，产品通过认证并加贴 INMETRO 标识后方可进入巴西市场合法流通。

---

① ANATEL：Agency National Telecommunications，巴西国家通信管理局。
② INMETRO：The National Institute for Metrology, Standardization and Industrial Quality，巴西国家标准局。

2. 墨西哥 IFETEL①、NOM② 与 LASE③

（1）IFETEL 介绍

在墨西哥，所有接入公共电信网络以及无线电设备（包括大部分数字产品）的产品均需获得认可，相应的管制机构为 IFETEL。该认可分为临时和长期两种形式。临时证书可基于北美 FCC ID 申请，然而只有完成当地测试的无线产品才能申请长期证书。全部获长期证书的无线产品需接受并通过监管机构每两年一次随机抽检的跟踪审核。证书持有人必须为墨西哥当地公司。

（2）NOM 介绍

根据墨西哥国家计量及标准法规要求，电子电气产品进入墨西哥市场销售必须符合墨西哥相关的标准，必须向有资质的认证机构（如：ANCE/NYCE/CNCP）申请获取 NOM 认证。NOM 标准管控范围内的产品必须获取认证并在产品上加贴 NOM 标识，才可在墨西哥市场上合法流通。除了灯类产品，NOM 证书持有人可以是墨西哥当地合法注册公司或中国制造商，灯类产品的 NOM 证书持有人必须为墨西哥当地合法注册公司。所有产品都要求实际买家持有主证或者副证。认证要求必须提供持证方（海外公司或墨西哥进口商）法定信息供备案注册（如营业执照、法人代表身份证或护照等）。NOM 证书首次申请时无须验厂，在证书一年有效期内，出证机构会要求在工厂或买家仓库进行跟踪审核。

（3）能耗标贴计划（LASE）介绍

墨西哥指定并授权能源部和消费者权益部共同颁布能耗标签实施方案。

2011 年 9 月 10 日开始，强制执行能耗标签方案。如强制范围内产品没有按照法规获得认证并加贴能耗标签，墨西哥政府将对产品的制造商、进口商或者经销商处以罚款。

3. 阿根廷 IRAM Safety Mark 和 ENACOM④

（1）IRAM Safety Mark 介绍

IRAM Safety Mark 是阿根廷的强制性（获豁免产品除外）认证标识。阿根

---

① IFETEL：Instituto Federal de Telecomunicaciones，墨西哥联邦电信研究院。
② NOM：Normas Oficiales Mexicanas，墨西哥强制性安全标识。
③ LASE：the Law for Sustainable Use of Energy，能耗标贴计划。
④ ENACOM：Ente Nacional de Comunicaciones，阿根廷无线认证委员会。

廷于 1998 年通过 92/98 决议（Resolution 92/98）实施安全认证制度。自 2002 年 12 月 31 日起，受管制的产品均须由阿根廷认可机构 OAA（Argentina Accreditation Organization，阿根廷资格鉴定组织）认可的资质认证机构进行评估认证，方可在市场上合法流通。制造商可在已获认证的产品上加贴 IRAM Safety Mark 标识，证明其产品符合阿根廷相关法规标准的要求。其中，海外制造商申请的制造商证书并不能用以进口清关，阿根廷本地进口商可基于海外制造商证书申请进口商证用以清关。

（2）ENACOM 介绍

ENACOM 是阿根廷电信和无线电设备的管制机构。所有接入到公共电信网络和使用无线电频段的设备都需要申请 ENACOM 的型式认可。申请方必须先在 ENACOM 注册并提交相应的法律文件，同时必须通过当地代理公司申请型式认可。

（六）欧洲地区

1. EAEU[①] 认证

依据 2011 年 8 月 16 日发布的关税联盟法规 768 制定的关于低电压产品安全的技术法规 004/2011 和关于电磁兼容的技术法规 020/2011 于 2013 年 2 月 15 日起强制执行，至此欧亚经济联盟 EAEU 认证取代部分 GOST R、STB 和 GOST K 产品的认证要求。对于 EAEU 还未公布相应技术规范的产品，还需符合联盟国既有的合规要求（例如俄罗斯 GOST R 认证）。取得 EAEU 认证的产品可在联盟国（俄罗斯、白罗斯共和国、哈萨克斯坦、亚美尼亚、吉尔吉斯斯坦）自由通行，无须单独做各国的安全和电磁兼容认证。

EAEU 认证分单批次有效认证和多批次有效认证两种形式：

- 单批次有效认证，针对出口产品单批次有效；
- 多批次有效认证，分为 1 年至 5 年期有效。

EAEU 认证与之前的 GOST R 认证的最大差异在于申请多批次有效的认证证书需进行出证前工厂审核、年底监督测试和审核。

---

① EAEU：Eurasian Economical Union，欧亚经济联盟。

2. 俄罗斯 FAC[①] 认证

在俄罗斯，FAC 认证范围包括直接或间接接入电信公共网络的所有通信产品。FAC 认证根据产品类别分为 Declaration（符合性声明）和 Certification（合格证书）两种形式。Declaration 有效期是 1 至 5 年，Certification 有效期最长为 3 年。两种认证只能由俄罗斯当地注册公司作为持证人，即需要由熟悉产品及法规的当地申报人向 FAC 递交申请并由 FAC 审批注册。建议企业选用相应的当地代理服务以便确保认证申请顺利进行。

表 6-4　认证标识一览表

国家/地区	认证名称	认证标识	备注
中国大陆	CCC		需申请铭牌印刷许可，或购买统一印制的标签
	SRRC	N/A	无标识，但需在产品上标示核准号 CMIIT ID：×××××××
中国台湾	BSMI		
	NCC	CC XX xx YY yy Z Zw	标识+证书号码
日本	giteki	T ××××××××××× R ×××-××××××	
	PSE		
	VCCI		

---

① FAC：Federal Communications Agency，俄罗斯联邦通信机构。

续表

国家/地区	认证名称	认证标识	备注
韩国	KC		标识下方需标示证书编号 R－×××－×××－××××××××××
	能效等级标记制度		能效等级标签
	待机低耗电制度		警告标识或节能标签
	高效率能源器材制度		
印度	BIS		印度国家标准号（IS）+ 注册号（R－××××× ×××）
	WPC	N/A	无标识要求
马来西亚	ST COA		
	SIRIM		标识因产品不同在外观上略有不同
新加坡	Safety Mark		
	IMDA		

续表

国家/地区	认证名称	认证标识	备注
泰国	TISI		标识下方需带有适用产品泰国标准号 TIS ××××－××××
海湾七国	G Mark		产品上必须印制注册二维码及四位数的认证机构代码
巴西	ANATEL		
巴西	INMETRO		
墨西哥	NOM		
墨西哥	能耗标贴计划（LASE）		
墨西哥	IFETEL	N/A	标示 IFETEL ID
阿根廷	IRAM Safety Mark		
阿根廷	ENACOM	CNC ID:X-XXXXX Model Name: Brand Name:	

续表

国家/地区	认证名称	认证标识	备注
欧亚经济联盟	EAEU	EAC	
俄罗斯	FAC	N/A	无标识要求

第二节 中国企业应对策略及典型案例分析

一、中国企业应对策略

企业在准备出口前应充分了解目的国（地区）对产品的管控要求，包括进口通关、上市销售、市场监管、产品售后服务与召回要求，以降低遭遇问题的风险。在开始出口后，企业仍然要不断地保证产品生产质量符合销售国家和地区的要求，并在产品发生可能影响合规性的设计变更时（例如更换材料）主动确认是否持续符合要求，必要时向符合性评定机构申请检验或产品证书更新。

二、电子电气典型案例分析与处理方案

（一）背景资料

欧盟的市场监管制度作为欧盟指令的重要组成部分，由各成员所在当局执行，以确保在欧盟市场上销售和使用的产品满足欧盟法律及其法规要求。

为了提高所有成员之间市场监管的合作，欧盟建立了RAPEX。该系统确保所有欧盟国家能分享市场监管中发现的缺陷产品信息。

美国消费者安全委员会（CPSC）在其管辖权限内负责保护消费者，减少消费者在使用产品时受到伤害的危险，并在其官方网站及时发布召回产品信息。

(二) RAPEX 系统和 CPSC 公布的召回的电子电气产品统计和分析

从 2015 年 12 月到 2016 年 12 月，RAPEX 系统和 CPSC 大约公布了 337 例具有安全缺陷电子电气及机械产品。

1. 公布的缺陷产品的特征

通过分析公布的数据，不难看出公布的缺陷产品具有以下几个特征。

- 缺陷产品种类比较集中，主要为灯具/光源及其配件、家用电器、信息技术设备（主要为用于这些设备的电源），具体产品参见图 6-3 缺陷产品统计分布图。

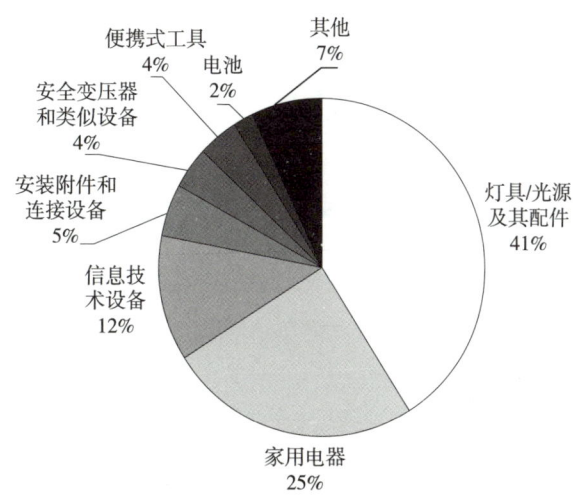

图 6-3　缺陷产品统计分布图

- 因为中国出口产品品种多、数量大，所以公布的缺陷产品主要产自中国，具体统计数据参见图 6-4。

- 缺陷产品含有危害人身安全和/或财产损失的潜在危险，这些潜在的危险包括触电、机械伤害、火灾、光辐射、烫伤等危险，发布的缺陷产品具有的危险见图 6-5。

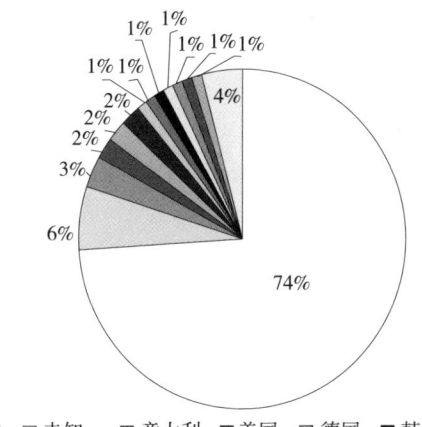

□ 中国大陆　□ 未知　■ 意大利　■ 美国　■ 德国　■ 韩国　□ 波兰
■ 中国台湾　■ 西班牙　■ 日本　■ 法国　■ 英国　■ 荷兰　■ 其他国家（地区）

图 6-4　缺陷产品生产国家（地区）统计

注：其他国家（地区）指召回案例不超过2件的国家（地区），包括捷克、立陶宛、泰国、印度、越南、俄罗斯、瑞典、芬兰、澳大利亚、匈牙利和中国香港地区等国家（地区）。

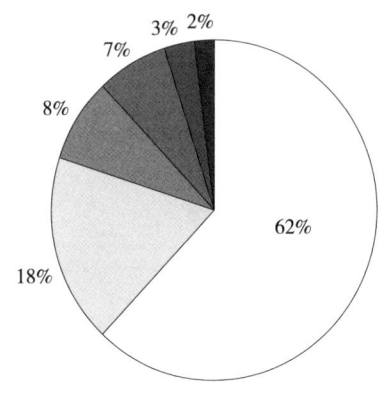

□ 触电　□ 火灾　■ 机械伤害　■ 烫伤　■ 视力损伤　■ 其他

图 6-5　产品具有的危险统计

2. 产品缺陷产生的原因

通过分析公布的337例缺陷产品，设计期间绝缘不充分和使用不合格材料/元器件为产生缺陷产品的两个主要原因，图6-6为缺陷产品具体缺陷的统计。

表6-5列出被召回最多的几类产品，统计了发生最多的几类危险以及导致产品被召回最多的几类缺陷。

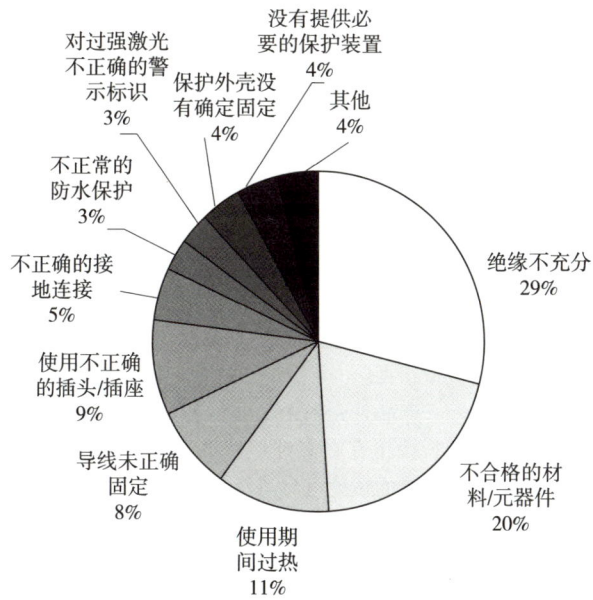

图 6-6　产品具体缺陷统计

表 6-5　产品召回统计表

产品		危险分析	处理措施
灯具／光源及其配件	带 LED 模块的灯	危险：触电危险。 产品缺陷：电气绝缘不充分。带电体和可触及金属部件之间的爬电距离不足，该产品缺陷可导致触电事故。 产品不符合低电压指令和相关的欧洲标准 EN60598 的要求。	处理措施：将产品从最终用户处召回（进口商执行）。
	灯串	危险：触电危险以及火灾危险。 产品缺陷：电气绝缘不充分，不合格的元器件，不正确的防水保护以及导线未正确固定。 外部和内部导线线径过细，可导致电线过热。导线端子不能承受外部的拉扭应力。可触及的导线仅具有基本绝缘，且导线接触锐边。 产品被推荐也可室外使用，但产品没有提供耐潮湿保护。 产品不符合低电压指令和相关的欧洲标准 EN60598 的要求。	处理措施：强制将产品从最终用户处召回，产品从市场收回。

续表

产品		危险分析	处理措施
灯具/光源及其配件	激光笔	危险：视力损伤。 产品缺陷：对过强的激光未正确标识。 产品没有正确标识，直视激光束可损伤视力。 产品不符合相关的欧洲标准 EN60825-1 的标识要求。	处理措施：强制将产品从市场收回。
	商用灯具	危险：机械伤害。 产品缺陷：产品外壳未正确可靠地固定。 灯具的塑料棱镜存在意外地从灯具分离和跌落的危险，跌落的棱镜可对消费者构成撞击伤害。	处理措施：免费维护。
	直发器	危险：触电危险。 产品缺陷：电气绝缘不充分。 产品没有提供足够的电气绝缘：可触及仅通过基本绝缘与带电体隔离的金属部件。 产品不符合低电压指令和相关欧洲标准 EN60335 的要求。	处理措施：将产品从最终用户处召回（进口商执行）。
	电风扇	危险：机械伤害危险。 产品缺陷：不合格的材料。 前格栅容易弯曲，导致金属扇叶可触及。当用户使用该风扇时，存在被旋转扇叶割伤的危险。 产品不符合低电压指令和相关的欧洲标准 EN60335 的要求。	处理措施：强制将产品从市场收回。
	电加热器	危险：触电和火灾危险。 产品缺陷：不正确的接地连接和未具有足够的稳定性。 产品没有可靠的接地，其在基本绝缘失效时，可引起触电事故。除此之外，产品不具备充分稳定性或过热，其在高温翻倒的情况下可起火。 产品不符合低电压指令和相关的欧洲标准 EN60335的要求。	处理措施：强制将产品从市场收回。

续表

产品		危险分析	处理措施
灯具/光源及其配件	电水壶	危险：触电危险。 产品缺陷：不正确的接地连接。 当水壶从其底座提起时，接地连接同时甚至先于电气连接断开之前断开。在产品出现故障时，该产品缺陷可引起触电事故。 产品不符合低电压指令和相关的欧洲标准EN60335的要求。	处理措施：将产品从最终用户处召回（进口商执行）。
	空调	危险：火灾危险。 产品缺陷：产品运行期间过热。 该空调运行时过热，可造成火灾危险。	处理措施：消费者停止使用，召回产品并联系进口商在其授权维修中心进行免费维修。
信息技术设备和电池	USB充电器	危险：触电危险。 产品缺陷：电气绝缘不充分。 产品没有提供足够的电气绝缘，初级绕组和次级绕组之间的电气间隙/爬电距离不充分，此产品缺陷可导致可触及部件变成带电体。 产品不符合低电压指令和相关的欧洲标准EN60950的要求。	处理措施：强制将产品从最终用户处召回，产品从市场收回。
	手机	危险：火灾危险和灼伤危险。 产品缺陷：未提供必要的保护装置。 由于分隔过薄以及负极未对准可导致电池内部短路，从而致使电池过热。	处理措施：将产品从最终用户处召回，产品从市场收回（制造商执行）。
	可充电电池包	危险：火灾危险和灼伤危险。 产品缺陷：未提供必要的保护装置。 电池可过热起火，可引起火灾和造成用户灼伤危险。	处理措施：免费更换。

（三）减少中国出口产品被召回的一些建议

由于产品存在安全缺陷，导致其被召回，造成该召回产品的生产商、进口商和分销商等相关企业严重的财产和信誉损失，对此，相关企业应对产品使用安全给予足够的重视。

从官方网站发布的缺陷产品的分析可以发现，产品缺陷的根源一般在产品设计制造阶段就埋下了。对产品的某些功能，譬如更细更薄以及对降低产品制造成本的过度追求，导致生产厂家对产品安全的忽视。

如果在设计制造阶段就对产品的使用安全倾注更多的注意力，选用合格的原材料和元器件，在批量生产之前对产品进行充分的型式试验，在很多被召回产品中发现的缺陷是完全可以避免的。

三、热点问题解答

（一）电器产品将出口欧洲，如果不能满足欧盟法律法规会有什么后果？

如果产品被检查确认不满足欧盟的法律法规，会产生以下几种可能的后果：
- 在产品进入欧盟海关时被扣留；
- 欧盟市场监督机关从市场上取缔该产品；
- 严重情况下，欧盟执法机关依法追究将产品投放市场的个人或公司的法律责任。

（二）怎么避免货物在进入欧盟海关时被扣留？

产品加贴 CE 标识，并附有 CE 符合性声明以及相关法规规定的其他技术文档。

一个产品带有 CE 标识表明该产品符合所有相关指令的要求，可以合法地进入欧盟统一市场。欧盟成员不能额外设限阻止满足要求的产品在欧盟市场内自由流通。

> **（三）怎么能不遗漏地查找所有产品适用的欧盟指令或法规，而且能证明产品满足适用指令或法规的要求呢？**

通过欧盟官方网站（http：//ec.europa.eu/growth/single-market/ce-marking/manufacturers/）查询所有支持 CE 标识的指令或法规。依据相关指令或法规所规定的符合性评定流程对产品进行评估、测试。

> **（四）符合了欧盟的EMC/RED要求是不是一定能通过北美电磁兼容(比如，美国FCC）的要求？**

对无线通信产品来说，不同标准要求的测试项目及测试方法相差很大，EMC/RED 和北美电磁兼容能参考的项目很少，必须分别按标准进行测试。

对非无线通信的产品，虽然欧盟的 EMC 测试要求包括了 FCC 的要求，但因为两地的工作电压/频率不同，导致电器的工作电流不同，必须重新测试。即使是电池供电的产品，虽然可以不用重新测试，但因为限值不同，也需要重新评估。

第三节 电子电气产品的绿色挑战与机遇及中国企业应对策略

一、全球电子电气产品环保要求综述

近年来，中国出口企业受国外技术性贸易措施影响的情况越来越多。原中华人民共和国国家质量监督检验检疫总局（下文简称"国家质检总局"）调查结果显示，2015 年有 40% 的出口企业受到国外技术性贸易措施不同程度的影响；全年出口贸易直接损失 933.8 亿美元，比 2014 年增加 178.6 亿美元，占同期出口额的 4.1%；造成企业新增成本 247.5 亿美元。主要贸易伙伴影响我国工业品出口的技术性贸易措施类型，集中在对有毒有害物质限量要求、

认证要求、技术标准要求、标签和标识要求、包装及材料要求等五个方面；从受影响的行业来看，电子电气产品所处的机电行业受到技术壁垒的影响最为明显。在此背景下，我国电子电气行业如何在危机中寻找机遇，获得更大的发展，这是摆在中国电子电气企业面前的首要难题。

事实上，众多企业已认识到，通过提升产品环保品质来增加产品附加值是一种不错的选择。特别是近年来逐渐进入人们视野的"可持续发展"和"循环经济"的理念，更使企业认识到，产品的环保要求不仅体现在产品本身符合环保法规提出的各种有害物质限用要求、使用中保持低能耗上，还应体现在保证产品在整个生命周期中尽可能减少有害物质和"三废"的排放、选择便于循环利用的材料和减少碳排放等方面，甚至可以将这一理念贯彻至企业内部管理之中。这一新兴的理念也为电子电气行业的企业寻找"绿色出口"指明了新的方向。简单地说，就是在电子电气产品的生产、消费、回收、处理过程中贯彻循环经济的理念，遵循"减量化、再使用、再循环"原则，把电子电气产品生产、流通及回收过程组成一个"资源—产品—再生资源"的闭环反馈式过程，从源头控制产品中的有害物质，从而降低电子电气产品使用阶段的健康风险以及废弃后的污染危害，促进废弃电子电气产品的回收再利用，减少焚烧、填埋时造成的负面环境效应。

由于产品生命周期的每一个阶段都有可能对环境造成影响，对企业而言，首先需要了解产品生命周期中每一阶段需要考虑的环保法规要求，以及企业自身现状。本部分针对电子电气行业最受关注的环保法规，分欧盟篇、北美篇和亚洲篇进行介绍，以帮助读者了解全球主要市场的环保法规出台的背景、管控要求与最新动态。

同时，各个企业生产的产品、使用的原材料、面对的客户、企业的文化千差万别，如何制定最适合自身的管控办法是企业面临的最大挑战。长远来看，企业应建立风险防范专门机构，建立良好的企业运行系统，对于化学品的信息、评估等都要有自己的风险防范体系，并交由专业人士负责。下游行业更应把握产品研发、生产、销售、使用及废物处理等各个环节的全面改善，在产业链和产业内寻求广泛的上下游企业合作，提高有毒有害化学品管理水平，减少法规对出口产品的冲击，增强出口竞争力。

二、欧盟市场电子电气产品环保法规要求与常见问题

(一) 欧盟环保要求

1. 欧盟环保要求概述

2003年1月27日欧盟公布《关于在电子电气设备中限制使用某些有害成分指令》(简称 RoHS，俗称 RoHS 1.0)，掀起电子电气行业的环保革命。而后，RoHS 指令席卷全球，许多国家纷纷提出或颁布了类似的法规。一些大型电子电气企业也随之制定了相应的环保管控要求及体系。2011 年，RoHS 1.0 迎来第一次重大更新，欧盟公布了 RoHS 2.0 版本，在扩大管控范围的同时，进一步强化了供应链上各环节的责任。2015 年欧盟对 RoHS 2.0 进行修订，此次修订对企业影响重大，因为增加了四项邻苯的限制。从 RoHS 的修订历程来看，针对电子电气产品的安全和环保等特性建立的法律法规及对应的执法日趋严格。另一方面，2007 年开始生效的 REACH 等法规，更是将电子电气行业对有害化学物质的关注提升至一个新的层次，尤其是高度关注物质(SVHC) 候选名单的不断更新，使得各界组织和消费者对 REACH 的关注持续升温。除了 RoHS 和 REACH 之外，欧盟制定的持久有机物污染物法规、食品接触材料法规、包装材料指令和电池指令都和电子电气产品密切相关。

在制定完善的法规的同时，欧盟也有全面和专业的执法系统。欧盟通过 RAPEX 和 RASFF 通告相关的违法产品和企业。多元化的抽查特点、频繁出现的违规案例，预示着加强环保法规的检查将成为欧盟市场执法"新常态"。

欧盟是中国最大的经济贸易合作伙伴之一。欧盟出台的任何一项环境政策都将对中国产生极大的影响，成为中国产品出口的技术性贸易壁垒。所以，深入了解欧盟的各项环保法规及政策对于出口企业来说尤为重要。

2. 欧盟 RoHS 指令

(1) 欧盟 RoHS 指令出台的背景

随着电子行业科学技术发展的突飞猛进，电子产品更新换代速度越来越快，给消费者带来了极大的便利。但与此同时，电子废弃物的数量也在成倍增长，成为环境污染的重要源头之一。众所周知，电子产品中含有的大量重

金属、阻燃剂、增塑剂等可以致癌、致畸以及致生殖毒性的化学物质，电子产品废弃之后大多得不到恰当的处理，常常被简单粗暴地进行填埋或焚烧。产品中的有毒有害物质进入环境当中，最终对人类的健康造成威胁。所以，对电子产品当中的有毒有害物质进行管控是大势所趋。在此背景下，欧盟于2003年出台了专门针对电子电气产品中限制使用某些有害物质的RoHS指令。

（2）RoHS指令要求

欧盟RoHS指令2002/95/EC是《关于在电子电气设备中限制使用某些有害物质指令》（DIRECTIVE 2002/95/EC OF THE EUROPEAN PARLIAMENT AND OF THE COUNCIL on the restriction of the use of certain hazardous substances in electrical and electronic equipment），于2003年1月27日公布，并于2006年7月1日开始生效。指令要求2006年7月1日后投放欧盟市场的八大类电子电气产品中不得含有铅、镉、汞、六价铬、多溴联苯和多溴二苯醚六类有害物质。"不得含有"是指在均质材料中，镉的质量百分比浓度不得超过0.01%（100mg/kg），铅、汞、六价铬、多溴联苯和多溴二苯醚的质量百分比浓度不得超过0.1%（1 000mg/kg）。"均质材料"则是指具有一致组成的材料，或者多种材料组成的不能通过旋开、切割、破碎、研磨、打磨等机械手段拆分成不同材料的材料，如塑料、金属、陶瓷、纸张、溶剂等。

经过5年的实施，欧盟RoHS指令2002/95/EC于2011年7月1日被新的指令2011/65/EU（俗称RoHS 2.0）所取代。新的RoHS指令与旧版RoHS指令相比，范围更广，要求更严，也使立在中国电子电气制造企业面前的技术性贸易壁垒"更高更强"。

1）产品范围

RoHS 2.0将管控产品列入附件I中，包括大型家用电器、小型家用电器、信息技术及电信设备等在内的11大类电子电气设备，具体类别如下：

- 大型家用器具；
- 小型家用器具；
- 信息技术和远程通信设备；
- 消费类设备；
- 照明设备；

- 电气和电子工具；
- 玩具、休闲和运动设备；
- 医疗设备；
- 监测和控制设备（包括工业用监测和控制设备）；
- 自动售货机；
- 其他任何不在上述类别范围内的电子电气产品。

其中第 8、9 和 11 类产品为新纳入管控范围的产品。但是，一些特殊产品，如涉及国家安全的国防设备、大型固定工业设备、机动车辆、有源植入医疗设备等仍被排除在 RoHS 2.0 范围之外。为使新纳入管控范围的产品生产商有充分时间为符合指令要求做准备，RoHS 2.0 为其设定了一定的过渡期。

除明确列出的产品类别外，RoHS 2.0 也给出了"电子电气设备"的定义，即正常运行时需依赖电流或电磁场工作的设备，或能产生、传输和测量电流和电磁场的设备，且这些设备的设计电压为交流电不超过 1 000 伏特，直流电不超过 1 500 伏特。另外，指令还通过定义"依赖"对"电子电气设备"的定义作出补充，即电子电气设备需要电流或电磁场实现至少一项设计功能。这使得 RoHS 的管控范围进一步扩大，之前不被管控的产品也被纳入 RoHS 2.0 的管控范围，如带电子打火功能的燃气热水器、带发声功能的毛绒玩具等。

2）限制物质

RoHS 2.0 在发布之初，其限制物质与旧版 RoHS 保持一致，直到 2015 年 6 月 4 日，欧盟发布指令（EU）No 2015/863，对 RoHS 2.0 附录 II 的限制物质清单进行修订，在原有六类物质铅（Pb）、镉（Cd）、汞（Hg）、六价铬 [Cr（VI）]、多溴联苯（PBB）和多溴二苯醚（PBDE）的限制基础上，增加四项邻苯二甲酸酯类物质 [邻苯二甲酸二（2-乙基己基）酯（DEHP）、邻苯二甲酸丁苄酯（BBP）、邻苯二甲酸二丁酯（DBP）和邻苯二甲酸二异丁酯（DIBP）] 的管控，每项限值均为 0.1%（1 000mg/kg）。新指令还给出了相应过渡期：除医疗设备和监控设备以外的其他所有电子电气产品，自 2019 年 7 月 22 日起需满足四项新增邻苯二甲酸酯物质的限制要求，医疗设备和监控设备则自 2021 年 7 月 22 日起应满足要求。

由于产品在满足 RoHS 2.0 的同时也应注意与其他法规的协调性，故玩具类电子电气产品 DEHP、BBP、DBP 的含量仍然需要遵循 REACH 法规附录 XVII 中的更严格的限制要求。新 RoHS 10 项物质的危害及在电子电气产品中的常见应用总结于表 6-6。

表 6-6 RoHS 10 项限制物质的危害及在电子电气产品中的常见应用

限制物质	危害	电子电气产品中的常见应用
铅（Pb）	铅是具有生物累积性的有毒重金属，它会对肾脏、造血功能、神经系统产生影响，对儿童的影响尤为显著。	铅常作为铝合金、铜合金、钢合金等金属的合金元素；铅化合物广泛应用于铅酸蓄电池、颜料、橡胶助剂、固体润滑剂和塑料稳定剂等领域。
镉（Cd）	镉会对呼吸道产生刺激，长期接触会造成嗅觉丧失、牙龈黄斑，危害肝或肾脏，还可导致骨质疏松和软化。	常用于镍/镉电池、金属合金元素、颜料、油漆、塑料、直流电动机、开关、继电器、断路器等电气接点。
汞（Hg）	剧毒重金属，具有较强的挥发性。可通过呼吸道、皮肤或消化道等途径侵入人体，并集聚于肝、肾、大脑、心脏和骨髓等部位，造成神经性中毒和深部组织病变。	常用于涂料、油墨、继电器、开关、传感器、塑料、橡胶和电池等。
六价铬［Cr（VI）］	致癌物质，会引发皮肤刺激、肝肾损伤。	常作为颜料用于涂料、油墨、塑料的生产；也可作为防腐剂用于保护性镀膜的生产以及电子电气产品中螺丝、钢板等金属部件的电镀。
多溴联苯（PBB）和多溴二苯醚（PBDE）	PBB 是危害多脏器的有机污染物，可引起肝脏损害、内分泌紊乱、癌症等。PBDE 具有生殖毒性、免疫毒性、神经毒性和内分泌干扰作用。	作为阻燃剂广泛应用于电线电缆、各种电子电气设备，如个人电脑、电视机、手机等。
邻苯二甲酸酯（DEHP、BBP、DBP 和 DIBP）	具有生物累积性，对肝脏、肾脏和生殖系统造成危害，有致癌及导致内分泌失调的潜在危险，影响儿童生殖系统发育。	常作为增塑剂广泛应用于塑料，特别是 PVC 材料。也可作为添加剂用于润滑剂、胶黏剂、涂料、油墨等的生产。

3）豁免机制

考虑到某些材料或电子零部件由于技术或经济等原因，在生产中可能会不可避免地用到某一项或多项 RoHS 限制的化学物质，对于这种情况，如果只是简单粗暴地"一刀切"，全部禁止使用，那么势必会对社会经济造成重大影响，甚至会给电器安全带来隐患。因此，欧盟经过多方专家评估，制定了豁免条款，为某些材料或零部件开通了绿色通行证。截至 2017 年 5 月，RoHS 2.0 针对所有电子电气产品共批准 41 条豁免条款，对于医疗设备、监控设备额外批准了 43 项豁免条款，同时为不同类别的产品规定了不同的豁免最长有效期（特别指定截止日期的除外）以鼓励工业界开发替代品。

第 1~7 类、第 10 类和第 11 类产品的豁免有效期最多为 5 年，第 8 类和第 9 类产品的豁免有效期最多为 7 年。若因技术或经济等原因无法进行替代，企业最晚应在豁免期到期前 18 个月提出延续申请；欧盟委员会对收到的延期申请进行评估，并决定是否进行延期；在官方评估期内该条款仍然有效。未收到延期申请的豁免条款，到期自动失效。

由于豁免条款具有"有效期"，企业仅在一定期限内受益，市场一旦有可行的替代品或替代技术，条款将被取消。现正受益于豁免条款的电子电气制造企业应密切关注豁免项目的更新状况，以便提前做好供应商遴选或技术研发方面的准备。

4）技术文档与 CE 标识

CE 标识是欧盟强制性的产品安全标识，是产品进入欧盟市场的"通行证"。加贴 CE 标识的产品，表明其符合欧盟关于该产品的所有主要技术要求。RoHS 2.0 要求制造商按照 768/2008 号决议附录 2 模式 A，制作技术文档并实施内部生产控制，对符合要求的产品制作 EU 符合性声明，并在成品上加贴 CE 标识，产品投放市场后保存相关技术文档及 EU 符合性声明 10 年。换言之，RoHS 2.0 要求企业在给电子电气产品加贴 CE 标识前，除 CE 标识原先规定的安全性等技术要求必须符合外，还必须符合 RoHS 2.0 有害物质限制要求，并准备充分的符合性证据。EU 符合性声明中也应有表明产品符合 RoHS 2.0 有害物质限制要求的信息。另外，针对 RoHS 2.0 技术文档的要求，欧盟在 2012 年 9 月发布了协调标准 EN 50581：2012，以指导制造商制作符合要求的技术文档。

（3）欧盟 RoHS 执法状况

欧盟成员均有独立的执法机构在本国境内实施 RoHS 执法行动，如瑞典化学品管理局，法国生态、可持续发展和能源部，丹麦环保署等。这些执法机构有时也会采取联合执法的方式。而执法的形式大致包括三种：

- 海关检查。即用手持式 XRF 扫描仪对产品外露部件进行扫描；或者对产品进行简易拆解，然后用手持式 XRF 扫描仪扫描拆解的材料。

- 货架抽查。执法机关从零售店购买电子产品，现场用手持式 XRF 扫描仪扫描，可疑产品被带回实验室用台式 XRF（X 荧光光谱仪）、ICP（电感耦合等离子光谱仪）、GC-MS（气相色谱—质谱联用仪）等设备作进一步分析。

- 文件审查。当产品被怀疑不符合 RoHS 要求时，执法机关可能会要求产品制造商提供 RoHS 物质管控文件进行审查，如相关声明、测试报告、相关证书或管控体系文件。若证实产品不符合 RoHS 2.0 要求，执法机关则还要求采取后续的改进措施。

2015 年年底起，欧盟成员在市场执法活动中加强对电子电气产品 RoHS 符合性的检查，并通过欧盟 RAPEX 频繁通报 RoHS 违规案例，产品涉及卷发器、LED 灯、游戏手柄、旅行充电器、电动玩具、电热水壶等。多元化的抽查特点、频繁出现的违规案例预示着加强 RoHS 符合性检查将成为欧盟市场执法"新常态"。企业需要加强质量管控，防止因管理疏漏而导致产品违反欧盟 RoHS 要求。

3. 欧盟 WEEE 指令

（1）欧盟 WEEE 指令 2002/96/EC 回顾

如果说欧盟 RoHS 指令是从源头开始控制电子电气产品中的有害物质使用，那么 WEEE（Waste Electrical and Electronic Equipment，报废电子电气设备）指令则是从产品生命周期结束的终端对电子产品进行管控。在电子设备不断创新和更新换代的同时，全球报废电子产品的数量也逐年增加，仅欧洲地区，电子垃圾增长速度就高出一般市政垃圾数倍。而这些电子垃圾绝大部分被填埋、焚烧或不恰当地回收处理，不仅对环境造成了极大的污染，同时大量的可回收资源也被浪费。针对这一状况，欧盟于 2003 年 2 月 13 日发布《报废电子电气设备指令》，对电子电气产品的废弃回收作出了相关规定，目的就是通过系统地回收废弃电子电气产品，促进资源的有效循环利用，同时减少因废弃电子电气产品不当处置对环境和人类造成的不利影响。

WEEE 指令对从产品设计到投放市场的各阶段提出了不同的责任要求。有些责任需要生产企业重点关注，如：2005 年 8 月 13 日之后投放到欧盟市场的电子电气设备，要有"打叉带轮垃圾桶"分类标识，生产者或代表该生产者的第三方应建立最佳的回收处理系统，保证收回的废弃电子电气设备及时送到规定的处理机构进行处理，并确保在 2006 年 12 月 31 日之前，各类设备达到规定的再使用、再循环及回收率目标。

WEEE 指令发布后，根据业界和成员各方提议，欧盟后续又出台了一系列相关补充指令和决议以明确 2002/96/EC 指令中电子电气废弃物回收处理的相应资金、责任方等内容。

（2）欧盟新 WEEE 指令 2012/19/EU

为了进一步提高生产者责任，以及加强市场监管并协调简化各成员 WEEE 的要求，欧盟委员会和欧洲议会于 2012 年 7 月 4 日签署了修订后的 WEEE 指令 2012/19/EU，新指令于 2012 年 7 月 24 日正式生效。新的 WEEE 指令相比于旧的 WEEE 指令，主要修订内容如下。

- 产品范围。由原来的 10 大类电子产品扩大至某些项目（如大型设备和工具、车辆、光伏组件和军事设备等）以外的所有电子电气设备。新的 WEEE 指令，自 2018 年 8 月 15 日起，将所有电子电气设备分类成 6 大类产品（详见表 6-7）。而在 2012 年 8 月 13 日至 2018 年 8 月 14 日的过渡期间，规范的类别与范围仍与先前的 2002/96/EC 指令相同。

表 6-7 新、旧 WEEE 指令对产品的分类

2002/96/EC 附录 I 产品分类	2012/19/EU 附录 III 产品分类
1. 大型家用电器	
2. 小型家用电器	
3. 信息技术及电信设备	1. 温度交换设备
4. 消费类设备	2. 显示器、监视器以及含有超过 100cm^2 显示屏的设备
5. 照明设备	3. 灯类
6. 电动工具	4. 大型设备（任一外部尺寸大于 50cm）
7. 玩具、休闲及运动设备	5. 小型设备（外部尺寸不大于 50cm）
8. 医疗设备	6. 小型信息和通信设备（外部尺寸不大于 50cm）
9. 监视和控制设备	
10. 自动售货设备	

- 生产者定义。在原来生产者定义的基础上,将在其他成员或第三国(地区)建立并通过远程通信直接向某成员销售电子电气设备的机构,也纳入生产者的范畴,需履行相应的责任和义务。

- 收集率(Collection Rate)。各成员均须确保生产商负责原则得到切实执行,在此基础上,每年须达到最低收集率。除保加利亚、波兰、匈牙利等10个成员以外的其他各成员,在新指令生效当年起计4年后,即由2016年起,最低收集率须达到45%。该收集率需参照电子电气设备在前3年平均上市的数量进行计算。从2019年起,最小收集率应达到之前3年投放到该成员市场的电子电气设备平均总质量的65%,或达到该国境内产生的电子电气设备废弃物的85%。

- 再使用、再循环利用、回收目标(即Reuse/Recycling/Recovery,简称3R)。分阶段调整3R目标,2015年8月15日至2018年8月14日,各类产品的回收率目标及再利用、再循环率目标分别在原有基础上增加5%。2018年8月15日起,原来的10大类废弃电子电气设备简化为6大类,并依据新的分类要求废弃电子电气设备回收率应达到75%~85%,再循环利用率应达到55%~80%。

作为生产者主要有以下两个责任。

- 向消费者传递信息。生产商应向电子电气设备的私人家庭用户提供以下信息:

提醒勿将废弃电子电气设备当普通垃圾丢弃;

用户可使用的返还和收集系统;

用户在帮助废弃电子电气设备再利用、再循环和其他形式的回收方面发挥的积极作用;

电子电气设备中有害物质对环境和人类健康产生的潜在影响。

另外,产品必须附有"打叉带轮垃圾桶"标识,该标识需符合欧洲标准EN 50419:2006的要求。若因产品大小或功能等原因而不能将标识印在产品上,则允许印在包装、说明书和保修卡上。

- 注册、指令规定。电子电气设备的生产商或授权代表应向成员进行注册,需向成员官方报告以下信息:

生产者或授权代表的姓名和地址；

生产者的标识码，包括欧盟税号或者生产者所在国的税号；

指令附录 I 或附录 III 中电子电气设备所属分类；

电子电气设备类别（家庭用设备或非家庭用设备）；

电子电气设备品牌名称；

生产者履行责任的途径信息包括资金担保信息在内的个人或集体回收计划；

销售技巧（例如远程销售）；

提供数据真实性的声明。

企业应积极应对 WEEE 指令的新要求，尽早制定相应措施。企业如果能够抓住环保法规的"绿色契机"，积极地运用产品生态设计理念，并借此优化产品结构、提高资源回收利用率并发展循环经济，将在激烈的市场竞争中占据更加有利的位置。

4. 电池指令

作为电子电气产品供电来源之一的电池，在人类生活的诸多领域发挥着重要的作用。但电池含有铅、镉、汞等重金属以及作为电解液存在的各类酸性、碱性和有机溶液，一旦被任意丢弃，随着时间推移其外层金属锈蚀，内部的有害物质就会慢慢地从电池中溢出进入环境，并通过生物链作用间接或直接进入人体，既危害生态环境又会对人类健康产生严重影响。欧盟现行的电池指令为 2006 年 9 月 26 日颁布的 2006/66/EC 指令，即《电池、蓄电池、废电池以及废蓄电池指令》。该指令旨在协调各成员关于电池、蓄电池、废电池及废蓄电池的管理措施，减少有害电池及蓄电池的产量，提高旧电池及蓄电池的回收、处理及循环再造率，以及向消费者提供资讯，鼓励其购买较长寿和环保的电池等。此后，欧盟多次对电池指令进行修订，如规范标签要求、取消部分特定电池的豁免条款等，这给我国相应企业产品的出口带来了一定的影响。

（1）管控范围

2006/66/EC 适用于投放到欧盟成员市场的所有类型的电池和蓄电池，不论其形状、体积、质量、材料组成和使用范围。但用于保护成员潜在安全利益、军队、采矿和战争物资的设备,以及设计用于发射到太空的设备的电池和蓄电池则不适用该指令。

(2) 具体要求

1) 有害物质管控要求

欧盟电池指令仅对汞、镉两个元素进行限制,若不能符合表6-8中所列限值,则不能在欧盟市场售卖。

表6-8 有害物质限值及豁免

元素	限值	豁免(截至2017年10月有效)
汞(Hg)	0.0005%	/
镉(Cd)	0.002%	紧急和报警系统(包括紧急用灯)、医疗设备的电池及蓄电池。

2) 回收标识要求

自2009年9月26日起,所有投放欧盟市场的电池、蓄电池和电池组应按图6-7进行标识,且保证其清晰可见、不易擦拭。当电池、蓄电池中镉(Cd)含量>0.002%(20mg/kg),或铅(Pb)含量>0.004%(40mg/kg)时,应标注相应元素的符号,且该符号至少为此标识大小的1/4。需要提醒企业注意的是,电池指令中对于Cd元素的限值也为0.002%,故实际可以加贴带有Cd元素标签的电池仅限于指令中对于Cd豁免的情况。

对于标识尺寸在93/86/EEC中也有明确规定:标识应至少覆盖电池、蓄电池或电池组最大侧面面积的3%,最大不超过5cm×5cm。对于圆柱形电池,标识应至少覆盖电池、蓄电池表面积的1.5%,最大不超过5cm×5cm。当电池、蓄电池或电池组的面积过小,使标识小于0.5cm×0.5cm时,则应将标识打在外包装上,且尺寸不得小于1cm×1cm。

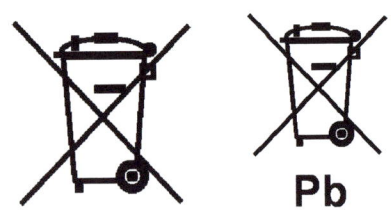

图6-7 欧盟电池垃圾桶标识

3）回收和再利用率要求

分销商有责任向消费者回收使用后的电池,并应向消费者告知这项责任,相应指标见表6-9及表6-10。欧盟各成员应建立统一的登记计划,且生产商必须登记,以便切实履行责任。

表6-9 最低回收率目标

管控范围	最低回收率	日期
废旧电池收集	25%	截止到2012年9月26日
	45%	截止到2016年9月26日

表6-10 循环利用率目标

电池类型	最低再利用率	日期
其他电池	50%	截止到2010年9月26日
铅酸电池	65%	
镍镉电池	75%	

5. REACH法规、POPs法规、欧盟食品接触材料安全法规、欧盟包装材料指令

出口到欧洲的电子电气产品亦会涉及这些法规,详见本书第二篇相关部分。

(二) 中国企业应对策略及典型案例分析

如今,电子电气产品企业面临着RoHS、WEEE、REACH等环保法规的不断更新,以及众多买家对有害物质不同的管理要求。如何将这些要求科学、有效地融入生产过程管控,如何事半功倍地应对环保法规的要求,成为企业最关注的问题之一。想要从容地应对环保法规及客户要求,持续、稳定地生产和提供绿色产品,就需要建立一套严谨、系统的对有害物质过程管理的体系。

企业首先应结合自身产品组成、特点进行环保要求识别。比如分析企业需要满足哪些指令要求,评估REACH法规附件XVII与出口产品相关的管控项目等,依此制定内部管控标准并进行产品设计及变更。其次进行绿色采购

及来料验证,确保原材料的符合性。再次,通过仓储管理、制程管理进行合格品的生产。最后,通过成品检验或其他证明方式向买家展示其产品的符合性。同时,配以不合格品管理程序来处理和储存含有有害物质的不合格品。

(三) 典型案例分析与处理方案

案例6-1 焊锡中的铅及线缆中的SCCP导致的化学风险(来自欧盟RAPEX网站)

通报号:A12/1742/15

通报时间:2016年第1周

通报国:瑞典

来源国:中国

产品及描述:游戏手柄

通报原因:PCB板的焊锡中的Pb含量高达45.0%,不符合欧盟RoHS指令的要求;线缆中的SCCP含量为1.9%,不符合《欧盟持久性有机污染物法规》(POPs)的要求。

纠正措施:由进口商召回产品

案例6-2 焊锡中的铅、镉导致的化学风险(来自欧盟RAPEX网站)

通报号:A12/1744/15

通报时间:2016年第1周

通报国:斯洛文尼亚

来源国:中国

产品及描述:旅行充电器

通报原因:电源插头和PCB板上焊锡中含有84.0%的铅和1.10%的镉,不符合欧盟RoHS指令的要求。

纠正措施:撤离市场

（四）热点问题解答

1. 欧盟RoHS 2.0（2011/65/EU）豁免条款期限是怎么规定的？是否到期即失效？

指令2011/65/EU于2011年7月21日正式生效。附件III中的豁免对所有产品都适用，对没有列出具体期限的豁免条例，除第8类医疗设备、第9类监控设备外产品的豁免最长有效期为5年，第8类、第9类产品的豁免最长有效期为7年。附件IV针对第8类和第9类产品，豁免的最长有效期也为7年。所以第8类、第9类产品在2018年7月21日前仍可以使用这些豁免。对于其他已过5年豁免期的产品而言，是否可以继续使用也分为两类情况。一类是在规定时间内提出延期申请的豁免条款，如6（a）、6（b）、6（c）和9（b）等，这些豁免条例欧盟正在或已经完成评估。评估期内企业仍可以使用，评估结果一旦通报，则需满足相应规定。另一类是没有提交延期申请的豁免条款，如1（g）、5（a）和7（b）等，这些条款已经失效，企业如果之前使用了这些条款，现在不再享受豁免，需符合相关物质的限值要求。

2. 欧盟RoHS 2.0中增加了CE的标识要求，那原来有CE标识的产品还要增加另一个CE标识吗？

根据欧盟规定，应加贴CE标识的产品上，CE标识必须是唯一的，所以并不需要也不允许出现多个CE标识。但是应注意，加贴的CE标识除要满足原有适用法规外，还要满足RoHS的相关要求。

3. 在欧盟WEEE指令对垃圾桶标识的要求中，对于标识位置有什么特殊要求吗？

WEEE指令对标识的位置有如下三个方面的要求。第一，产品的标识必须易见。第二，对于便携式产品，应不借助工具就可以去掉覆盖物看到标识，但是基于其他指令的健康及安全原因，需要使用工具打开覆盖物的除外。第三，如因产品大小或功能而不能将标识印在产品上，需印在包装、说明书和保修卡上。

> **4. 含有大量铅的铅酸蓄电池产品出口欧盟有什么限制吗?**

欧盟电池指令 2006/66/EC 对于电池中的汞与镉都有限制要求,此外该指令对于有害重金属也有标识的要求。铅酸蓄电池中含有大量的铅,如果要出口欧盟则必须符合欧盟电池指令中对于铅的标识要求。该指令规定,如果电池中铅含量大于 40×10^{-6}(mg/kg),那么企业应当在产品上标上"打叉带轮垃圾桶"标识,并且在该标识下方标上"Pb",用以警示消费者。

三、北美市场电子电气产品环保法规要求与常见问题

(一)北美环保要求

1. 北美环保要求概述

北美最主要的国家——美国和加拿大均为发达国家,经济一体化水平很高,电子电气产品限用化学物质相关的法规体系比较完整。这里主要针对美国和加拿大相关的限用物质法规进行阐述。

美国法律分为联邦法规和州法案。针对一般电子电气产品,联邦法规尚未建立类似欧盟的 RoHS、REACH 等有害物质法规体系,目前主要的法规有:

- 与食品接触材料相关的《美国 FDA 食品安全现代化法案》;
- 与电池相关的《含汞和可充电电池管理法案》;
- 与儿童产品及护理品相关的美国《消费品安全改进法案》。

美国州法案目前影响较广的主要是:加州的《1986 年饮用水安全与毒性物质强制执行法》(加州 65 号提案)、《电子废弃物再生法案》《加州能源、照明效率、有害废弃物法案》《华盛顿州儿童安全产品法》,随产品销往美国 19 个州的包装材料需要满足 TPCH 包装材料要求。

加拿大化学物质相关的法规主要有《加拿大消费品安全法案》及《加拿大环境保护法》,它们分别阐述了针对消费品和环境的通用要求,并针对特定的消费品及有毒物质设有专门的下级法规。如《加拿大消费品安全法案》下有专门针对玩具及表面涂层等的法规,《加拿大环境保护法》下有专门针对产品中汞含量及特定有毒物质进行管控的法规。

北美市场上的电子电气产品亦会涉及诸如《包装材料法案》、美国加州 65 号提案、美国食品接触材料安全法规、《消费品安全改进法案》《加拿大消费品安全法案》《加拿大环境保护法》、加拿大食品接触材料法案等法规，详见本书第二篇相关部分。

2. 加州"RoHS 法案"

（1）加州《电子废弃物再生法案》

美国加州于 2003 年 9 月制定了《电子废弃物再生法案》（SB 20）及 2004 年 9 月发布的其修订案 SB 50，限制有害物质在若干类电子电气设备中的使用，该法案从 2005 年 1 月 1 日起强制生效。制定该法案的目的在于：

- 减少有害物质在某些电子电气产品中的使用；
- 对某些电子电气产品收取与销售相当的回收费用；
- 向有资格进行回收的企业支付回收费用；
- 指导政府采购。

该法案管控的产品范围是九类屏幕对角长度超过 4in（1in = 2.54cm）的视频显示设备，包括：

- 含阴极射线管（CRT）的产品；
- 阴极射线管（CRT）显示器；
- 计算机屏幕（CRT）；
- 装有液晶显示器（LCD）的笔记本电脑；
- 装有液晶显示器（LCD）的台式显示器；
- 含阴极射线管（CRT）的电视；
- 液晶（LCD）电视；
- 等离子电视；
- 便携式 DVD 播放器。

和欧盟 RoHS 的管控范围相比，该法案管控特定类型的电子产品——9 类屏幕对角长度超过 4in 的视频显示设备；与欧盟 RoHS 的限制物质相比，该法案仅对上述产品中四项重金属（镉、铅、汞、六价铬）提出了限用要求，限值与欧盟 RoHS 四项重金属限值一致。

（2）加州能源、照明效率、有害废弃物法案

2007年10月加州通过了《加州灯具能效及有害物质减少法案》（AB 1109），对在加州销售的灯类产品提出了有害物质和能效的管控要求。在对有害物质的控制方面，法案要求从2010年1月1日起，在加州生产、销售或供应的"一般照明用途灯具"，都必须满足欧盟2002/95/EC指令（原欧盟RoHS指令）的要求，即对产品的均质材料中有害物质（镉、铅、汞、六价铬、多溴联苯和多溴二苯醚）提出了限用要求，限值与欧盟RoHS的六项管控一致。"一般照明用途灯具"包括灯、灯泡、灯管，或家用、商用的室内、室外提供照明功能的其他电气设备，但不包括特殊用途的灯。灯具制造商需证明其产品符合欧盟RoHS指令要求：

- 当收到管理部门通知的28天内，提交技术文档或其他资料；
- 收到销售商要求时提供相关证明，或在运输集装箱或灯具包装上标识。

3. 电池法案

1996年1月3日，美国颁布《含汞和可充电电池管理法案》（H. R. 2024，公法104-142），并于1996年5月13日开始实施。该法案是美国联邦层面对于电池环保要求的最主要规定，涉及电池的有害物质含量要求（主要管控汞）、标识要求和回收再利用等方面。

（1）有害物质限量要求

- 禁止销售含汞碱锰电池（扣式碱锰电池含汞量不得超过25mg/只）；
- 禁止销售含汞锌碳电池；
- 禁止使用扣式氧化汞电池；
- 禁止销售任何氧化汞电池，除非该电池的制造商明确标示电池回收处。电池回收处必须经联邦、州、当地政府管理部门批准，方可从事接收和回收处理废旧电池工作。

（2）标识要求

电池、包含充电电池的产品（电池不易移除的）及其包装上，均需要加贴统一使用的标签（如图6-8）。可充电电池的外表标签上须印有"BATTERY MUST BE RECYCLED OR DISPOSED OF PROPERLY"（电池必须回收或妥善处理）字样，没有标识或标识不符合要求的电池不得在美国销售。此外，对于镍镉电池，还应标识化学名称或缩写"Ni-Cd"；对于铅酸电池，还应标识"Pb"或"LEAD, RETURN and RECYCLE"（铅，归还并循环再利用）字样。

图 6-8 电池标识

(3) 其他规定

对于违规处罚,法案规定的罚款金额可达 10 000 美元。同时,法案还规定,应鼓励生产易于回收利用和处置的氢镍电池、小型密封铅酸蓄电池等;应教育公众关注各类废电池的回收利用及合理处置问题;鼓励厂商投资废电池的再生利用和适当处置产业,鼓励新型电池的研究和生产。对电池和废电池的运输、储存等,也详细规定了应遵守的相应联邦法规。

欧盟及美国电池法案对比见表 6-11。

表 6-11 电池法案对比

国家/地区	法规/标准	类别	Hg		Cd	Pb
			无汞	低汞		
欧盟	2006/66/EC	所有电池	≤5mg/kg		≤20mg/kg	≤40mg/kg
美国	US104-142（1996）	碱锰电池	不得有意添加		/	/
		碱锰纽扣电池	25mg/cell		/	/
		锌碳电池	不得有意添加		/	/
		其他	/		/	/

4. 北美其他环保法规

北美除了以上列出的主要的环保法规外,还有其他化学物质管控要求。比如美国马里兰州和纽约州等州对阻燃剂管控的法规,华盛顿州及缅因州等对玩具管控要求的法规;《加拿大环境保护法》中对邻苯二甲酸酯、特定聚合物和石油类物质等的通报要求。

(二) 中国企业应对策略

首先要明确电子产品类别。第一,一般产品,需符合 16 CFR 1303 的要求。如销往加州，还需考虑加州 65 号提案、"加州 RoHS 法案"[《电子废弃物再生法案》（SB 20/SB 50）] 及"加州灯具 RoHS"等法规的规定。第二，儿童玩具，需额外考虑 CPSIA、AB 1108、ASTM F963 和 CSPA 等法规的要求。第三，与食品接触的产品，需要额外满足美国 FDA 法规的要求。在确定需符合的法规后，企业需进一步了解法规的管控角度，比如是需要贴对应的警告标识，还是禁止投放市场。证明合规的方式也有很多种，选择切合企业自身具体情况的，包括但不限于物料风险评估、产业链信息管理、工厂内部审核、定期抽检测试。这些做法最终的目的是达到产品整体符合性，确保产品质量的稳定性。

加拿大跟消费品相关的法规主要有《加拿大消费品安全法案》和《加拿大环境保护法》。每个法规下面有众多附属法案，企业需要根据自身的产品，识别与之相关的法规要求，确保产品满足对应的限制后再投放市场，以规避贸易风险。

另外，北美关于化学物质管控的要求越来越多，企业需持续保持对法规进展的跟进，密切关注已有法规的更新及新法规与自己产品的相关性，才能确保对产品合规性的合理评估。

（三）典型案例分析与处理方案

案例6-3 镍释放所导致的风险

美国一则新闻称，一名 11 岁男孩在玩电子产品过程中出现过敏性皮疹，检测结果表明是由电子产品金属外壳所含有的镍成分导致。美国儿童有约四分之一的人群对镍过敏，此前在美国市场上也曾出现因产品金属材质中的镍导致消费者过敏而召回产品的案例。

案例分析：研究表明，镍是最常见的一种过敏源，大约有 30% 的人对镍过敏。欧盟 REACH 法规附录 XVII 针对和皮肤长期接触的部件提出了镍的限制要求，但是，在美国并没有相关的法规要求。可是案例说明在美国，即使不在法规限制范围内的有害物质，只要对消费者造成了危害，消费者就有权起诉企业，官方也会执法。所以，企业管控有害物质的范围不能仅仅局限于法规的强制要求。

案例6-4　加州65号提案相关的违规风险

美国加州 65 号提案规定：产品含有加州 65 号提案有害物质清单中的物质时，可能给消费者造成暴露风险，生产商和经销商必须在产品上张贴警告标签。企业如违反该要求可能面临诉讼、高额赔偿等风险。2014 年至 2015 年，加州 65 号提案的起诉案例达到创纪录的 1 246 起，赔偿超过 5 500 万美元。

案例分析：加州 65 号提案大多数执法都是来源于消费者。消费者购买了产品，如发现产品中含有有害物质，则可以向法院起诉企业。如果消费者胜诉，企业将面临下架违规产品和被罚款等处罚。该案例说明发达国家的执法除了官方之外，还包括消费者。所以企业受到的监管比中国严格得多。

（四）热点问题解答

1. 我司从事进出口贸易，将来可能有产品出口到加拿大。请问加拿大关于有害物质有哪些法规要求？

加拿大现行有害物质的法规主要包括：针对一般产品的《加拿大含汞产品法规》（Products Containing Mercury Regulations，SOR/2014－254）、《禁止特定有毒物质法规》[Prohibition of Certain Toxic Substances Regulations，2012（SOR/2012－285）]，专门针对儿童用品的加拿大邻苯条例（Phthalates Regulations，SOR/2016－188），加拿大玩具法规（Toys Regulations，SOR/2011－17 及其修订案 SOR/2016－195、SOR/2016－302），以及针对家具、涂料和玩具等产品的加拿大涂层条例（Surface Coating Materials Regulations，SOR/2005－109）。不难看出，不同类型的产品需要满足的要求可能存在差异。建议贵司根据出口产品的实际类别，综合分析、判断需要满足哪个法规的要求并及时采取相应的控制措施。

2. 我司主要生产电子产品，加拿大买家要求我们符合 SOR/2014-254，请问该法规有何要求？该法规与我们的产品有关吗？

SOR/2014-254 为《加拿大含汞产品法规》，规定非电池类产品的均质材料汞含量不得超过 0.1%，电池类产品的均质材料汞含量不得超过 0.0005%，对荧光灯等特殊产品另有特别规定。法规的生效时间为 2015 年 11 月 8 日。除了限值要求外，该法规还提出了汞的标识要求，指定了按 IEC 62321-4：2013 方法测试。从法规要求上来看，包括电池在内的电子产品都需要满足该法规的要求。

3. 最近我司的电子产品出口至加拿大时，买家要求我司签署符合 SOR/2012-285 法规的环保协议，请问这个法规的要求是什么？对我们产品适用吗？

2012 年 12 月 14 日，加拿大在其官方公报上公布《禁止特定有毒物质法规》（SOR/2012-285）。该法规于 2013 年 3 月 15 日正式生效。该法规要求"通过制造、使用、销售、提供、进口等方式进入到加拿大境内的产品，不得含有法规附录 1、附录 2 和附录 2.1 中的有毒物质"。电子产品等众多产品均属于该法规的管控范围。早在 1996 年，加拿大就发布了《禁止特定有毒物质法规》，当时仅管控 5 种物质。随后《禁止特定有毒物质法规 2005》将管控物质增加到 18 种。《禁止特定有毒物质法规 2012》进一步将管控的有毒物质扩大到 22 种。2016 年 10 月 5 日，《加拿大官方公报》发布公告 SOR/2016-252，修订《禁止特定有毒物质法规 2012》，新增 HBCD、PFOA、LC-PFCAs、PBDEs 和 PFOS 五项有害物质的限制要求。目前，此法规管控的有毒物质已增至 27 种。

4. 客户要求我司产品满足CCPSA法规，能简单介绍一下吗？

CCPSA实施后，《危险产品法》（HPA）第一部分与附表Ⅰ同时废止。CCPSA禁止任何人制造、进口、宣传或销售任何不符合依照该法案制定的34项法规内容的产品。这些法规包括对物理和化学安全性能的要求，如SOR/2010-298邻苯条例等。贵司产品如需满足CCPSA法案，首先要根据产品的类别筛选对应的法规，再根据法规要求逐条收集符合性证据。

5. 我司一款塑料产品中铅含量超过1 000ppm，产品出口美国，不知道美国联邦法规中是否有针对铅的管控要求？

美国对于含铅产品是有管控要求的。首先要确认的是，您的这款塑料产品会应用于哪类产品，不同类别的产品所需符合的法规要求不同。美国《消费品安全改进法案》（CPSIA）中对于铅有如下要求：消费者使用的油漆及其他表面涂层中的铅含量要求小于90mg/kg；与儿童接触的产品中铅含量要求小于100mg/kg。

6. 美国有RoHS法案吗？

美国目前没有全国性的RoHS法案。"加州RoHS"管控了9类对角线超过4in的视频显示设备。加州还有专门针对灯具的AB 1109，它对在加州销售的灯具产品提出了6种有害物质和能效的管控要求。

四、其他市场电子电气产品环保要求与常见问题

（一）亚洲环保要求综述

不管是在环保法规的体系，还是在法规的执法方面，跟欧洲及北美洲等发达地区相比，亚洲都还有很多地方需要提高和完善。亚洲各国的电子产品，

主要需满足的是根据欧盟 RoHS 制定的本国 RoHS 法规。值得注意的是，有一些国家的 RoHS 法规，包含了欧盟 RoHS 和 WEEE 的要求。以下主要针对中国、日本和韩国的限用物质法规进行阐述。

（二）中国 RoHS 法规

1. 中国 RoHS 2.0

2006 年 2 月 28 日中华人民共和国工业和信息化部、中华人民共和国国家发展和改革委员会、中华人民共和国科学技术部、中华人民共和国财政部、中华人民共和国环境保护部、中华人民共和国商务部、中华人民共和国海关总署、国家质检总局联合发布《电子信息产品污染控制管理办法》（以下称《管理办法》）。2007 年 3 月 1 日《管理办法》正式生效。《管理办法》对中国市场上的电子信息产品中 6 类有害物质（铅、汞、镉、六价铬、多溴联苯、多溴二苯醚）的使用提出了管理要求，与欧盟 RoHS 指令（2002/65/EC）管控的物质种类和限值都相同，所以《管理办法》也被业内称为"中国 RoHS"。《管理办法》采取"两步走"的实施方式：第一步参照 SJ/T 11364 - 2006 对电子信息产品进行标识；第二步对纳入重点管理目录的电子信息产品实施强制性产品认证管理。

由于中国 RoHS 在实施过程中存在未能与欧盟 RoHS 指令完全接轨、强制性认证推进缓慢等问题，政府部门不断对中国 RoHS 的管控要求进行探索、修订。中华人民共和国工业和信息化部于 2010 年 7 月 16 日发布《电子电气产品污染控制管理办法（征求意见稿）》，2012 年 6 月 4 日再次发布《电子电气产品污染控制管理办法（征求意见稿）》，2015 年 5 月 18 日发布《电器电子产品有害物质限制使用管理办法（征求意见稿）》。2016 年 1 月 6 日，中华人民共和国工业和信息化部、中华人民共和国国家发展和改革委员会、中华人民共和国科学技术部、中华人民共和国财政部、中华人民共和国环境保护部、中华人民共和国商务部、中华人民共和国海关总署、国家质检总局联合发布《电器电子产品有害物质限制使用管理办法》（以下简称《办法》）。《办法》自 2016 年 7 月 1 日正式实施，同时取代 2007 年生效的《电子信息产品污染控制管理办法》。至此，中国的 RoHS 管控进入全新阶段。

《办法》涉及以下配套标准：GB/T 26572 – 2011《电子电气产品中限用物质的限量要求》、GB/T 26125 – 2011《电子电气产品　六种限用物质（铅、汞、镉、六价铬、多溴联苯和多溴二苯醚）的测定》、SJ/T 11364 – 2014《电子电气产品有害物质限制使用标识要求》、SJ/Z 11388 – 2009《电子信息产品环保使用期限通则》。

《办法》适用于中华人民共和国境内生产、销售和进口的电器电子产品。电器电子产品，是指依靠电流或电磁场工作或者以产生、传输和测量电流和电磁场为目的，额定工作电压为直流电不超过 1 500 伏特、交流电不超过 1 000 伏特的设备及配套产品。其中涉及电能生产、传输和分配的设备除外。

电器电子产品有害物质限制使用，是指为减少或消除电器电子产品污染而采取的下列措施。

● 设计、生产过程中，通过改变设计方案、调整工艺流程、更换使用材料、革新制造方式等限制使用电器电子产品中的有害物质的技术措施；

● 设计、生产、销售以及进口过程中，标注有害物质名称及其含量，标注电器电子产品环保使用期限等措施；

● 销售过程中，严格进货渠道，拒绝销售不符合电器电子产品有害物质限制使用国家标准或行业标准的电器电子产品；

● 禁止进口不符合电器电子产品有害物质限制使用国家标准或行业标准的电器电子产品；

● 国家规定的其他电器电子产品有害物质限制使用的措施。

上述措施中提到的有害物质包括 6 类，分别表述为铅及其化合物、汞及其化合物、镉及其化合物、六价铬化合物、多溴联苯和多溴二苯醚。此外，《办法》以"国家规定的其他有害物质"的描述为将来管控更多有害物质留下空间。《办法》实施"两步走"策略，措施第 2 条提到的标注要求是第一步，第二步是建立达标管理目录，进入达标管理目录的电器电子产品，应当符合电器电子产品有害物质限制使用限量要求的国家标准或行业标准，按照电器电子产品有害物质限制使用符合性评定制度进行管理。下面对"两步走"策略略作阐述。

- 第一步：标注。

要求进入市场的电器电子产品以自我声明的方式披露相关的环保信息。简言之，若产品中有害物质含量低于 GB/T 26572 – 2011 规定的限量要求（铅、汞、六价铬、多溴联苯和多溴二苯醚的含量不得超过 0.1%，镉的含量不得超过 0.01%），则应在产品上打"绿标"

图 6 – 9　"绿标"

（见图 6 – 9），表示环保属性；反之，则应在产品上打"橙标"（见图 6 – 10），突出其警示属性，此外，还应在产品说明中按有害物质名称及含量标识格式提供有害物质信息。具体标识要求和方法参照 SJ/T 11364 – 2014。另外，《办法》不再对包装物进行标识规定，产品包装应遵守包装物使用的相关标准。

图 6 – 10　"橙标"

注：图 6 – 10 中数字仅为示例，使用时应替换为产品相应的环保使用期限。

- 第二步：部分电器电子产品的有害物质限制使用按照符合性评定制度进行管理。

中华人民共和国工业和信息化部根据电器电子产品有害物质限制使用工作整体安排，向国家认证认可监督主管部门提出建立电器电子产品有害物质限制使用符合性评定制度的建议。国家认证认可监督主管部门依据职能会同中华人民共和国工业和信息化部制定、发布并组织实施符合性评定制度。中华人民共和国工业和信息化部根据实际情况，会同中华人民共和国财政部等部门对符合性评定结果建立相关采信机制。"电器电子产品有害物质限制使用达标管理目录（第一批）"与适用于该目录下产品的"达标管理目录限用物质应用例外清单"于 2018 年 3 月 12 日发布公告，并自公告之日起一年后施行。

2. 国推污染控制自愿性认证

虽然《办法》中提到的符合性评定制度暂未公布，但中国探索建立适合中国国情的电子信息产品污染控制符合性评定制度工作早已展开。中国国家认证认可监督委员会（以下简称国家认监委）、中华人民共和国工业和信息化部于 2010 年 5 月 18 日，联合发布了《国家统一推行的电子信息产品污染控制自愿性认证实施意见》（以下简称《意见》）。《意见》指出，国家认监委、中华人民共和国工业和信息化部将共同组织实施和监督管理国家统一推行的电子信息产品污染控制自愿性认证（以下简称国推污染控制认证）活动。2011 年至 2012 年，先后制定公布了国推污染控制认证实施规则、产品目录、依据的标准、认证及检测机构名录等文件。计算机、显示器、打印机、电视机、移动用户终端和固定电话终端 6 种整机产品，以及为 6 种整机产品配套的所有组件产品、部件及元器件产品、材料产品均可选取适用的认证模式中的一种进行自愿性认证。通过国推污染控制认证的产品可以加施国推污染控制认证标识。迄今为止，已有数千家企业的近万个产品取得了国推污染控制认证证书。

3. 执法状况

2007 年《电子信息产品污染控制管理办法》正式生效后，工商部门对市场上流通的电子信息产品进行质量监测抽查，展开执法工作。执法发现，一些产品没有按照要求对有害物质或元素的名称、含量和环保使用期限进行正确标识，当地工商局责令其整改，以及向消费者无条件退款，或者责令其退出当地市场。《办法》指出电器电子产品生产者、销售者和进口者违反办法相关要求，由中华人民共和国商务部、海关总署、中华人民共和国质检总局等部门在各自的职责范围内依法予以处罚。

（三）中国电池法规

中国目前针对电池环保要求的规定包括了多项行政法规、国家标准及行业标准，主要有以下几项。

1.《关于限制电池产品汞含量的规定》

1997 年 12 月 31 日，中国轻工总会、国家经济贸易委员会、国内贸易部、对外贸易经济合作部等 9 部委局联合发布《关于限制电池产品汞含量的规定》（以下简称《规定》）。《规定》根据我国电池行业的实际情况，将限制电池产品汞含量的工作分步实施，首先实现低汞，最终达到无汞。"低汞"的含义为电池中的汞含量小于电池质量的 0.025%；"无汞"的含义为电池中的汞含量小于电池质量的 0.0001%。自 2006 年 1 月 1 日起，禁止在国内经销汞含量大于电池质量 0.0001% 的碱性锌锰电池。

2. 国家标准及行业标准

2009 年 9 月 30 日，国家质检总局与国家标准化委员会联合发布两项国家标准 GB 24427-2009《碱性及非碱性锌-二氧化锰电池中汞、镉、铅含量的限制要求》和 GB 24428-2009《锌-氧化银、锌-空气、锌-二氧化锰扣式电池中汞含量的限制要求》，这两项标准均从 2010 年 7 月 1 日起执行。GB 24427-2009 中低汞电池指汞含量不大于 250μg/g 的电池，无汞电池指汞含量不大于 1μg/g 的电池，与《关于限制电池产品汞含量的规定》一致。纽扣电池由于其特殊工艺技术要求，实现较低的汞含量一直是世界范围内的难题。因此 GB 24428-2009 规定最高允许汞含量为 20mg/g。

（四）亚洲其他国家和地区 RoHS 要求

1. 日本

2008 年 7 月 1 日，日本工业标准 JIS C 0950：2008（或称为 J-MOSS）生效，替代 2005 版标准，全名为《电子及电气设备特定化学物质的含有标示方法》，也被称为"日本 RoHS"。管控的产品范围目前包括个人电脑、空调、电视、冰箱、洗衣机、微波炉和干衣机共 7 类产品。所关注的有害物质和对应限量与旧版欧盟 RoHS 一致，即最大允许质量百分比为：Cd 0.01%，Pb、Hg、Cr（Ⅵ）、PBB、PBDE 分别为 0.1%。标准要求，若 RoHS6 项限用物质中有任何 1 项未符合者，则需在设备本体、设备包装箱（外箱）标示橙红色标识，对于目录类（使用说明书、印刷品、网站等）还需在标识的下方或右方标注未符合标准的物质的化学符号。

此外，日本电子信息技术产业协会（JEITA）、日本电气制造商协会（JEMA）和日本制冷空调工业协会（JRAIA）一起编制了《J-Moss 绿色标识指南》（The J-Moss Green Mark Guideline）（以下简称《指南》），另行配套推出了 J-Moss 绿色标识计划（Green Mark Program），企业可依据该《指南》自愿为产品申请 J-Moss 绿色标识。

2. 韩国

2008年1月1日,韩国《电子电气产品和汽车产品资源再生法案》(被称为韩国 RoHS/WEEE/ELV)正式生效。受管控的10类电子产品包括电视、冰箱、洗衣机(家用)、空调、个人电脑(包括显示器和键盘)、音响设备、手机(包括电池和充电器)、打印机、复印机和传真机,后三类产品使用的墨粉和墨盒也需满足要求。随后,韩国也陆续发布修订信息,将微波炉、空气净化器、加湿器等17类电子产品扩充到受控清单中。韩国 RoHS 管控物质与旧版欧盟 RoHS 一致,其限量为 Cd 低于 100mg/kg,Pb、Hg、Cr(VI)、PBB、PBDE 低于 1 000mg/kg。该法规豁免项目与欧盟 RoHS 和 ELV 相同。企业只需自我声明产品中各物质含量即可,无须在产品或包装上打标识。

企业提交虚假的测试报告或日期,将遭到一年以内的监禁或 1 000 万韩元以内的罚款。韩国政府希望此立法可以敦促厂商考虑产品的环保设计,促进制造商和回收商的合作,以便有效利用资源,保护环境。

3. 泰国

2009年2月2日泰国工业标准协会(Thai Industrial Standards Institute,简称 TISI)发布了名为《含有害物质的电子电气设备:限制使用特定有害物质》的工业标准,该标准也被称为"泰国 RoHS"。泰国 RoHS 在管控产品范围、限制物质及限量要求、豁免等诸多方面与旧版欧盟 RoHS 保持一致。目前该标准为自愿性标准,企业可根据政府公报中刊登的指引或直接联系 TISI 获得相关文件,通过自我声明表明其产品的符合性并借此进行市场推广。泰国 RoHS 本身没有标识或标签规定,但符合泰国 RoHS 标准的产品可以申请自愿性标识。

4. 印度

2011年5月12日印度发布了《电子废弃物(管理与处理)规则》[The E-waste(Management and Handling)Rules,2011],规定了电子废弃物的管理与处理规则(WEEE)及生产电子电器产品时减少使用有害物质(RoHS)要求。该规则于2012年5月1日生效,涉及的产品包括电子电气消费品(电视、冰箱、洗衣机、空调)和电子电信设备(中央处理器、计算机、笔记本电脑、用户终端系统、复印机、打印机、传真机、电话机、移动电话和应答系统等）及其零部件。管控的有害物质及限量要求与旧版欧盟 RoHS 指令相同。如果产品中使用了有害物质，应将详细的成分信息列于产品手册上。相关企业除需满足有害物质限量要求外，还需履行回收责任，并在产品或手册上粘贴易见、清晰、擦不掉的"打叉垃圾桶"标识，以避免含有需处理废弃的电子废弃物被扔进垃圾桶。2016 年 3 月，印度发布了"The E-Waste (Management) Rules, 2016"，并于 2016 年 10 月 1 日正式生效。

5. 越南

2011 年 8 月 10 日，越南工业和贸易部发布了第 30/2011/TT – BCT 号通告，规定在越南市场销售的电力及电子产品中限制使用包括 Pb、Hg、Cd、Cr (VI)、PBB 和 PBDE 在内的有害物质，产品范围和限值要求与欧盟 RoHS 2002/95/EC 相同，该通告于 2011 年 9 月 23 日生效，关于有害物质的限制于 2012 年 12 月 1 日起执行。电子电气产品的生产商或进口商应确保产品中有害物质的含量不超出规定的限值，并且必须公布其产品中有害物质信息（自我符合性声明）。公布方式可以是网上发布、产品使用说明书中说明、用 CD 提供信息、产品或包装上印刷等。

6. 中国台湾地区

2013 年 7 月 30 日，中国台湾地区标准检验机构（BSMI）发布 RoHS 自愿性实施标准 CNS 15663 – 2013《电机电子类设备降低限用化学物质含量指引》，要求除医疗和监控设备以外的其他电机电子类设备标示 6 种限制物质 Pb、Hg、Cd、Cr (VI)、PBB 和 PBDE 的含有情况，并对"含有标识"的格式、位置和方法进行了相关规定。

2015 年 12 月 29 日，BSMI 发出公告，对 6 类需进行 BSMI 认证的产品（自动资料处理机、印表机、影像复印机、电视机、监视器、自动资料处理系统用之监视器）修正相关检验标准并增加 RoHS "含有标识"的要求，要求商品检验标识（CI MARK）上需体现 RoHS 相关字样。2016 年又先后补充开饮机、投影仪等产品的 RoHS "含有标识"要求。建议企业在进行 BSMI 认证时，关注产品是否有 RoHS 要求及其执行情况。

7. 新加坡

2016年6月1日，新加坡环境和水资源部发布 No. S 263 号令《2016 年环境保护和管理法案（附表Ⅱ的修订）》[No. S 263 Environmental Protection and Management Act (Amendment of Second Schedule) Order 2016]，对《环境保护和管理法案》的附录Ⅱ第1部分进行了修订，新增对电子电气产品中6种有害物质的限制（被称为"新加坡 RoHS"）。该要求于2017年6月1日执行。

相对于欧盟 RoHS，新加坡 RoHS 管控产品范围较窄。其管控7大类电子电气产品，分别是空调、平板电视、移动电话、平板电脑、便携式计算机、冰箱和洗衣机。电池和蓄电池及工业用途产品不在其管控范围内，二手产品亦不受控。

新加坡 RoHS 的限制物质和浓度限值与欧盟 RoHS 保持一致，即均质材料中镉及其化合物含量不得超过 0.01%，六价铬、铅及其化合物、汞及其化合物、多溴联苯、多溴二苯醚含量不得超过 0.1%。同时新加坡 RoHS 也采纳了欧盟 RoHS 的部分豁免条款内容，对特殊应用情形下的镉、铅、汞、六价铬的限制予以豁免。

8. 阿拉伯联合酋长国

2017年4月27日，阿拉伯联合酋长国（United Arab Emirates，UAE）颁布2017年第10号决议《电子电气产品中控制有害物质的 UAE 规定》（简称 UAE RoHS）。UAE RoHS 与欧盟 RoHS2.0 指令相似，管控11大类电子电气产品中的 Pb、Cd、Hg、Cr（Ⅵ）、PBB、PBDE、DBP、BBP、DEHP、DIBP，共计10项有害物质，限值也与欧盟 RoHS2.0 相同，除了 Cd 的限值为 0.01%，其余9项物质限值均为 0.1%。企业可通过成品测试、自我声明、技术文档、收集供应商报告或声明等方式，证明产品的 RoHS 符合性。UAE RoHS 生效时间分四个阶段进行。

9. 亚洲其他环保法规要求

出口亚洲国家（地区）的电子电气产品主要需要满足各国（地区）的 RoHS 和食品接触材料法规。如果是带电的儿童玩具产品，需关注各地的儿童玩具法规。另外，因为电子产品中大多数含有包装材料及电池。中国台湾地区、韩国等都制定了电池法规，主要有汞含量要求及标识要求。针对产品中的包装材料，日本、韩国等亚洲国家也出台了包装材料法规。出口商应全面收集和产品有关的所有法规要求，以提高产品的竞争力。

（五）中国企业应对策略

如前面所述，欧盟、美国和加拿大是世界上经济最发达，也是法规要求最完善的地区。除了这些地方，中国企业的主要出口国（地区）也包括了很多亚洲国家，如日本、韩国等。我国的电子产品如果销往这些国家（地区）该如何有效地应对当地的环保法规呢？

首先，先明确产品类型和出口的国家（地区），再收集相关的法规。也就是说，企业首先需要了解自身产品的类别，比如带电的医疗器械，需要同时满足电子产品法规和医疗器械法规。之后明确了出口国（地区）后，就可以确定需要满足的法规。不过，现在我国大多数企业除了对一些发达国家的法规有了解外，对其他国家的法规知之甚少。所以如果对出口国（地区）的法规不清楚，最好先向当地的同事或第三方机构寻求帮助。

其次，收集法规之后，根据法规要求和企业实际情况，制定管控方案。满足欧盟和美国环保法规的方式多种多样，例如自我声明、成品测试、体系管控、提供技术文档、收集供应商报告或声明等。其他国家（地区）在制定环保法规的时候，基本上都是以欧盟和美国为标杆，所以出口到其他国家（地区）时，也可以参考如上的管控方式。

最后，RoHS 和电池环保要求一般是各国（地区）最基本的要求。如果没有办法收集到全部出口国（地区）的环保法规要求，也建议企业至少满足欧盟 RoHS 和电子指令要求。如前面所述，欧盟是其他国家（地区）制定法规的标杆，而 RoHS 和电池指令又是欧盟对电子产品和电池产品的最基本要求。所以如果其他国家（地区）制定法规，也必然先制定 RoHS 和电池指令。

各国关于化学物质管控的要求越来越多，企业需持续保持对法规进展的跟进，密切关注已有法规的更新及新法规与自己的产品的相关性，减少出口贸易壁垒。

（六）典型案例分析与处理方案

> **案例6-5** 中国RoHS法规相关的违规风险

2009年8月8日，北京市工商局在全市进行中国RoHS执法，对没有依法标识的产品，责令其退出市场。深圳市某电子工业有限公司的来电显示电话机未进行环保标识，违反SJ/T 11364-2006的要求，且部分零部件Pb、Cr(VI)超标。珠海市某电子科技有限公司的专业媒体播放器未进行环保标识，即违反SJ/T 11364-2006的要求部分零部件Pb超标。

案例分析：中国RoHS目前针对电子产品仅仅是标识要求，如果没有满足，一旦官方执法时被发现，则可能面临重罚。另外，2016年中国RoHS 2.0发布后，官方明显比之前更加重视RoHS的执法，国家质检总局在多个城市举办公开研讨会宣传中国RoHS 2.0。随着"电器电子产品有害物质限制使用达标管理目录（第一批）"与适用于该目录下产品的"达标管理目录限用物质应用例外清单"即将于2019年3月12日施行，中国RoHS管控的部分产品的要求和欧盟接轨。

（七）热点问题解答

1. 中国RoHS标识中的数字"10"或"5"是什么意思？如何确定这个数字？

"10"或"5"是指电子电气产品环保使用期限。意思是在正常环境条件下，电子电气产品中含有的有毒有害物质或元素，不致发生外泄或突变从而对环境造成污染或对人身、财产造成严重损害的期限。环保使用期限不等于安全使用期限，不包含因电性能安全、电磁安全等方面因素所限定的使用期限。

企业可自行制定，或参考SJ/Z 11388-2009《电子信息产品环保使用期限通则》中的方法确定产品的环保使用期限。此外，国家鼓励各行业协会制定本行业产品的环保使用期限的指导意见，这样有利于政府主管部门了解行业的整体情况以实现对行业的监管。

2. 对于《电器电子产品有害物质限制使用管理办法》适用范围内的产品,满足《电器电子产品有害物质限制使用管理办法》要求是以产品生产日期为准,还是以投放市场的时间为准?对于进口的产品呢?

对于《电器电子产品有害物质限制使用管理办法》适用范围内的产品,满足《电器电子产品有害物质限制使用管理办法》要求是以产品生产日期为准的。即:相关方应确保2016年7月1日及以后生产的产品满足《电器电子产品有害物质限制使用管理办法》的要求。进口产品与国内生产的产品要求相同,也以生产日期为准。

3.《电器电子产品有害物质限制使用管理办法》中多处提到了"应符合电器电子产品有害物质限制使用国家标准或行业标准",以及"不得违反电器电子产品有害物质限制使用国家标准或行业标准",请问这些主要指的是哪些标准?

《电子电气产品 六种限用物质(铅、汞、镉、六价铬、多溴联苯和多溴二苯醚)的测定》(GB/T 26125-2011)、《电子电气产品中限用物质的限量要求》(GB/T 26572-2011)、《电子电气产品有害物质限制使用标识要求》(SJ/T 11364-2014)。

4. SJ/T 11364-2014 第5.4.2中规定的标识规格最小为5mm×5mm，但是这种大小的标识贴在产品上很不显眼，怎么办？

SJ/T 11364 – 2014 给出的标识规格仅为最小要求，标注时可以根据产品规格的实际情况将标识按比例放大。

5. SJ/T 11364-2014 规定的绿标和橙标，是否必须选择这两个颜色？企业在执行时，当产品本身的颜色和标识相近时，如何处理？

SJ/T 11364 – 2014 未对有害物质限制使用标识的颜色进行强制规定。根据 SJ/T 11364 – 2014 第 5.3 的要求，绿色和橙色为不同标识的建议颜色。生产者或进口者可以根据实际情况按标准要求的尺寸、规格，选用其他颜色进行标识，但应满足该标准中第 6.1.1 的要求。

第七章
纺织服装产品

第一节　全球纺织服装质量管控概况

作为"衣食住行"的第一位,纺织服装工业在人类生活和全球经济发展中占有重要地位。纺织服装产品不仅承担着满足人类基本生存需求以及审美需求的责任,而且随着科技的发展,已深入到人类社会生活的各个领域。世界纺织服装产业链的分布也影响并体现着世界经济格局的分布。同时,纺织服装关注点的变迁也影响并反映着人们对消费品期望值的变化,那就是越来越重视产品的内在质量和环保水平。

当前,纺织服装生产基地主要集中在亚洲、欧洲和北美。根据 WTO 数据统计,2010 年到 2015 年,亚洲、欧洲和北美的纺织服装出口额在全球纺织服装出口额的占比如表 7 – 1 所示。2015 年纺织品出口金额前 10 名的国家(地区)依次是:中国内地/大陆、印度、美国、德国、意大利、土耳其、韩国、中国台湾地区、中国香港地区、巴基斯坦。其中亚洲国家(地区)6 个,欧洲国家 3 个,北美 1 个。

表 7 – 1　亚洲、北美和欧洲的纺织服装出口额在全球纺织服装出口额中的占比

项目 年份	亚洲纺织服装出口额 [主要国家(地区)]/ 全球纺织服装出口额	欧洲纺织服装出口额 [主要国家(地区)]/ 全球纺织服装出口额	北美纺织服装出口额 [主要国家(地区)]/ 全球纺织服装出口额
2010 年	59.70%	27.79%	4.32%
2011 年	59.63%	27.27%	4.09%
2012 年	60.77%	25.54%	4.13%

续表

项目 年份	亚洲纺织服装出口额 [主要国家（地区）]/ 全球纺织服装出口额	欧洲纺织服装出口额 [主要国家（地区）]/ 全球纺织服装出口额	北美纺织服装出口额 [主要国家（地区）]/ 全球纺织服装出口额
2013 年	61.30%	25.00%	3.92%
2014 年	61.26%	25.26%	3.87%
2015 年	63.53%	23.76%	3.25%

亚洲能够成为世界纺织服装生产基地，所凭借的优势是廉价的劳动力和丰富的资源。整体而言，亚洲纺织服装业产品附加值比较低，欠缺自主创新能力。但是随着科学技术的日新月异，世界纺织工业正从劳动密集型转向资金技术密集型。纺织服装产业也已经开始了从"量"到"质"的转变，这一时期纺织服装的质量要求明显提高，开始向原创设计及自有品牌发展，成本低、价格低的优势已经不能主导产业的继续发展。

另外，世界纺织服装贸易自由化和全球优势资源配置时机的到来，技术贸易壁垒及绿色消费潮流的席卷，导致各国（地区）对纺织服装的安全及性能的要求越来越多、越来越严。纺织服装的安全性问题也越来越引起人们的关注和重视，已成为消费品领域的又一重点关注对象。

近年来国际上针对纺织服装产品的质量要求比较明显的变化有：由传统的对纺织服装产品要求实用、美观、耐用，转变为更注重细化的产品功能性，比如抗皱、防水透气等；越来越重视产品的环保与安全，如是否含有毒有害物质，儿童产品是否存在导致安全隐患的绳带等。

目前，美国、欧盟、中国仍然是全球纺织品服装的主要市场，2010 年和 2011 年，这三个国家或地区在全球纺织服装总进口额中的占比平均在 60% 以上，2013 年后，这个比例虽然有所下降，但是在今后相当长一段时间内，这三个国家和地区仍然是国际纺织品服装消费的主要市场。他们均有对纺织品标签标识、安全及性能的技术要求。标签标识方面，如欧盟纺织服装法规（EU）No 1007/2011，美国纺织服装技术法规 16 CFR 303 等；化学品方面，如欧盟要求纺织品中限制使用可分解出致癌芳香胺的偶氮染料、持续性有机污染物全氟辛烷磺酸盐（PFOS），中国要求纺织品限制使用释放致癌芳香胺的偶氮染料、刺激性的甲醛等；物理性能方面，如美国对儿童服装的拉绳要求、儿童睡衣的阻燃性要求等。另外，纺织服装行业的六大知名品牌，阿迪达斯、耐克、彪马、李宁、H&M 和 C&A，于 2011 年联合发起并成立有害化学物质零排放组织（Zero Discharge of Hazardous Chemicals, ZDHC），希望在 2020 年之前引领全行业实现有害物质的零排放。截至 2018 年 3 月，ZDHC 拥有 23 个签约品牌，47 个价值供应链成员，15 个行业协会成员，SGS 是价值供应链成员之一。

综上所述，全球纺织服装的整体发展方向是打造更安全健康的产品，迫切要求广大中小型企业进行产业升级，提升产品质量。只有这样，企业才能在瞬息万变的国际竞争中站得更稳，可持续地发展，进一步拓展市场。

本章将详细阐述作为中国纺织服装主要消费国和消费区域的美国和欧盟，对纺织品的化学品安全及物理性安全的要求及其最新动态，并为企业提供切合实际的解决方案，协助企业迈过技术贸易壁垒，增强市场竞争力。

第二节　欧盟市场要求、常见问题及中国企业应对策略

欧盟是世界上最大的贸易实体。2015 年欧盟的商品出口额为 53 893.7 亿美元，占全球商品出口额的 32.68%；商品进口额为 53 228.6 亿美元，占全球商品进口额的 32.79%。其中，纺织服装出口额为 1 768.92 亿美元，占全球纺织服装出口额的 23.76%；纺织服装进口额为 2 537.25 亿美元，占全球纺织服装进口额的 27.70%。欧盟多数国家经济比较发达，而且根据欧洲统计局 2015 年数据，欧盟 28 国的总人口数量达到 5.074 亿人，超过了美国的总人口（3.178 亿），市场调研机构 Gfk（Corporation of Marketing Research for Consumer Product）2015 年发布的报告指出，东欧消费者对经济形势持怀疑态度，而西欧及南欧国家消费者对经济前景乐观，欧盟 28 国综合消费者信心指数仍然较高。毋庸置疑欧盟仍是一个巨大的消费市场。

就中国出口欧盟的情况而言，随着纺织服装后配额时代的来临，传统的高关税逐渐被削弱，目前欧盟关税管理的相关措施主要有：非普惠制最惠国

的供应方在向欧盟出口时需要按最惠国税率缴税，中国纺织品出口欧盟需征收的关税约为12%，其中又根据种类和用途有些区别（2015年1月1日生效的欧洲委员会第1421/2013号法规，取消了中国的普惠制待遇）。在当前的发展形势下，欧盟等发达地区和国家更倾向于顺应绿色消费潮流，根据本国的新技术，建立种类繁多的技术性贸易壁垒，提高进口产品的技术门槛，增加进口难度。

一、欧盟市场要求

（一）纤维名称及标签要求

2011年10月18日，欧盟发布了纺织纤维的名称及纺织品成分标签要求的法规（EU）No 1007/2011。该法规合并了纤维成分标签指令（2008/121/EC）和纤维成分指令（96/74/EC、73/44/EC），该法规于2012年5月8日生效。而原有的指令73/44/EEC、96/73/EC和2008/121/EC同日被废除。对于2012年5月8日前上市销售的所有产品，该法规给予了一定的过渡期。过渡期的截止日期是2014年11月9日。

新法规的颁布与旧指令的废除意味着，欧盟进一步提升了纺织纤维名称及纺织品成分标签的法律效力，对成员及各出口至欧盟的厂商的约束性也大大提高。

法规（EU）No 1007/2011主要规定了纺织纤维名称、纺织产品纤维成分相关标签标识（含有非纤维制品的动物源纺织产品的标签标识），以及纺织产品纤维成分的检测方法。明确要求，在欧盟市场上出售的纺织产品，生产商、经销商、进口商要确保提供准确的商标和标识，且使用成员国本国的语言，不得混淆纺织纤维名称和纤维成分的描述。

法规的适用范围包括投放欧洲市场的以下产品：
- 含纺织纤维质量百分比80%及以上的产品；
- 遮盖物含有质量百分比80%及以上纺织品成分的家具、雨伞和遮阳伞；
- 以下纺织品成分至少占最上层或覆盖物质量百分比80%，多层地毯的上层，床垫遮盖物，露营用品的覆盖物；

- 包含在其他产品中,成为产品不可分割部分的纺织品,并且成分已被标明。

1. 纺织纤维名称

规范纺织纤维的名称:法规(EU)No 1007/2011 附录 I 中列出了 18 类天然纤维和 30 类化学纤维的名称,且只有附录 I 所列的名称可以出现在标签上。值得注意的是,其中"真丝(silk)"不应用于以外形或细节描述纺织产品中的长丝纱。

关于羊毛产品的名称。当羊毛产品中的纤维在此之前没有被加入到其他产品中,且除了在产品加工之外没有经过任何纺制和/或毡化工艺处理,在处理和使用过程中没有被损坏时,该羊毛产品才可以描述为"fleece wool"或"virgin wool",或其他附录 III 中的相同表达。

新纤维名称的申请。任何生产商或进口商,可向欧盟委员会申请将新的纺织纤维名称添加到附录 I 中。申请人应提交附录 II 所规定的技术文件,至少要包含以下信息:拟议的纺织纤维名称;拟议的纺织纤维定义;纺织纤维的鉴定;拟议的用于计算纺织纤维成分的容差;充分成熟的鉴定及量化方法,包括实验数据;有效的科学信息,包括过敏反应等相关法规中规定的与人类健康有关的测试;支持申请的其他信息,如生产过程和消费者关联性。

2. 标签

市销的纺织产品标签需反映产品的纤维成分,且应持久耐用、容易辨认、显而易见,同时作为标签应接触安全。通过电子途径销售的产品,其标签也应清晰可见。除机械过程码或者国际标准中已定义的,并在同样的商业报告中有解释的缩略语以外,不得使用缩略语。标签语言需为英语或者市场所在的欧盟成员语言。允许标称纤维含量与分析测试的纤维含量间存在 3% 的误差。

(1)对于纯的纺织产品的规定

- 仅含单一纤维的纺织产品可以加贴"100%""纯"或"全"的标签或标识。
- 单一纤维的纺织产品,允许含有不超过 2% 的其他纤维,或由于技术原因在加工过程中不可避免地带入的其他物质；经过梳理处理的纺织产品，当其他纤维的含量不超过5%时（质量百分比），也可看作是仅含单一纤维成分。

（2）对于复合型纤维纺织产品的规定

- 按照降序顺序标出纺织产品中所有纤维的名称和质量百分比。
- 纺织产品中质量百分比不超过5%的单种纤维，或总量不超过15%的多种纤维，如果不容易说明，可以用"其他纤维"来描述，注明其质量百分比。
- 含有纯棉经纱和纯亚麻纬纱的产品，经纱含量最少为无浆布总质量的40%时，可以命名为"棉麻混纺"，还必须注明成分规格"纯棉经纱－纯亚麻纬纱"。
- 对加工过程中纺织产品的成分很难说明时，可以在标签或标识中使用"混合纤维"或"未明确的纺织成分"。
- 附录I中未列出的纤维可以描述为"其他纤维"，并在该名称前或后面表明质量百分比。
- 对于含有两种或以上不同纤维成分单元的产品，应给出每一单元纺织品的纤维含量，但对于质量百分比低于30%的纤维，不做强制要求（主要的衬里除外）。对两种或多种有相同纤维含量的纺织品组成的单元组，只需贴一个标签。

（3）其他可不标识成分的特殊规定

- 产品中可见且独立的、仅起装饰作用的部分，质量百分比不超过成品的7%；
- 含抗静电纤维，不超过成品总质量的2%；
- 纺织品中的非纺织部分。

3. （EU）No 1007/2011 的修订

2012年3月31日，欧盟《官方公报》发布了（EU）No 286/2012，这是对（EU）No 1007/2011 的修订，把一项新的纤维名称"聚丙烯/聚酰胺复合纤维（polypropylene/polyamide bicomponent）"纳入法规附件I内，并在附件VIII及IX内为该种新纤维的统一测试方法作出界定。

（二）化学品安全要求

1. REACH 法规

REACH 法规将产品分为三个类别，分别是：物质、混合物、物品，详细定义参考第二篇相关章节，纺织服装归类于其中的物品类。

REACH 法规下，不同的产品需要履行的义务不尽相同。物品需要履行的义务，包括 REACH 法规附录 XVII 的限制物质清单、SVHC 候选清单物质的信息传递与通报，以及 REACH 法规附录 XIV 的授权。根据 REACH 法规授权指南文件，非欧盟境内的物品生产企业一般不受"授权"要求影响。所以就纺织服装产品成品而言，目前行业对 REACH 法规中限制使用物质的要求关注度比较高，其次为 SVHC 候选清单物质的信息传递义务。

REACH 法规中限制使用特定物质的条款列于 REACH 法规附录 XVII 中，该附录于 2009 年 6 月 1 日正式生效，当时管控的化学物质共 52 项，后经不断增删修订，截至 2018 年 5 月，该清单已更新共包含 71 项化学物质。根据要求，物质本身、混合物中的物质以及物品中的物质，如果不满足 REACH 法规限制条件的规定，则不能在欧盟市场销售和使用。

目前，REACH 法规附录 XVII 中与纺织服装产品相关的常见物质有：第 27 项，镍释放量；第 43 项，偶氮染料；第 46 项，壬基酚及壬基酚聚氧乙烯醚；第 47 项，六价铬及其化合物；第 50 项，多环芳烃；第 51、52 项，邻苯二甲酸酯；第 61 项，富马酸二甲酯（DMF）；第 63 项，铅及其化合物等。REACH 附录 XVII 中纺织服装相关条款的详细信息，参见第二篇相关章节。

2016～2017 年 4 月，REACH 法规附录 XVII 的最新修订情况如下。

- 壬基酚聚氧乙烯醚（NPE）的限量要求。2016 年 1 月 14 日，欧盟委员会发布（EU）2016/26，对 REACH 法规附录 XVII 中第 46 条 NPE 的限制条款进行修订，新增了第 46a 项。规定自 2021 年 2 月 3 日起，NPE 含量浓度相当于或超过 0.01% 的纺织品将禁止进入欧盟市场。

- 镉的管控要求。2016 年 2 月 17 日，欧盟委员会发布（EU）2016/217，修订了 REACH 法规附录 XVII 中关于镉的限制条款。2016 年 3 月 8 日起，要求带有涂层的物品,镉的含量(以质量计)不得超过涂层质量的0.1%。

● 石棉纤维的管控条款。2016年6月23日,欧盟委员会发布(EU) 2016/1005,修订了REACH法规XVII第6项石棉纤维的限制中第1段相关豁免的条款以及享受豁免的下游用户的义务。

● 新增无机铵盐的限制条款。2016年6月24日,欧盟委员会发布(EU) 2016/1017,在REACH法规附件XVII中新增第65项对无机铵盐的限制。自2018年7月14日起,该物质不得投放市场或用于纤维素保温材料混合物或纤维素保温物品,除非在特定测试条件下,这些混合物和物品释放的氨气的体积含量小于3ppm(2.12mg/m^3)。

● 新增双酚A的限制条款。2016年12月13日,欧盟委员会发布(EU) 2016/2235,在REACH法规附录XVII中新增第66项关于双酚A(BPA)的限制。自2020年1月2日起,含有双酚A(BPA)质量浓度大于等于0.02%的热敏纸不得投放市场。

● 新增十溴二苯醚(decaBDE)的限制条款。2017年2月10日,欧盟委员会发布(EU)2017/227,新增REACH法规附录XVII第67项对十溴二苯醚的限制条款。2019年3月2日之后,十溴二苯醚作为物质本身不得生产或投放市场,作为另一种物质的组成部分,以及在混合物或物品中的含量不得大于或等于0.1%。

● 新增全氟辛酸(PFOA)及其盐类或相关物质的限制条款。2017年6月14日,欧盟委员会发布(EU)2017/1000,在REACH附录XVII中新增第68项关于全氟辛酸及其盐类或相关物质的限制。自2020年7月20日起,该物质本身不得制造并投放市场;当全氟辛酸(包括其盐类)的浓度大于等于25ppb或PFOA相关物质的浓度大于等于1 000ppb时,不得用于作为另一物质的组分、混合物和物品的生产及投放市场。

● 新增八甲基环四硅氧烷(D4)和十甲基环五硅氧烷(D5)的限制条款。2018年1月11日,欧盟委员会发布(EU)2018/35,在REACH附录XVII中新增第70项关于八甲基环四硅氧烷和十甲基环五硅氧烷的限制。自2020年1月31日起,当"清洗型化妆品"中这两种限制物质的任一物质的质量浓度大于等于0.1%时,不得投放市场。

2. BPR 法规

2013年9月1日，欧盟生物杀灭剂法规（EU）No 528/2012（Biocidal Products Regulation，BPR）正式实施。BPR法规对欧盟市场的生物杀灭剂产品及其处理物品进行监管，其中生物杀灭剂处理物品（Treated Article，TA）为具有生物杀灭功能的产品，如添加了防腐剂或杀虫剂成分的纺织品。

（1）生物杀灭剂处理物品（TA）管控要求

如果处理TA的，或包含在TA中的生物杀灭剂产品中的所有活性物质，已获得授权批准，或都被包括在BPR"附件I：已批准的活性物质清单中"（且符合所有的条件和限制要求），该TA可以投放市场。

如果TA的活性成分已经通过决议，被BPR附件I或者98/8/EC（欧盟生物杀灭剂投放市场指令）附件1A排除，相关企业必须在2016年9月1日缓冲截止期前更换生产工艺，使用在欧盟允许使用的活性物质及用途进行处理，否则处理物品将不被准许在欧盟市场上销售。

如果TA的活性成分被列在（EC）No 1451/2007（关于杀伤生物产品投放市场的10年工作计划的第二阶段）附件I中，企业需要等待欧盟官方评审结果，在欧盟决议出来前，TA可继续投入欧洲市场。如果物质通过评审，即可制作标签继续投入市场；如果物质评审后没有被纳入到允许使用的物质及用途清单，那么，在决议生效的180天后或截至2016年9月1日（取时间靠后者）后，不可投放欧盟市场。

（2）生物杀灭剂处理物品（TA）标签要求

另外投放市场的TA，如其活性成分已被列在BPR附件I或者98/8/EC附件1A中，且TA的制造商声明了该TA存在生物杀灭特性，或处理该物品的生物杀灭产品中的活性物质的批准条款要求对其进行标识，则需要提供标签，标签内容包括：

- 处理物品含有生物杀灭产品的申明；
- 证明生物杀灭特性作用于处理物品；
- 在不违背法规（EC）No 1272/2008 第24条的情况下，生物杀灭产品中所有活性物质的名称；
- 生物杀灭产品中所有纳米材料的名称，并在其后用括号标注"nano"；

- 需提供任何相关的使用说明，包括需采取的预防措施。

标签必须清晰可见、易于辨认并有适当的耐用性。因处理物品的尺寸和功能原因不能加贴标签，有必要将标签用官方语言或引入的成员的语言印到包装上、使用说明上或保证书上。当处理的物品作为特定订单设计和制造时，制造商可能会用其他方法给客户提供相关信息。

（三）物理性能要求

1. 童装绳索和抽绳安全规范

《儿童服装绳索和拉带安全要求（EN 14682）》于2004年颁布，是参照欧盟《通用产品安全指令》（GPSD）制定的协调标准，用以规范童装绳索和拉带的安全要求。EN 14682 于 2006 年成为协调标准，经过两次修订，进一步明确了对童装绳带和拉带的技术要求。

一直以来，绳带问题是童装被欧盟 RAPEX 召回的主要原因。2017 年 RAPEX 年报数据显示，纺织服装及时尚物品被召回 250 起，其中因绳带安全问题被召回的有 134 起，占纺织服装召回案例的 53.6%。

《儿童服装绳索和拉带安全要求（EN 14682：2014）》规定了 14 岁以下儿童服装（包括化妆服和滑雪服）上绳带的安全要求。同时将 14 岁以下的儿童分为幼童，7 岁以下（从出生到 6 岁 11 个月），身高不超过 134cm；大童和青少年，7~14 岁（从 7 岁到 13 岁 11 个月），男童身高为 134cm 至 182cm，女童身高为 134cm 至 176cm。

不适用于以下产品：儿童护理用品、鞋、靴、手套、帽子、围巾、衬衫或上衣上的领带、腰带扣、吊带、宗教服装和庆典服饰、专业运动服、戏服、围裙、包袋及钱包。

（1）EN 14682：2014 通用要求

拉带、功能绳、打结腰带或装饰腰带的末端不能打结或有立体装饰，为防止自由端散开，可以使用热封、套结、重叠或折叠的方法。绳扣只能用于无自由端的拉带或装饰性绳索。在允许使用拉带的情况下，在两出口点中间处应固定拉带，可运用套结等方法。固定在服装上的搭襻或固定的蝴蝶结上的搭襻收紧后，在服装上突出的周长不超过 7.5cm，平贴的搭襻（腰带环），两固定点之间的长度不超过 7.5cm。从拉链滑锁到拉链头包括其装饰物的长度不超过 7.5cm。设计在脚踝处收口的服装，拉链头包括其装饰物，不应低于裤脚底边。

以下区域未涉及的服装部位，服装平摊至最大尺寸时，拉绳、装饰性绳索或功能性绳索伸出的长度不能超过 14cm。

（2）特殊区域的要求：头颈部和上胸部

14 岁以下儿童服装该区域的可调节搭袢长度不能超过 7.5cm，且末端不能有纽扣、绳索扣和带扣；肩带如使用滑动扣调节长度，则肩带包括结环，在使用过程中需平贴使用者身体；颈部系绳不应有自由端，拉绳调节扣和开合扣在使用过程中不能形成自由端，如使用滑动扣调节颈带长度，颈带包括结环，在使用过程中需平贴使用者身体。

1）幼童服装

不允许有拉带和功能性绳索；风帽或颈部背面不允许有装饰性绳索。该区域的其他部位，装饰性绳带不能由弹性绳索构成，不能位于喉咙位置，自由端长度不超过 7.5cm，不能有打结、套环以及立体装饰物。

肩带不应有自由端暴露在服装外，肩带可以永久固定于服装的前后片，或附着在可以调整肩带尺寸的纽扣、子母扣上，同时确保自由端在服装内部。肩带处的装饰性绳索自由端长度不能超过 7.5cm，形成的环的周长不能超过 7.5cm。

2）大童和青少年服装

拉绳不应有自由端，当服装平摊至最大尺寸时不应有突出的绳环，当服装收紧到最小尺寸（实际使用时的收紧程度）的时候，突出的绳环周长不应超过 15cm。如果有调节拉绳的绳索扣，则必须固定在服装上。功能性绳索不能由弹性绳索构成，且长度不能超过 7.5cm。装饰性绳索不能由弹性绳索构成且包括附件或者立体装饰物长度不能超过 7.5cm。

肩带的自由端长度"距离意图系着点"不能超过 14cm，结环的周长不能超过 7.5cm。

（3）特殊区域的要求：胸腰部

14 岁以下儿童服装，系在正面、侧面或者背面的打结腰带或装饰腰带，在未系住状态下,从预计打结处开始测量,长度不能超过 36cm。腰部可调节搭袢长度不能超过 14cm,装饰性绳索及连接的装饰物总长不应大于 14cm;服装平摊至最大尺寸时,拉绳上露出的环不能有自由端,如使用了绳索扣,则绳索扣需固定在服装上。

下装不应有松弛状态下长度超过 20cm 的拉绳和功能性绳索,除下装以外的其他服装,如衬衫、上衣、连衣裙、连身衣裤等平摊至最大尺寸时,不应有自由端超过 14cm 的拉绳和长于 14cm 的功能性绳索。

幼童服装系在背部的打结腰带或装饰腰带,在未系住状态下,底端位置不能低于服装下摆。

(4) 特殊区域的要求:臀围线以下服装下摆区域

拉绳、功能性绳索或装饰性绳索包含绳索扣在内,不能垂在服装底摆以下;服装底摆处的拉绳、功能性绳索或装饰性绳索在系着时应平贴于服装。针对设计到脚踝的服装,如长裤、裙子和外套,底摆处的拉绳、功能性绳索或装饰性绳索应完全置于服装内,裤子底摆可以使用箍筋。调节搭袢的长度不能超过 14cm,位置不能低于服装下摆且末端不能有纽扣、绳索扣以及带扣。

(5) 特殊区域的要求:背部区域

背部不能出现或系有任何拉绳或者功能性绳索;装饰性绳索长度不能超过 7.5cm,不能有绳结、绳索扣以及立体装饰物;调节袢长度不能超过 7.5cm,不能低于服装下摆且末端不能有打结、绳索扣以及带扣。

(6) 袖子部位

针对 14 岁以下儿童的服装,长袖袖口处的拉绳、功能性绳索和装饰性绳索,在系着时应完全置于服装内部,长袖服装位于肘部以下的拉绳、功能性绳索和装饰性绳索不能低于袖口底部,自由端不能超过 7.5cm;调节搭袢长度不能超过 10cm,且打开时不能垂在袖口底摆以下。对于幼童、大童和青少年的短袖服装,当袖子平摊至最大尺寸时,袖口处拉带、功能性绳索和装饰性绳索外露的长度,分别不能超过 7.5cm 和 14cm。

建议相关企业依据欧盟标准,对儿童服装的绳带进行足够的、有可能产生绳环和勒杀风险的评估,比如:装饰性的绳带以及服装用以展示或悬挂的功能性绳索,都需要进行风险评估,以确保它们在穿着时不存在危险。

2. 配件安全性

虽然欧盟暂时未专门对纺织服装产品的配件安全性能提出要求,但是考虑到安全性并结合欧盟 RAPEX 召回的历史案例,建议儿童类产品参考欧盟玩具指令 TOY 2009/48/EC 的协调标准 EN 71-1 中对玩具配件紧固性、小部件及锐边、锐点的要求进行管控,主要要求如下。

(1)紧固性要求

拉力要求:5s 内逐渐增加至指定力值,并维持 10s 时,相应的纺织服装配件应不脱落。

(2)小部件安全性要求

如果配件能够通过小球测试仪 31.7mm 直径的圆桶,且不满足紧固性要求,则视此配件有导致吞咽窒息的风险。

(3)锐边、锐点要求

用锐边测试仪对配件的可触及边缘进行测试,将一自粘胶带黏附在锐边测试仪的心轴上,然后使心轴沿被测试的可触及边缘以(23±4)mm/s 的速度旋转 360°。如果胶带被切割的长度大于接触长度的 50%,则该边缘被认为是锐利边缘。

用尖端测试仪测试可触及的尖端,如尖端插入测试仪深度大于等于 0.5mm,且尖端在测试时受到 4.5N 外力时仍保持其原型,则视为锐利尖端。

(四)NGO 在行动

2011 年,国际非政府组织(Non-Governmental Organization,简称 NGO)绿色和平(Green Peace)针对纺织服装行业发起了轰轰烈烈的"去毒"(DE-TOX)行动。其公布的调查报告《时尚之毒——全球服装品牌的中国水污染调查》指出,多家国际知名服装品牌在中国的两家供应商排放的工业废水中,含有能够干扰内分泌并影响生殖系统的环境激素类物质。另一份报告《毒隐于衣——全球品牌服装的有毒有害物质残留调查》则指出,这些国际知名品牌的产品中含有"环境激素"NPE。绿色和平的"去毒"行动直接促成了 ZDHC 的发起。

2011 年，六大服装品牌联合发起成立 ZDHC，并做出"无毒"承诺，要引领全行业在 2020 年实现有害化学物质零排放。ZDHC 已制定优先淘汰物质清单，烷基酚（AP）和烷基酚聚氧乙烯醚（APEOs）、偶氮染料、致癌性染料、全氟和多氟化合物（PFCs）等物质均在清单中。为了使成员及其供应商更好地实施零排放计划，ZDHC 制定了详细的联合路线图并通过展会讲座、联合培训等方式大力推广其理念，ZDHC 的行动已在行业内引起了广泛重视。

二、中国企业应对策略

对于中国企业来说，欧盟是我们出口的一个主要市场。据中国海关总署统计，2015 年中国纺织服装对欧盟出口额为 531.32 亿美元，占欧盟纺织服装进口额的 20.94%；2016 年，中国纺织服装对欧盟出口额虽略有下降，但仍然达到 495.03 亿美元。

就纺织品安全管控而言，欧盟非常重视化学品安全问题。在 REACH 法规下，附件 XVII 不定期更新，管控物质趋向，管控限值趋向更低；SVHC 候选清单基本每年更新两次，需要在供应链中履行信息传递义务的物质越来越多；POPs 指令在更新的过程中对化学品要求越来越严；欧盟委员会发布了纺织品和服装中 CMR 限用物质清单，计划分阶段开始实施（详见 http://ec.europa.eu/growth/tools-databases/newsroom/cf/itemdetail.cfm?item_id=8299）。物理安全方面，欧盟要求童装的绳带严格遵守管控要求。纤维成分及标签方面，欧盟要求企业按照法规要求清晰标识，告知纺织服装的成分组成。值得注意的是，欧盟成员在执行欧盟统一要求之外，也有自己的纺织服装管控要求。比如德国《化学品安全修正条例》、英国对纺织品和服装的易燃标识要求、荷兰有关纺织品和服装的甲醛条例等。建议出口商根据目标市场调整产品的具体管控方案。

企业可以从以下方面着手应对：

- 详细了解 REACH 法规附件 XVII、POPs 指令、（EU）No 1007/2011 和

EN 14682：2014中纺织服装相关的具体要求，明确自身产品在法规下应满足的义务；

● 通过安全数据表（SDS）、有害物质调查表、检测报告等形式对供应链进行调查，全面、完整地掌握整条供应链的化学品组成和物理成分组成信息；

● 加强供应链的信息管控与可持续性建设，确保能够及时获得所需信息；

● 确保法规要求能够及时传递给供应商、设计师、生产线，促使各方能够依据法规进行相关操作；

● 结合专家意见，有的放矢地选择相关测试。

三、典型案例分析与处理方案

案例7-1　致癌芳香胺导致的致癌风险（来自欧盟RAPEX网站）

通报号：A 12/0747/16

通报时间：2016年第24周

通报国：法国

来源国：中国

产品及描述：儿童节日服装

儿童用红白黑圣诞老人服装，腰带及纽扣为黑色，前胸、后背及袖子为红色带白点的面料，腰带以下的裙摆部位为红色织物

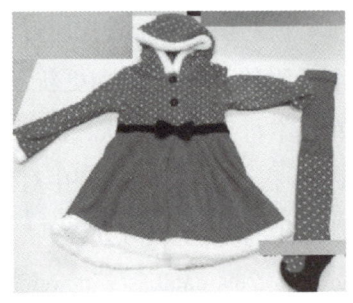

图7-1　通报的儿童节日服装

风险等级：严重的化学品风险

风险分析：红色织物所含的偶氮染料分解出103mg/kg的2-萘胺，当服装直接且长期接触皮肤时，此芳香胺可被皮肤吸收，可以导致癌症、细胞突变和生殖影响

进口商处理措施：从市场上及消费者手中召回

违规原因分析：

根据欧盟 REACH 法规附件 XVII 规定，纺织服装产品含有的可致癌芳香胺不能超过 30mg/kg，该产品含有的 2-萘胺已达 103mg/kg，不符合 REACH 法规要求。可分解出 2-萘胺的偶氮染料应是在产品染色环节导入。

染色是纺织服装行业非常重要的一环，目前纺织服装行业所用染料中 60%~70% 为偶氮染料，偶氮染料本身无害，但是部分偶氮染料分解生成的芳香胺有致癌性。因此要求厂商在选择染料之初，除了考虑染料之间的配伍性与染色效果之外，还应充分考虑染料的化学性质。对此，德国化学工业协会曾发表可能产生致癌芳香胺的偶氮染料清单，可供企业参考。具体链接如下：http：//www.tegewa.de/uploads/media/Azodyes_pursuant_to_TRGS_614_TEGEWA.pdf。

案例7-2　绳带导致的严重勒杀风险（来自欧盟RAPEX网站）

通报号：A12/0060/15

通报时间：2015 年第 3 周

通报国：塞浦路斯

来源国：中国

产品及描述：儿童运动套装

由连帽运动衫和运动裤组成的儿童运动套装服装，适用于 6 岁儿童。运动衫风帽有长长的用以调整松紧的绳带

风险等级：严重的勒杀风险

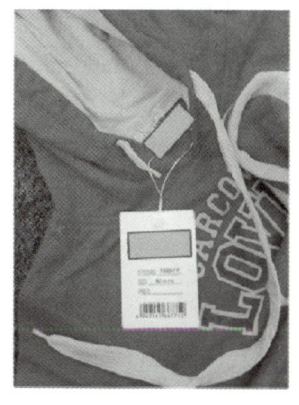

图 7-2　通报的儿童运动套装

风险分析：该产品在脖子区域有绳带存在，当绳带系住时会形成一个绳环，可能会勒住脖子导致窒息或其他伤害

政府机构的处理措施：从市场上召回

违规原因分析：

根据欧盟 EN 14682：2014《儿童服装绳索和拉带安全要求》，7 岁以下儿

童服装在头颈部和上胸部不允许有抽绳和功能性绳索。该产品在脖子区域有抽绳，不符合相关要求。可见，该产品在设计时并未充分考虑法规对绳带的要求。

2015年1月至2016年5月，欧盟 RAPEX 系统共发布了151例因绳带不符合 EN 14682 要求而被召回的案例，其中，又以头颈部和腰背部绳带不符合要求居多。头颈部绳带有形成绳环导致窒息的风险，腰背部绳带可能会在儿童运动过程中被别的物体挂住而产生危险。近年来出现许多起绳带导致的儿童意外，欧盟及其他纺织服装主要市场均对儿童服装绳带有相应的要求。服装厂商在设计童装时应充分考虑相关要求及绳带风险，以免因违规造成损失。

四、热点问题解答

（一）2016年REACH法规附件XVII对壬基酚聚氧乙烯醚的更新，及该物质在纺织品中的应用和危害有哪些？

2016年1月14日，欧盟委员会发布（EU）2016/26，对 REACH 法规附件 XVII 中第46条 NPE 的限制条款进行修订，新增了第46a项，规定自2021年2月3日起，NPE 含量超过0.01%的纺织品将禁止进入欧盟市场。

烷基酚聚氧乙烯醚（APEO）是重要的聚氧乙烯型非离子表面活性剂。据 SGS 统计，全球 APEO 年耗量为8.8亿磅，其中80%以上为壬基酚聚氧乙烯醚（NPE）。APEO 是印染助剂中最常用的主要原料之一，因其优良的洗涤、渗透、乳化和分散性能，常在纺织生产中用作表面活性剂、润湿剂、乳化剂、分散剂和清洗剂。然而，APEO 支链的壬基酚具有和雌激素接近的结构，是一种内分泌干扰物质，是对生物有不良影响的环境荷尔蒙激素。

(二) 与EN 14682: 2007版本相比，EN 14682: 2014主要的技术更新有哪些？

1. 将包袋与钱包加入豁免项目的名单之中。

2. 成衣的各种饰边被视为装饰绳子。

3. 如果成衣内的功能挂耳及其他环带，经风险评估后确认不会危及穿衣者，便能获准保留在衣服上。

4. 明确了对腰带的定义，成衣上任何宽度少于3cm的装饰或功能物料，用以束紧成衣的胸腔与腰身范围。如果该物料的宽度少于3cm，则被视作为绳索或拉绳。固定蝴蝶结领带的两端绳子被视作装饰绳索。

5. 明确立体装饰的定义，是指连接在绳索上起装饰作用，厚于或宽于绳索本身的部件。

6. 2007年版本把头后/颈后，归入人体D区参照范围，新版本将上述范围现列入A区参考。

(三) 欧盟纺织品标签法规EU 1007/2001对新型聚丙烯/聚酰胺复合纤维有没有要求？

欧盟于2012年3月31日刊登欧洲委员会法规（EU）No 286/2012，修改条例（EU）No 1007/2001。该项修订法规把一种新型纤维聚丙烯/聚酰胺复合纤维纳入到法规附录I中，并在附录VIII及IX内为该种新纤维统一测试方法作出界定。

聚丙烯/聚酰胺复合纤维具有工艺简单、成本低、柔软细致等优点，逐渐被广泛应用于纺织业中。法规要求在欧盟各国，纺织产品的标签及标记必须使用这个名称并注明这种纤维成分。同时，需关注该种新纤维成分的测试方法，不严格执行该方法可能造成成分鉴定无效，最终影响产品的正常出口和销售。

（四）出口欧盟的中国纺织服装类产品，违规原因主要是哪些？可以去哪里查找这些违规信息？

出口欧盟的中国纺织服装类产品，违规比较多的原因包括面料偶氮染料超标、配件中的镍释放量不满足要求、儿童服装上的绳带不满足要求、儿童服装上的小部件不符合要求等。欧盟 RAPEX 系统的官方网站上，会每周对欧盟成员及欧洲自由贸易联盟国家中发现的违规产品进行通报，相关企业可以去如下网址进行查找：http://ec.europa.eu/consumers/consumers_safety/safety_products/rapex/alerts/main/?event=main.listNotifications。

（五）如何提升企业的化学品管控水平？

建议参考以下几方面来进行实践：

1. 以上游管控为主，如符合性声明的签署，向上游化学品供应商索要质量合格的化学品安全技术说明（MSDS）及相应的检测报告等；

2. 建立受限物质清单，并将要求传递给供应商；

3. 建立适当的数据库来对所有的测试数据进行管理，不断寻找可改善的空间以及识别潜在的风险；

4. 建立追溯程序，在产品出现与危害物质相关的质量问题时，能及时地追溯到该产品的供应商及问题来源。

法规及文件下载地址：

• 欧盟纺织纤维的名称及纺织品成分标签要求（EU）No 1007/2011：http://eur-lex.europa.eu/legal-content/EN/TXT/?uri=CELEX：32011R1007&qid=1493177486889。

• 欧盟 REACH 法规：https://echa.europa.eu/regulations/reach/legislation。

• 欧盟 REACH 法规 SVHC 候选清单：https://www.echa.europa.eu/web/guest/candidate-list-table。

• 欧盟 POPs 指令（EC）No 850/2004：http://eur-lex.europa.eu/legal-content/EN/TXT/?qid=1493177354309&uri=CELEX：32004R0850。

- 欧盟 BPR 法规（EU）No 528/2012https：//echa.europa.eu/regulations/biocidal-products-regulation/legislation。
- ZDHC http：//www.roadmaptozero.com/。

第三节　美国市场要求、常见问题及中国企业应对策略

2016 年美国的商品出口额为 14 510.11 亿美元，占全球商品出口额的 9.12%；商品进口额为 22 513.51 亿美元，占全球商品进口额的 13.88%。其中，纺织服装出口额为 185.52 亿美元，纺织服装进口额为 1 199.54 亿美元，占全球纺织服装进口额的 38.00%。

美国是我国纺织服装第一大出口市场，据中国海关总署统计，从 1996 年到 2015 年的 20 年间，我国对美国纺织服装出口规模增长至 477.30 亿美元，扩大了 14 倍，美国占我国的出口份额也达到 17.00%。2016 年，我国对美国纺织服装出口现 20 年来首降，出口额为 450.20 亿美元，同比下降 5.70%，其中，纺织品出口 117.00 亿美元，同比下降 2.50%，服装出口 333.30 亿美元，同比下降 6.78%。尽管受全球经济形势和贸易环境影响，中美纺织品服装贸易额呈现下降趋势，但是目前，美国仍是中国第一大出口市场；中国是美国第一大进口来源地。

美国对进口的纺织服装有一整套严格的进口管理体制，常见的主要有如下几种。

关税保护：化纤类产品进口税率高，棉制类服装进口税率低（产品的棉成分大于 50% 便可归入棉相关的税则号列），只有化纤类的一半；服装纤维成分天然、稀少的产品进口税率有优惠，如羊毛、丝绸、苎麻、皮革等；部分男式女式/男童女童的产品进口关税有差异。个别款式的服装的进口税率相同的，如毛衣、套头衫、T 恤、牛仔裤等，但大部分情况是有 1%~5% 的差异。美国的 HS CODE（海关商品编码）的编排呈阶梯状，与中国的一样，针织在 61 章，梭织在 62 章。企业可以先找到相应品名，根据成分找分支，再将产品细化到女式、男式，最后明确特定产品的美国进口税率。在此过程中，产品的男式女式、成分、织造工艺，都是必须要确认的关键因素。

除此之外，美国还有以下形式的管控措施。

技术性强制管理措施，如下文介绍的 CPSIA、Pro65、FFA 等。行政命令，总统根据其贸易法的授权，发布行政命令，对来自某国的某种产品实施禁令；绝对配额，对一些较敏感行业的产品实行绝对配额管理，即每年规定允许进口的数量，不得超量；还有反倾销、反补贴等。

一、美国市场要求

（一）纤维名称及标签要求

1. 纤维成分及标签要求

美国涉及标签及成分的法案及条例主要有：

15 U. S. Code §70《纺织纤维制品鉴别法案》（The Textile Products Identification Act）；16 CFR 303《纺织纤维制品标识法案的实施条例》（Rules and Regulations under the Textile Fiber Products Identification Act）；

15 U. S. Code §68《羊毛产品标签法案》（The Wool Products Labeling Act）；16 CFR 300《羊毛制品标签法规及其实施条例》（The Rules and Regulations under the Wool Products Labeling Act of 1939）；

16 CFR 423《纺织服装护理标签的法规》（Care Labeling of Textile Wearing Apparel and Certain Piece Goods）；

16 CFR 301《毛皮产品标签法实施条例》［The Rules and Regulations under the Fur Products Labeling Act（Fur Rules）］。

（1）15 U. S. Code §70 和 16 CFR 303

适用范围：所有天然或人造纤维、纱线、织物和家庭用纺织品，包括服装、装饰用织物、铺地材料、家居纺织品、床品和其他家庭用纺织品。《羊毛产品标签法案》中规定的产品不受此条例管控。

要求上述产品必须有永久性标签，使用英文标明产品的纤维名称及成分含量、原产地和制造商名称等。纤维名称使用本标准下的通用名称或符合 ISO 的规定。

1）纤维名称
- 天然纤维的通用名称。

含量大于等于5%的纤维，使用通用名称，如：cotton（棉）、rayon（粘胶纤维）。

含量大于等于5%的动物毛发或纤维，可用动物名加 fiber（纤维）、hair（毛发）或 blend（混纺）等表示。如：80% Rabbit hair，20% Nylon（80%兔毛，20%尼龙）。

Fur fibre 指除绵羊（sheep）、羔羊（lamb）、安哥拉山羊（angora goat）、克什米尔细毛山羊（cashmere goat）、骆驼（camel）、羊驼（alpaca）、亚美利加驼（ilama）和小羊驼（vicuna）以外的动物纤维。

含≥5%的羊毛或复用羊毛时，则按羊毛或复用羊毛的说法来指定或表示此类纤维。

- 合成纤维的名称。

结合纤维的特性，用恰当而真实的叙述性术语来表示纤维名称，包括 acrylic（腈纶）、modacrylic（改性腈纶）、polyester（聚酯）、rayon（粘胶纤维）、acetate（醋酯纤维）、azlon（人造蛋白纤维）、nylon（尼龙）、spandex（氨纶）等。还有部分不在美国标签法中，但可以被接受的 ISO 标准命名的纤维名称（ISO 2076：2013），比如 viscose（粘胶纤维）、elastane（弹性纤维）、polyamide（尼龙）等。

- 新型化学纤维名称。

新型纤维须得到美国联邦贸易委员会（Federal Trade Commission，FTC）的认可后才能使用。

生产制造商所提交的申请书应包括：未使用通用名称来标识该纤维的原因；纤维的化学组成，包括纤维形成的物质及其各自的含量百分比，以及纤维的样品；该纤维的建议性名称和建议性定义；申请人认为与申请相关的其他信息，包括以试验形式存在的技术资料；打算销售或经营该纤维的最早日期。

收到申请后，委员会将在60天内批准或者拒绝申请，可能先指定给该纤维一个数字符号或字母符号作为临时使用。

2）纤维含量允差

- 术语"All"或"100%"的使用。

纺织产品完全由一种纤维组成时，可以用"all"或者"100%"来表示。

如：100% Cotton（100% 棉）；

- "virgin"或"new"的使用。

当纺织产品或产品的某部分不完全是由新的或未用过的纤维组成时，则不应使用术语"virgin"或"new"。

- 纤维含量的允差。

多组分的纤维制品允差不超过3%。如标签上标明某种纤维含量40%，则此纤维实际含量为37%～43%之间。

3）纤维含量不足5%时

含量不足5%的纤维应简单标注为"其他纤维"，但弹性纤维等功能型纤维和毛纤维除外。在产品中起重要功能的纤维需标注其具体含量。如实际含量92% cotton（棉），4% polyester（聚酯），4% rayon（人棉）时，应标注为92% cotton（棉），8% other fibres（其他纤维）；若含4%的氨纶则标注为96% Acetate，4% Spandex（96% 醋酸纤维，4% 氨纶）。

4）标签要求

- 法案中的标签包括印章、吊牌、标签及其他标识。
- 标签包含如下内容：

除许可的装饰物外，纺织产品纤维成分的通用名称和含量，按含量多少排列，标示为"其他纤维"的排在最后；

纺织产品的制造商或经销商，或由美国联邦委员会发布的注册标识号"RN#"（Registered Identification Number）；

产品制造国家，如原料和成品均在中国制造，标为"Made in China"，如在中国用进口原料制造，则标为"Made in China of Imported Fabric"；如部分在中国制造，部分在海外制造，则标为"Made in China, Finished in USA"；

- 标签上不得使用缩写、"同上""同前"、星号或脚注；
- 当标注纤维商标时，纤维的通用名称必须同时标示出来，且商标与通用名称在排版上，必须保持相同的大小和同样醒目的程度；
- 标签要醒目、持久地固定在产品及其包装上，有领的产品，须包含标示出原产地的标签，固定在后领窝内侧中部，或在接近衣领内侧中部的另一个标签的位置上，纤维含量及注册标识号（RN）或公司名称，可标示在标有原产地的标签上，或标示在固定于服装内面或外面的几个标签上，无领的产品，信息标示在醒目并易接触的标签上，或标示在产品内面或外面的几个标签上，原产地必须标示在标签正面，其他信息醒目标注在标签的正面或反面。

5）不同产品的标注要求。

- 含多种纤维的产品：在同一标签上按含量多少标示纤维名称、含量。

- 含有保暖功能的衬里、夹层、填充物的产品：依次标明不同组分的成分及含量。如"Shell 100% polyester"（面料，100%涤纶），"Lining 100% Nylon"（里料，100%尼龙）。

- 含有加固或添加纤维的产品：某些纺织品为了加固或其他功能性，会在特定部位添加额外纤维组分，应将此纤维的名称和含量标出，如"All cotton except 1% Nylon added to neckband"（100%棉，含1%尼龙的领子除外）。

- 起绒织物：绒面和基布分开表示，如"Face – 60% Rayon, 40% Nylon; Back – 70% Cotton, 30% Rayon"（绒面 – 60%人棉，40%尼龙；底布 – 70%棉，30%人棉）。

- 装饰物：包括装饰用的纤维或纱线。装饰物面积≤5%，表示为"装饰部分除外"，超过5%时，须标明成分及含量。当要表明装饰部分占总量的百分比时，应说明其纤维含量。如"Exclusive of 3% Silk Ornamentation"（3%丝质装饰物除外）。

- 装饰边：包括装饰用的花边、蕾丝、缎带、滚边及绣花等。装饰边面积≤15%，表示为"装饰除外"，>15%时，须标明成分及含量。组成面料主体的弹性材料≤20%表面积时，可以写成"exclusive of elastic"（弹性材料除外）。

- 包装的产品：当纺织产品包装销售时，则包装中的每种产品（袜类除外）及其包装均应标注上纤维含量的信息。若包装是透明的，可以看到产品上的信息，则包装上可不标注。

- 组合产品：作为整体销售的产品，可以将纤维含量信息标注在产品的任一个单元上，产品中的单元单独销售的，则每个单元须单独标注。

(2) 15 U. S. Code § 68 和 16 CFR 300

适用于含羊毛的服装、毛毯、被褥、面料和纱线，不含地毯、小地毯、垫子和室内装潢品，这些即使含羊毛也执行纺织纤维制品鉴别法案。

羊毛（wool）是指出自绵羊或羔羊的羊毛纤维，或者安哥拉山羊毛或山羊绒的纤维（还可包括出自骆驼、羊驼、美洲驼以及骆马等动物毛发的特种纤维）。这种纤维不是从编织或毡缩的羊毛制品中回收来的。回用羊毛（recycled wool）指可能已经被使用或未被使用的羊毛制品，又被加工成纤维态的纤维。

1）纤维名称

- 特种纤维名称。

可以使用的特种纤维包括山羊绒（cashmere）、马海毛（mohair）、骆驼毛（camel hair）、羊驼毛（alpaca）、美洲驼毛（llama）、骆马毛（vicuna）、回用纤维（需加 Recycle 字样）。如产品成分标为，"55% Alpaca—45% Camel Hair"（55% 羊驼毛—45%骆驼毛），"50% Recycled Camel Hair—50% Wool"（50% 回用骆驼毛—50% 羊毛）。

其中山羊绒和马海毛的相关纤维，来自亚洲绒山羊经过分梳的底层细绒毛，平均直径≤19μm，直径>30μm的纤维含量≤3%；

- 细羊毛（fine wool）和超细羊毛（very fine wool）的表示。

根据 2014 年的修订案，"Super X's" 或者 "X's" 都可以用来表示羊毛制品（包括纯羊毛制品和羊毛混纺制品），"S" 值取决于所用羊毛的平均纤维直径，详见表 7-2 规定。

表7-2　"Super'S" 与羊毛制品纤维直径的对应关系

羊毛制品标识	最大纤维直径	羊毛制品标识	最大纤维直径
SUPER 80'S	19.75μm	SUPER 170'S	15.25μm
SUPER 90'S	19.25μm	SUPER 180'S	14.75μm
SUPER 100'S	18.75μm	SUPER 190'S	14.25μm
SUPER 110'S	18.25μm	SUPER 200'S	13.75μm
SUPER 120'S	17.75μm	SUPER 210'S	13.25μm
SUPER 130'S	17.25μm	SUPER 220'S	12.75μm
SUPER 140'S	16.75μm	SUPER 230'S	12.25μm
SUPER 150'S	16.25μm	SUPER 240'S	11.75μm
SUPER 160'S	15.75μm	SUPER 250'S	11.25μm

- virgin 或 new 的使用。

如产品、标签或者辅件不完全由初剪（virgin）羊毛或新（new）羊毛组成，则不能使用 virgin 或 new 的字样。

- 质量不确定的回收纤维。

当羊毛制品含多种回收化学纤维且每一种质量不确定时，则将上述纤维一并标为"化学纤维"，如"40% Man-made fibers 40%"（化学纤维）。

当羊毛制品含质量不确定的羊毛或回用羊毛时，则统一归类为回用羊毛（Recycled Wool）。

当羊毛制品含未知或不确定纤维时，标注为"unknown reclaimed fibers"或"undetermined reclaimed fibers"（"未知的回收纤维"或"不确定的回收纤维"），其百分比列在最后。如"75% Recycled Wool, 25% Unknown Reclaimed Fibers"（75%的回用纤维，25%的未知纤维）。

- 含量<5%的纤维。

含量<5%的纤维应简单标注为"其他纤维"，但是如含有羊毛，须标注百分比含量。

2) 标签要求

基本同 16 CFR 303，以下除外。

- 装饰纤维：如果羊绒产品含有非羊绒装饰纤维，不标注装饰纤维成分时，须在标签上说明装饰除外，如"All wool, Exclusive of the Ornamentation"（100%羊绒，装饰物除外）。标注装饰纤维成分时，应组合标出，如"70% Recycled Wool, 30% Acetate, Exclusive of 4% Metallic Ornamentation"（70%回用羊毛，30%醋酯纤维，另外4%金属纤维的装饰物）。

- 衬里：如果含有羊毛，即便是只作为结构部分而非保暖功能的衬里、夹层、填充物的产品，也需要依次标明不同组分的成分及含量。

- 原产地：如面料和服装均在美国制造，不用标注原材料产地；如服装在美国制造，面料是进口的，应标明面料是进口的，但不用说明是从哪个国家进口的，如"Made in USA of imported yarn"（用进口面料于美国制造）；如果服装成品是进口的，须标明原产地，如"Made in China"（中国制造）；如后整理在美国，须标明产品制造国和后整理在美国，如"Made in Italia, Finished in USA"（意大利制造，美国后整理）。

2. 纺织服装洗涤护理标签要求

美国涉及纺织服装洗涤护理标签的法规是 16 CFR 423（Care labeling of textile wearing apparel and certain piece goods as amended）。

该要求适用于所有覆盖或保护身体任何部分的纺织服装产品，包括袜子，但不包括鞋子、手套、帽子及其他用来保护头或手的纺织品。

以下产品在豁免范围内：无袋式双面服可以没有耐久标签，洗涤指示可以标注在吊牌上；剧烈处理方式不会对其造成伤害的服装；集团用户购买作为团队服装的产品。

洗涤护理标签标注要求

- 洗涤护理标签必须是耐久性的，且位于显著位置。
- 洗护文字或图标需按照：Washing（洗涤）、Bleaching（漂白）、Drying（干燥）、Ironing（熨烫）、Professional textile care（专业护理）的顺序排列，语言类型为英语。
- 产品必须有水洗或干洗说明，如果不可洗涤，需要说明，如"Do not wash – do not dryclean"（不可水洗，不可干洗）。
- Wash（洗涤）、Bleach（漂白）、Dry（干燥）、Iron（熨烫）、Dryclean（干洗）以及 Warning（警告）说明需符合如下要求：

Wash（洗涤），标签需说明是手洗还是机洗，以及使用的水温。如果 145°F（相当于63℃）的高温对产品无害，则无须说明温度。

Bleach（漂白），适用所有漂白方式，不用标注；不能漂白，需说明，如"Do not bleach"（不能漂白）；如果只使用非氯漂，也需说明，如"Only non-chlorine bleach"（仅适用非氯漂）。

Dry（干燥），需说明是机器干燥还是其他的干燥方式，机器干燥需说明干燥温度；如果高温对产品无害，则无须说明温度。

Iron（熨烫），需要定期进行外观维护的产品需含有熨烫说明，说明时需标注使用温度，如果高温对产品无害，则无须说明温度。

Dryclean（干洗），使用时需说明使用的干洗助剂，如果所有的助剂均可使用，则无须说明助剂类型。

Warnings（警告），如果上述程序对产品可能造成伤害，需要警告说明，使用"No""Only""Do not"等字样。

- 可以在洗护符号下用文字进行补充说明。
- 图7-3可以作为详细参考。

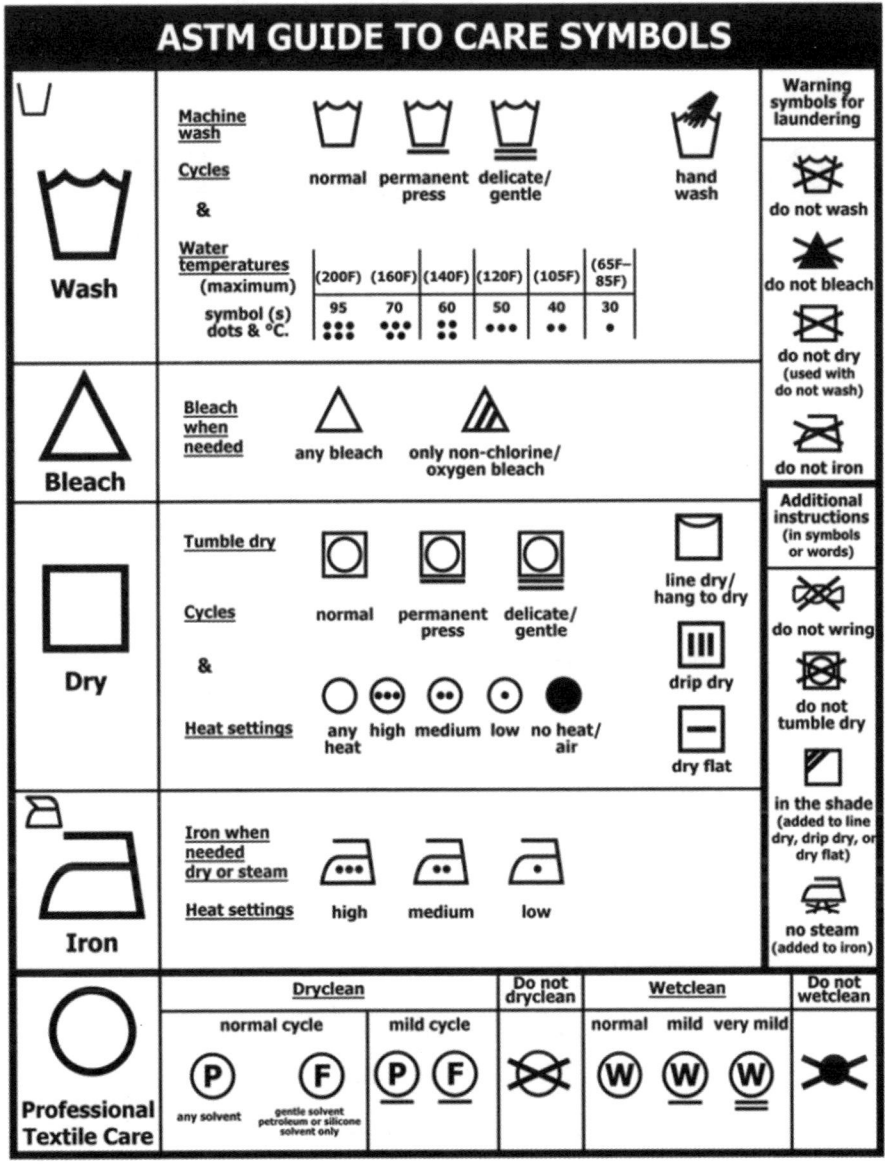

图7-3 洗涤护理标签图例

(二) 化学品安全要求

1. CPSIA

CPSIA 2008 适用于美国生产、进口、分销的为不超过 12 岁的儿童设计或使用的消费产品,包括纺织服装产品。相关制造商应保证其产品符合该法案的要求。关于 CPSIA 的具体内容请参见第三章第六节。美国洗护符号由 ASTM 开发,采用 ASTM D5489 – 96c 标准规定具体符号要求,详见图 7 – 4。

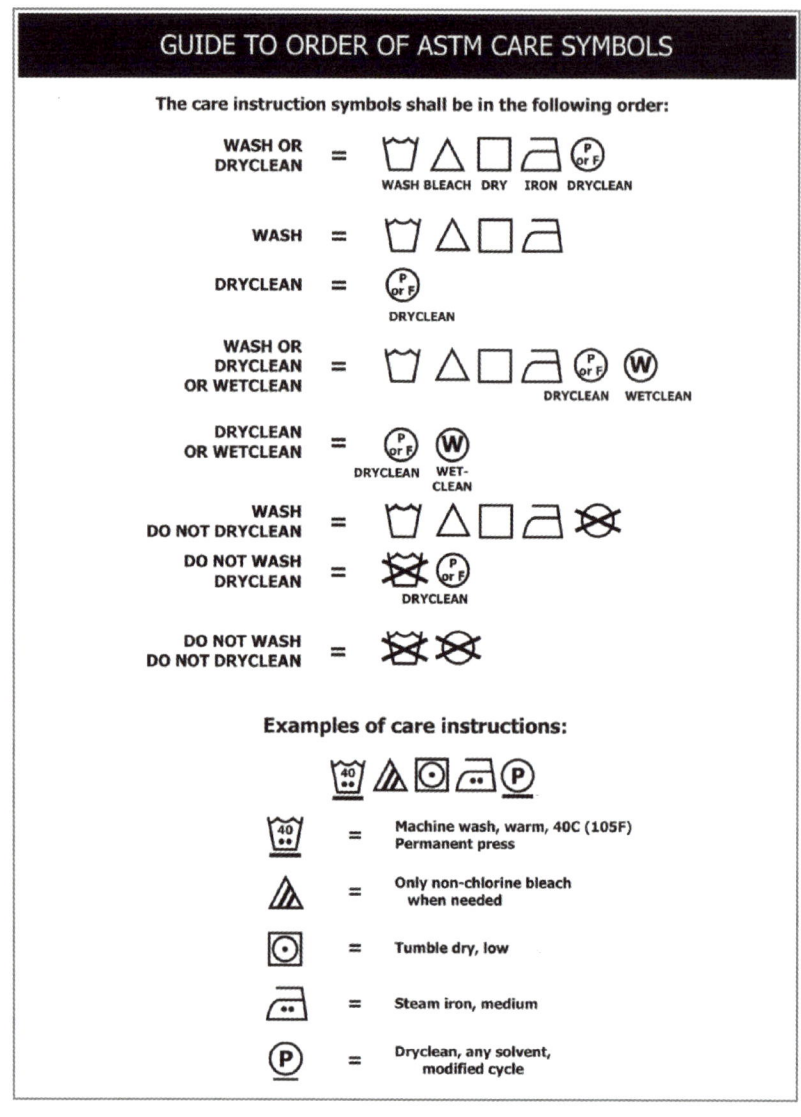

图 7 – 4　美标洗涤护理标签符号

(1) CPSIA 儿童产品中铅的管控要求

1）儿童产品可触及材料的总铅含量

根据 CPSIA 第 101 节规定，2011 年 8 月 14 日起，所有玩具和儿童产品可触及的材料中总铅含量≤100mg/kg。

适用的纺织服装产品范围：儿童类纺织服装产品可触及的材料；可触及的材料指通过正常和合理可预见的使用、滥用（包括吞咽、放入口中、呼吸或其他儿童行为）测试后，儿童可以接触的产品材料或部件；

对于外层包裹纺织材料的一些纺织服装产品或纺织服装产品辅件来说，即使经过适当的使用和滥用测试之后外层不会脱落，可该产品被儿童放入口中，基材中的铅仍然会被吸收。因此，对于这类产品，任一维度尺寸须≥5cm，以避免被儿童放入口中，该尺寸要求由 CPSIA 第 108（e）（2）（B）规定。

2）儿童产品表面涂镀层中的铅含量

根据 CPSIA 第 101（g）规定，自 2009 年 8 月 14 日起，儿童产品所使用的涂料和表面涂层中的铅含量≤90mg/kg。

适用的纺织服装产品范围：儿童类纺织服装产品的表面涂层，或者辅件含有涂层的纺织服装产品。

(2) CPSIA 儿童产品中的邻苯二甲酸酯管控要求

根据 CPSIA 第 108 规定，自 2009 年 2 月 10 日起，CPSC 永久性禁止儿童玩具或儿童护理产品中浓度超过 0.1% 的三种邻苯二甲酸酯：邻苯二甲酸二（2-乙基己基）酯（DEHP）、邻苯二甲酸二丁酯（DBP）以及邻苯二甲酸丁苄酯（BBP）。临时性禁止邻苯二甲酸二异壬酯（DINP）、邻苯二甲酸二异癸酯（DIDP）和邻苯二甲酸二正辛酯（DNOP），此处的临时性禁止是指禁令将会随着后续新规则的出台而有所变动。其中，玩具指的是≤12 岁的儿童玩耍时使用的消费产品，涉及的纺织服装产品有芭比娃娃的衣服、节日庆典服装等；儿童护理产品是为≤3 岁幼儿生产，旨在促进睡眠、食物摄取或帮助吸吮、磨牙的产品，就纺织服装产品而言，比如口水兜等。

2017 年 10 月 18 日，CPSC 投票通过了对儿童玩具和儿童护理产品，禁用邻苯二甲酸酯的最终规则，新规则将在《联邦公报》公布后的 180 天生效。

新规则提出了对 8 种邻苯二甲酸酯的永久禁令：邻苯二甲酸二（2－乙基己基）酯（DEHP）、邻苯二甲酸二丁酯（DBP）、邻苯二甲酸丁苄酯（BBP）、邻苯二甲酸二异壬酯（DINP）、邻苯二甲酸二戊酯（DPENP）、邻苯二甲酸二己酯（DHEXP）、邻苯二甲酸二环己酯（DCHP）以及邻苯二甲酸二异丁酯（DIBP）。

- 新规则增加了对 5 种特定邻苯二甲酸酯的含量限制，包括：DINP、DPENP、DHEXP、DCHP 以及 DIBP，禁止这些物质在儿童玩具或儿童护理产品中浓度超过 0.1%；
- 扩大了 DINP 的禁用范围，从"可入口儿童玩具及儿童护理产品"扩大至"所有儿童玩具及儿童护理产品"，从临时禁令变成永久禁令；
- 移除了关于 DIDP 和 DNOP 的临时禁令，CPSC 认为这两种物质无生殖危害，且其他相关风险很低。

2. 加州 65 号提案

加州 65 号提案的具体内容，请参见第二篇的相关章节。

对于纺织服装加工行业来说，加州 65 号提案的管控要求体现在以下几个方面。

（1）禁止引入水源污染

任何人在经营过程中，不得有意排放或释放加州有关规定已包含的致癌性或生殖毒性物质，使其进入水源或投放到可能污染水源的土地上或土地中。

（2）警示要求

企业（除豁免外）须在"已知且有意"将民众暴露在清单里的物质中之前，向民众发出警告；物质暴露大于加州 65 号提案化学品清单中的安全暴露水平时，企业应提供加州 65 号提案警示标签。标签可以采用多种形式，但必须"清晰且合理"。企业须在化学物质列入清单 12 个月内完成警告，20 个月内终止排放至饮用水源头。

根据 2016 年 8 月 30 日加州 65 号提案关于警示标签的条例修订，警示标签须含带感叹号的等边三角形的警告符号，三角形轮廓须为粗体。如果含有警示内容的标签打印为彩色，则三角形须为黄色。此符号后面须紧跟一个大写的"WARNING"，粗体且与三角形符号大小相同。在产品上可以使用简化标签，如果产品上没有警示标签，则可能需要在目录和网站上使用完整的警示文本。如果需要，可在消费品上使用完整的警示标签。新规将于 2018 年 8 月 30 日生效，此日期之前，现有警示标签仍可使用。具体的警告格式、内容及建议语言可参考加州 65 号提案"Title 27，Cal. Code of Regulations，Sections 25602~25603"部分的内容。

(3) 限值要求

加州 65 号提案清单本身并未对物质设定限值，目前企业使用的物质含量要求主要来自诉讼案。诉讼案的协议结果，可能会对被告公司的相关产品中的该物质设定限值要求以及测试方法。生产类似产品的制造商，参考已有诉讼案协议和判决结果，可以在一定程度上减少诉讼的风险。现在加州 65 号提案中频繁出现的物质主要为铅、6 种邻苯二甲酸酯（BBP、DBP、DEHP、DIDP、DINP 和 DnHP），具体限值要求见不同产品相关的诉讼案。

(三) 物理性能要求

1. 童装绳索和抽绳安全规范

美国涉及童装绳索和抽绳的安全法案有 15 U. S. Code 2064（j）、《消费品安全法案》；对应的实施条例有 16 CFR 1120（Substantial Product Hazard List）。

16 CFR 1120 于 2011 年 8 月 18 日生效，规定所有于颈部或连帽处配以拉带的儿童上衣外套（尺码 2T 至 12），以及腰部或下摆配以拉带的儿童服装（尺码 2T 至 16），如不符合 ASTM F1816-97《儿童上身外衣拉带的安全规格》，即存在实质的危险。

其中拉带及拉绳指一种绳线或绳索，通过孔眼穿进衣服，用于收紧或控制衣服的整个宽度。要求如下：

- 尺码为 2T-12 的儿童上衣的风帽和脖颈区域应无拉绳/拉带；
- 尺码为 2T-16 的儿童上衣外套腰部和下摆处的拉带应符合如下要求。

把服装平摊至最大宽度时，从拉带绳道外露的拉带/拉绳自由端长度 ≤3in（75mm）；

不应在拉带/拉绳末端使用绳扣、绳结和其他附件；

拉带/拉绳应在后部中间部位固定，以防止从绳索通道的任何一端将拉带/拉绳完全抽离。

2. 配件安全性

虽然美国对纺织服装没有专门的配件管控要求，但是考虑到安全性，建议儿童类产品参考《消费品安全改进法案》（CPSIA，15 USC 1261~1278），及美国联邦法规 16 CFR 1500.48、16 CFR 1500.49、16 CFR 1500.51、16 CFR 1500.52、16 CFR 1500.53、16 CFR 1501 进行管控。

（四）纺织服装燃烧性能要求

1953 年，美国通过《易燃织物法案》。此法案 1954 年和 1967 年进行了修订，由美国消费者产品安全委员会 CPSC 强制执行。该法案主要包含了服装和室内装饰用纺织品的燃烧性技术规范，禁止进口、生产和销售具有高度易燃性的纺织品服装。据此，CPSC 制定了针对不同纺织品的易燃性标准，详见以下介绍。

1. 16 CFR 1610：服装纺织品易燃性标准

16 CFR 1610《服装纺织品易燃性标准》（Standard for the Flammability of Clothing Textiles）。

该标准适用于纺织及服装产品，不适用于帽子、手套、鞋类以及服装外层和内衬之间的夹层。

豁免条款：克重大于或等于 2.6oz/yd^2 的非起绒织物，或者由腈纶、变性腈纶、尼龙、烯烃类纤维、涤纶和羊毛中的一种或多种成分组成的织物（包括起绒和非起绒织物）。

起绒织物指织物设计成纤维或纱线起绒的表面，如：拉毛织物、割绒织物、簇绒、植绒等。非起绒织物指织物不是有意设计成纤维或纱线起绒的表面，包括花式机织物、针织物或植绒印花表面。

表面闪燃指起绒织物表面的纤维或纱线的快速燃烧。

该标准对起绒织物和非起绒织物的燃烧性能分别划分等级，1 级和 2 级的可以接受，3 级不可接受，见表 7-3。

2. 16 CFR 1615、16 CFR 1616 儿童睡衣可燃性标准

16 CFR 1615《儿童睡衣可燃性标准》（0~6X）[Standard for the flammability of children's sleepwear：sizes 0 through 6X（FF 3-71）]。

表7-3 16 CFR 1610 燃烧性能要求

级别	非起绒织物	起绒织物
1级 一般易燃性	平均燃烧时间≥3.5s	平均燃烧时间＞7.0s 或平均燃烧时间在0~7.0s 之间，仅存在表面闪燃，但无基布燃烧。
2级 中等易燃性	/	4.0s≤平均燃烧时间≤7.0s，存在基布燃烧。
3级 快速剧烈燃烧	平均燃烧时间＜3.5s	平均燃烧时间＜4.0s，存在基布燃烧。

16 CFR 1616《儿童睡衣可燃性标准（7~14X）》[Standard for the flammability of children's sleepwear：sizes 7 through 14（FF 5-74）]。

16 CFR 1615 适用于尺码为 0~6X 的儿童睡衣，但不适用于尿布、内衣、婴儿服装和紧身服装，这4类产品应符合服装纺织品易燃性标准（16 CFR 1610）和《聚乙烯塑料膜易燃性标准》（16 CFR 1611）中相应的要求；16 CFR 1616 适用于尺码为 7~14X 的儿童睡衣。其中，婴儿服装指适用于≤9个月孩子的服装，包括长度≤64.8cm（25.75in）的连体衣；两件式中的任一件长度≤40cm（15.75in）的衣服。

儿童睡衣燃烧性能测试分为三个阶段，面料量产阶段、服装打样阶段、服装量产阶段。面料量产阶段检测面料的阻燃性能。服装打样阶段要求在服装量产之前，评估样衣上任何≥25.4cm（10in）长度的接缝，以及样衣上的装饰，衣服袖子和领口的装饰可以不在测试范围内。服装量产阶段要求对服装成品进行检测。每阶段测试不合格则重新测试，合格后方可进行下一阶段测试。具体要求详见表7-4中16 CFR 1615、16 CFR 1616 儿童睡衣可燃性要求。

表 7-4 16 CFR 1615、16 CFR 1616 儿童睡衣可燃性要求

服装生产阶段	要求
面料量产阶段 Fabric Production Unit（FPU）	所有试样平均炭化长度≤17.8cm（7in）； 不允许任一试样完全炭化； 有 1 个试样完全炭化，则需重新测试； 拒绝接受≥2 个试样完全炭化。
服装打样阶段 Prototype	所有试样平均炭化长度≤17.8cm（7in）； 允许 1 个试样完全炭化； 有 2 个试样完全炭化，则需重新测试； 拒绝接受≥3 个试样完全炭化。
服装量产阶段 Garment Production Unit（GPU）	所有试样平均炭化长度≤17.8cm（7in）； 允许 3 个试样完全炭化； 拒绝接受≥4 个试样完全炭化。

标签要求如下。

所有儿童睡衣均需注明哪些试剂或处理会造成阻燃性降低等注意事项，如果产品进行过洗涤和干燥后的阻燃性测试，需要标注"穿着前需洗涤"。该标签需是耐久性标签，当产品放置在包装中销售时，如果购买者不易看到制品上的标签，则必须在包装上突出、醒目、清晰地标注上述要求的信息。

如果有关影响阻燃性的注意事项需要标注在永久性标签的反面，则应该使用突出、醒目的语句，如"标签反面的注意事项"等，以便消费者看到。

3. 16 CFR 1611 乙烯基塑料膜可燃性标准

16 CFR 1611《乙烯基塑料膜可燃性标准》（Standard for the flammability of vinyl plastic film）。

该标准适用于非刚性、无支撑的聚乙烯塑料膜类产品（包括透明的、半透明的和不透明的，表面平整的、不平整的，铸模的或经过其他表面修整的聚乙烯塑料膜类产品）。

燃烧性能要求如下：取纵向和横向各 5 个试样，平均燃烧速率≤3cm（1.2in）/s。

4. 16 CFR 1630，16 CFR 1631 地毯与小地毯类产品表面易燃性标准

16 CFR 1630《地毯类产品表面易燃性标准》（Standard for the Surface Flammability of Carpets and Rugs）、16 CFR 1631《小地毯类产品表面易燃性标准》（Standard for the Surface Flammability of Small Carpets and Rugs）。

16 CFR 1630 适用于家庭、办公室或其他集会或住宿场所覆盖地板的面料产品，可以采用或不采用机械的方法（如钉子等）固定于地板上，单向尺寸大于 1.83m、表面积大于 2.23m² 的地毯。

16 CFR 1631 适用于家庭、办公室或其他集会或住宿场所覆盖地板的面料产品，可以采用或不采用机械的方法（如钉子等）固定于地板上，单向尺寸不大于 1.83m，表面积不大于 2.23m² 的地毯。

燃烧性能要求：这两份标准均规定，试样烧焦部位不会超过试样框架当中的孔洞而进入 2.54cm（1.0in）的孔洞边缘范围内，则此单个试样符合要求。在 8 个给定的试样中，至少有 7 个试样满足标准要求，才认为此地毯合格。

标识：如果地毯经过了阻燃处理，或含有经阻燃处理的纤维，则应在地毯上标注"T"。对于 16 CFR 1631 中的小地毯，如果不符合易燃性要求，则必须在产品上的永久标识下列明如下信息后，才能销售：FLAMMABLE（FAILS U. S. DEPARTMENT OF COMMERCE STANDARD FF 2 – 70）; SHOULD NOT BE USED NEAR SOURCES OF IGNITION.

二、中国企业应对策略

对于中国企业来说，美国市场是我们纺织服装出口极为重要的市场，尽管受全球经济形势和贸易环境影响，中美纺织品服装贸易额呈现下降趋势，但是目前，两国在对方贸易关系中的重要地位仍未改变。

综观美国的诸多管控要求可以发现，在化学品管控方面，美国的步伐略微滞后于欧盟，但对其他几类安全要求的管控比较多，比如阻燃要求、成分标签要求、洗护标签要求等。美国对儿童纺织服装的管控非常严格，从化学物质铅、镉、邻苯二甲酸酯的限制使用要求，到儿童服装的拉绳/拉带要求、儿童睡衣的阻燃性要求，无不体现上述原则。美国市场的另一明显特征是，

美国各州经常会出台本州的管控要求，比如加州 65 号提案，相关企业出口产品到特定州，需要受到美国国家要求及该州要求的共同管控。

建议企业从以下方面着手应对：

- 详细了解产品出口区域的具体要求，包括美国国家要求与州的要求。如有冲突，建议以管控更严格的为准。
- 出口美国的儿童纺织服装一定要参考美国对服装的标签、成分、阻燃以及化学品安全要求做通盘考虑。
- 确保法规要求能够及时传递给供应商、设计师、生产线，促使各方能够依据法规进行相关操作。
- 结合专家意见，有的放矢地选择相关测试。

三、典型案例分析与处理方案

案例7-3　纽扣导致的窒息风险（来自美国CPSC网站）

通报号：17-063

通报时间：2017 年 1 月 4 日

来源国：中国

产品及描述：婴儿连帽运动衫

风险类别：窒息危险

进口商处理措施：消费者手中召回

图 7-5　通报的婴儿连帽运动衫

违规原因分析：

根据美国 16 CFR 1500.51、16 CFR 1500.52、16 CFR 1500.53 以及 CFR 1501 要求，儿童纺织服装产品不能存在在指定力量下可以脱落的小部件。该产品使用的三合扣在拉力测试和扭力测试下，可以脱落，也可以通过小圆筒，因此存在被婴儿吞咽产生窒息的风险。

企业在设计儿童纺织服装产品的时候，需要把小部件的安全性考虑进去。对于那些立体装饰或者纽扣等小部件，需要测试是否会产生窒息的风险。

案例7-4 存在燃烧风险（来自美国CPSC网站）

通报号：17-702

通报时间：2016年10月4日

来源国：巴基斯坦

产品及描述：儿童睡衣

风险类别：燃烧风险

政府机构的处理措施：从市场上召回

图7-6 通报的儿童睡衣

违规原因分析：

根据美国16 CFR 1615、16 CFR 1616儿童睡衣阻燃测试要求，向美国出口的儿童睡衣需要通过相应的阻燃测试，该产品在设计时并未充分考虑阻燃要求。企业在产品设计时应充分考虑产品的材质、适用年龄及美国对此类产品的燃烧性能要求，以免违规。

四、热点问题解答

（一）出口美国的纺织服装产品需要进行哪些受限物质的管控？

出口美国的纺织服装产品需要进行的受限物质的管控主要集中在以下两个方面。

1. 美国国家法规。CPSIA中的铅和邻苯二甲酸酯的管控要求，所有玩具和儿童产品可触及的材料中总铅含量≤100mg/kg，基材中的铅≤90mg/kg；DEHP、DBP、BBP、DINP、DIDP、DNOP六种邻苯二甲酸酯各自的含量≤0.1%。

美国消费品安全委员会CPSC的官方网站上会对发现的违规产品进行通报，相关企业可以登录如下网址：https://www.cpsc.gov/，然后在下拉菜单中选"RECALLS"进行查询。

2. 各州要求，如加州65号提案，参考已有诉讼案中限值进行管控。已有诉讼案中出现的限用物质集中在铅、镉、邻苯二甲酸酯、阻燃剂等。值得注意的是，加州 65 号提案中对邻苯二甲酸酯的管控涉及 6 种邻苯，包括 DEHP、DBP、BBP、DIDP、DnHP、DINP，与 CPSIA 中限用的邻苯二甲酸酯并不完全一致，企业进行管控时，需要综合两个要求的项目进行考虑。

（二）出口美国的纺织服装产品需要满足哪些阻燃要求？

美国对不同的产品有不同的燃烧性能要求，厂商需要根据自己的产品类型进行选择。

1. 服饰用织物需要满足 16 CFR 1610 的要求，测试结果为 1 级、2 级的可以被接受，测试结果为 3 级的不能被接受。

2. 儿童睡衣需要根据号型来确定满足 16 CFR 1615 还是 16 CFR 1616 的要求，面料阶段、服装打样阶段、服装量产阶段均需按照要求满足相应的条件。

3. 聚乙烯塑料膜类产品需要满足 16 CFR 1611 的阻燃性标准。

（三）加州65号提案的管控要求有哪些？如何实施？

目前加州 65 号提案要求，主要可以通过以下三个方面满足。

一是不要引入水源污染，不得有意排放或释放加州所知的致癌性或有生殖毒性物质进入水源，或投放到可能污染水源的土地上或土地中；

二是满足警示要求，企业（除豁免外）须在"已知并有意"将民众暴露在清单物质中之前，向民众发出警告。OEHHA 已对管控清单中的部分物质发布了"safe harbor levels"（即触发警示要求的暴露水平），其中可致癌物质的 NSRL（no significant risk level，无明显风险水平）和具生殖毒性化学物质的 MADL（maximum allowable dose level，最大剂量水平）即为衡量标准。物质暴露大于该水平时，企业应提供加州 65 号提案警示。某一种化学物质被列入清单后，制造商和经销商须在 12 个月内完成警告的执行工作。

三是参考已有诉讼案达成的协议，满足某些产品的有害物质限值，如铅、邻苯二甲酸酯等。需注意的是加州 65 号提案下有许多诉讼案，企业应参考产品类型最接近的情况。

（四）出口美国的中国纺织服装类产品，违规原因主要是哪些？可以去哪里查找这些违规信息？

出口美国的中国纺织服装类产品，违规比较多的原因包括儿童服装上的绳带不满足要求，铅和邻苯二甲酸酯含量不符合要求等。美国消费品安全委员会 CPSC 的官方网站上会对发现的违规产品进行通报，相关企业可以去 CPSC 官网进行查询。

（五）出口美国的纺织服装产品所面临的要求与出口欧盟的有何异同？

相同点。总体来说，美国与欧盟都有针对标签标识、化学品安全、物理安全的要求。虽然没有专门针对纺织服装产品配件安全提出管控要求，但是在实际操作中，考虑到儿童纺织服装产品上的纽扣、其他配件的安全性，美国和欧盟也会对锐边、锐点、吞咽风险等安全性进行管控。

不同点。1. 标签标识，美国实施分类管控，比如纺织纤维制品标签要求、羊毛标签要求等；欧盟则是实施统一管控，法规（EU）No 1007/2011，适用至少含纺织纤维 80% 的纺织产品。2. 化学品安全，美国主要是 CPSIA 及各州自行制定的管控要求，如加州 65 号提案等，管控物质的种类相对少一些，管控方式主要是限制使用，一些州也有使用时须履行告知义务的要求；欧盟的 REACH 法规、POPs 指令、BRP 指令等，则对比纺织服装产品更多的物质进行管控，其管控方式除了限制使用之外，信息传递、通报也是适用于各成员的普遍义务。3. 物理安全，美国主要有绳带要求，但是较为简单；欧盟的绳带要求管控则比较细致。配件安全性方面，在管控细节上也有不同之处。4. 美国还有专门针对服饰用织物、儿童睡衣等产品的阻燃性要求，欧盟则没有统一的阻燃性管控要求。但欧盟的一些成员有要求，比如德国。因此，出口到特定市场时，需要根据该国（地区）的具体情况决定是否需要管控纺织服装的燃烧性能。具体法规及文件下载地址详见附录。

第四节 新兴市场要求、常见问题及中国企业应对策略

随着"一带一路"建设的推进,中国同"一带一路"沿线国家(地区)的经贸联系显著加强,并将进一步激发新兴市场活力,给区域新兴经济体发展提供难得的历史性机遇。目前,在新兴经济体中,除了中国、印度等少数国家(地区)仍保持着比较高的经济增速,其他国家(地区)的经济增长普遍出现下滑态势。扭转这一态势,既需要这些经济体采取务实有效的办法进行内部结构改革,也需要借助国际上的有利条件。

一、埃及市场

埃及是世界四大文明古国之一,是中国开展对外合作的重要门户和桥梁、"一带一路"倡议和国际产能合作的重要伙伴。同时,中国作为埃及纺织服装产品的主要进口国,开拓了中埃两国的商贸大道,为双方经济发展提供了新的机遇。

埃及进出口控制总局(GOEIC)于 2012 年 12 月 5 日颁布并实施了新的进口纺织品和服装测试检验程序法令 961/2012,强制要求各批进口到埃及的纺织产品,在发货前由经批准的第三方检验公司在原产地,对每批限制类货物进行人工检验,而且须由经 ISO 17025 认证的实验室对产品样本进行分析,以证明其符合埃及标准。该法令监管产品包括:进口的服装成品、亚麻纺织品、纱线、地毯、地面材料和家用纺织品。新规定实施之后,进口到埃及的纺织品和服装必须提交由该国认可的检验公司出具的检验证书。检验证书中应包含以下内容:数量、价格、制造国家、工厂名称和地址、出口商许可商标,以及一份化验报告作为证据,以证明货物符合埃及的质量法规和标准。

该新法令主要对服装纺织品中的有毒有害物质作了明确限制,要求服装中不得检出有害致癌染料、有害染料、阻燃剂等物质。标准 ES 7266-3、ES 7266-4、ES 7266-5 分别给出了家居装饰、成衣服装和毛毯及地毯的检测要求。相对于成人服装,该法令对婴儿服装技术要求更为严格,其中婴幼

儿服装甲醛含量限制在20ml/m³，铅含量最大为300mg/kg，镍释放量最大为0.5mg/（cm²·周），邻苯二甲酸盐样品质量不大于0.1%；此外该法令还对服装标签做了专门的要求，明确标签应该包括出口国家、产地、制造商名称、进口商、注册商标、纤维含量以及依据16 CFR 423 制作的保养护理标签等内容。

埃及纺织品服装新法令的颁布和实施，旨在与国际技术标准接轨，进一步提高本国市场服装纺织品的健康安全水平。面对埃及服装纺织品进口新法令，中国企业应提前与埃及客户联系，做好新法令要求的检验和认证事宜，确保出口到埃及的货物顺利通关。另一方面密切关注埃及服装纺织品法令的更新，严格按照出口国标准安排生产和组织检验，避免出口产品被退运或召回的贸易风险。

二、俄罗斯

俄罗斯是中国纺织品和服装的重要出口市场，也是中国实施出口市场多元化和"走出去"战略的重要地区。在两国双边贸易中，纺织品和服装一直占有很大比重，对双边经贸合作的持续稳定发展起着重要作用。俄罗斯棉、毛原料匮乏，纺织加工工艺陈旧，设备落后，服装及其他各类纺织品生产能力不足，无法满足国内市场的需求。因此，中国与俄罗斯开展纺织品和服装贸易具有很强的互补性，发展潜力巨大，市场前景十分广阔。

2010年至2011年，俄罗斯与白俄罗斯共和国（现已更名白罗斯共和国）、哈萨克斯坦建立了统一的海关空间，成立关税同盟，签署了《关于哈萨克斯坦共和国、白俄罗斯共和国以及俄联邦技术规范的共同准则和规则》协议，规定了属于强制认证的产品进口到关税同盟以及在同盟各国流通的办法。根据协议内容，关税同盟委员会致力于制定保证产品安全的统一标准和要求，逐渐形成了俄白哈关税同盟技术规范。其中与纺织品紧密相关的两项规范分别是：TP TC 007/2011 海关联盟技术法规《儿童和青少年产品安全性》和TP TC 017/2011 海关联盟技术法规《轻工产品安全性》。若产品符合协议要求，需办理EAC认证（俄白哈关税同盟技术规范认证），即CU-TR认证，其标识是EAC（欧业经济联盟的缩写）。必须由在同盟委员会注册的认证机构和实验室,对需要认证的产品做测试和签发证书。EAC 认证自 2015 年 3 月 15 日起全面施行。不属于关税同盟监管范畴的商品,目前仍可办理 GOST – R 认证(俄罗斯独立的认证证书)。

三、沙特阿拉伯

沙特阿拉伯目前的纺织品服装生产规模不大,技术水平和产品质量与进口产品存在一定差距。中国作为纺织大国,在沙特阿拉伯市场上的表现近年来明显变好。我国对沙特阿拉伯出口的纺织品及服装的金额年均超 4 亿美元,在沙特阿拉伯总市值约 30 亿美元的服装市场中,占较大份额。

沙特阿拉伯在进口商品质量检测方面甚为严格,基本采用西方标准,并由进口商向沙特阿拉伯标准局出示进口商品的详细成分报告,由沙特阿拉伯工商贸易部负责确保进口沙特阿拉伯的产品符合当地相关标准。根据沙特阿拉伯内阁法令 No. 213,所有沙特阿拉伯进口的货物必须附有一张符合性证书(Certificate of Conformity,简称 CoC)(被禁止或者豁免的产品除外),以证明产品符合相应标准。对于货物的清关和交付,符合性证书(CoC)是强制性的,没有获得证书或者不符合产品符合性评定方案要求的货物,都将在目的地被拒收。证书必须确认这些产品在原产地,都处于具有相应资质的代理机构监督下,并进行了正规的鉴定。无证载运到沙特阿拉伯进口港的货物将被拒绝入港。对于纺织产品所需的重要技术要求如表 7 – 5 所示。

表 7 – 5 沙特阿拉伯产品标准要求

产品范围	SASO 适用标准	标准名
常规服装	SASO GSO 1829	机织、针织服装技术要求
内衣	SASO 1169	棉针织内衣面料标准
所有纺织品	SASO GSO 1956	纺织品有害物质控制标准

四、土耳其

2015 年 1 月 14 日,土耳其消费品和贸易部门发布 No. 29236 公告《对某些消费品含有的有害化学物质进行市场监督和控制》。该法规主要是对某些消费品中所含有的化学有害物质进行管控。该法规的前身（No. 27893）仅对于偶氮、邻苯二甲酸酯及阻燃剂进行了管控，而新法规增加了 7 项有害物质，包含镉、镍释放、有机锡化合物、全氟辛磺酸、壬基酚和壬基酚聚氧乙烯醚（NP&NPEO）、汞的化合物及砷的化合物。现在的限制清单中一共含有 10 项有害物质，其中 8 项有害物质与纺织产品直接相关，具体信息详见表 7 - 6。

此外，新的《纺织产品中纤维名称、标签和纤维成分法规》于 2015 年 4 月 25 日在土耳其官方杂志上予以发布，并立即生效。此标准是依照欧盟法规（EU）No 1007/2011 而制定的。根据 No. 29337 法规规定，这些新的要求已于 2015 年 4 月 25 日开始生效。

（一）符合新的法规范围要求的产品

- 纺织纤维的质量百分比在 80% 以上的产品；
- 家具、雨伞和遮阳篷含有纺织纤维的质量百分比至少 80% 的纺织品成分；
- 多层地板的最上层、床罩和野营产品的覆盖物的含有纺织纤维的质量百分比至少 80% 的纺织品成分；
- 包含在其他产品中并为指定的组成其产品主要部分的纺织品。

（二）纺织产品标签和标识通用规则

所有的纺织产品要依照该规定，使用土耳其语在标签上标明要求说明的信息。其方法是将标签缝制、刺绣、印刷、印花，或通过其他任何技术手段可直接将要求信息在纺织产品上加以说明。永久性标签必须让消费者能够辨认和阅读。在标签上和标识中仅需标注本规定附录 1 中所列纺织纤维名称，以标明纺织产品的纤维成分。该规定附录 1 中的名称仅可依照其规定的定义加以使用。

1. 纯纺织产品

只有仅含单一纤维的纺织产品可以加贴"100%""纯（pure）"或"全（all）"的标签或标识。

表7-6 受限材料、限制条件及相关产品（土耳其消费品和贸易部门公告 No. 29236）

序号	物质及混合物的名称	限制条件	相关产品
1	偶氮染料	—可以直接或者长期接触皮肤或口腔的纺织及皮革类产品，如果在最终产品或其着色部分中，释放的属于本公告附件2所列22种芳香胺含量超过30mg/kg（质量分数0.003%），将不允许进入市场。	—纺织或者皮革类玩具，或者含有纺织或皮革类服装的玩具； —包含在玩具类中的文具产品； —穿戴服装，被褥，毛巾，帽子，睡袋，儿童尿布和其他卫生纸产品； —鞋子，手套，手表带，手袋，钱包，袋子，公文包，挂脖钱包； —用纱线和布做成的东西； —椅子垫和家具的纺织品或者皮革部分。
2	邻苯二甲酸盐： （a）DEHP 邻苯二甲酸二异辛酯 CAS No:117-81-7 （b）DBP 邻苯二甲酸二丁酯 CAS No:84-74-2 （c）BBP 邻苯二甲酸丁基苄酯 CAS No:85-68-7	—若产品中邻苯二甲酸盐之和的含量超过0.1%（质量分数），则不可投入市场。	—儿童使用和护理产品； —玩具； —属于玩具的文具产品； —鞋子。

续表

序号	物质及混合物的名称	限制条件	相关产品
2	(d) DINP 邻苯二甲酸二异壬酯 CAS No:28553-12-0 and 68515-48-0 (e) DIDP 邻苯二甲酸二异癸酯 CAS No:26761-40-0 and 68515-49-1 (f) DNOP 邻苯二甲酸二正辛酯 CAS No:117-84-0	- 对于可被儿童放入口中的产品，若产品中邻苯二甲酸盐之和的含量超过0.1%（质量分数），则不可投入市场。	- 儿童使用和护理产品； - 玩具； - 属于玩具的文具产品。
3	阻燃剂： (a) TEPA 三(1-吖丙啶基)氧化膦 CAS No:545-55-1 (b) PPBs 多溴联苯 CAS No:59536-65-1 (c) TRIS 磷酸三(2,3-二溴丙基)酯 CAS No:126-72-7	- 如果跟皮肤接触的纺织产品，例如服装、内衣和亚麻制品含有左边所列出的阻燃剂，则不可投入市场。	- 跟皮肤接触的纺织产品，例如服装、内衣和亚麻制品。

续表

序号	物质及混合物的名称	限制条件	相关产品
4	镉 CAS No:7440-43-9 及其化合物	- 聚氯乙烯（PVC）； - 聚氨酯（PUR）； - 低密度聚乙烯，用于生产着色母料的除外； - 醋酸纤维素（CA）； - 醋酸丁酸纤维素（CAB）； - 环氧树脂； - 三聚氰胺-甲醛树脂； - 脲醛树脂； - 不饱和树脂； - 聚对苯二甲酸乙二醇酯（PET）； - 聚对苯二甲酸丁二醇酯（PBT）； - 透明/通用的聚苯乙烯； - 丙烯腈，甲基丙烯酸甲酯（AMMA）； - 交联聚乙烯（VPE）； - 耐冲击性聚苯乙烯； - 聚丙烯（PP）。 如果化合物或者产品是由上述含有机化合物（现在被称为塑料）组成的，并且其镉含量大于等于其重量的0.01%，则不可投入市场。 如果产品涂层部分的镉含量浓度大于或者等于0.01%，则不可投入市场。	- 包装材料； - 学校或办公室用品； - 家居,汽车或类似产品的链接材料； - 服装和服装配件,包括手套； - 填充,涂层,覆盖或者层压的纺织产品； - 人造革。

续表

序号	物质及混合物的名称	限制条件	相关产品
4	镉 CAS No:7440-43-9 及其化合物	- 如果右侧产品中镉含有大于或者等于金属重量的 0.01%，则不可投入市场。	- 装饰性的金属珠子或其他金属部分； - 手镯、项链、戒指，穿过耳朵或其他装饰物，手表带、胸针； - 袖扣、珠宝或者是仿珠宝的装饰部分、头发发饰的金属部分。
5	镍 CAS No:7440-02-0 及其化合物	- 如果可用于穿过耳朵或穿过身体其他部分的珠宝中镍释放不少于 $0.2\mu g/(cm^2 \cdot 周)$（迁移限值）； - 如果直接接触或者类似产品中，右侧产品的涂层在正常使用的两年内，直接接触皮肤或者长期接触皮肤的镍释放率不小于 $0.5\mu g/(cm^2 \cdot 周)$；以上情况将不允许投入市场销售。	- 耳饰； - 项链、手镯、手脚链、戒指； - 手表带和紧扣； - 在衣服上的铆钉按钮、紧扣、铆钉； - 拉链和金属印花。
6	有机锡化合物	- 含有锡的纺织品和皮革产品，三丁基锡和三苯基锡的含量之和不得超过 0.1%（质量分数） - 含有锡的纺织品和皮革产品，二丁基锡含量不得超过 0.1%（质量分数）。	- 纺织及皮革类产品。

续表

序号	物质及混合物的名称	限制条件	相关产品
6	有机锡化合物	－若相关产品、混合物、产品部件中三丁基锡化合物超过0.1%（质量分数），则不可投入市场销售。	－可预知接触皮肤的纺织产品； －可预知接触皮肤的穿在胸上的产品或者产品的一部分； －儿童使用及护理产品； －手套、垫、卫生棉、文胸垫、尿布及类似产品。
7	全氟辛磺酸	－含有大于或等于 $1\mu g/cm^2$ 的全氟辛磺酸的产品不得投入市场。	－纺织品和其他有涂层的产品。
8	－壬基苯酚 CAS No:25154-52-3 －壬基酚聚氧乙烯醚 CAS No.:9016-45-9	－如果以下材料中有意的含有壬基酚和壬基酚聚氧乙烯醚及相关物质的含量大于或者等于其重量的0.1%，则不可投入市场： －工业或公共清洗，除了清洗剂是可循环的或者可完全销毁受控物质的密闭干洗系统，或者特殊程序的清洗系统； －家庭清洁； －纺织品和皮革处理过程，经过预处理的特殊工艺除外，如生物废水处理前经过特殊处理系统，或加工用水中有机部分被完全分离，从而使处理过程中不会排放任何废水（羊皮革脱脂）； －纸浆和纸制品。	－清洁剂； －纺织及皮革类产品； －纸制品。

2. 羊毛和未经加工的羊毛产品

如果混纺产品中含有的羊毛符合以下所有条件，可以按照该规定附录3的名称列表进行描述。

3. 复型纤维纺织产品

按照降序顺序标出纺织产品中所有组成纤维的名称和质量百分比。

纺织产品中一种纤维含量不超过总质量的5%，或者几种纤维总重不超过产品总重的15%，若这些纤维在加工过程中难以说明，则可以用"其他纤维"来描述，同时要注明质量百分比。

含有纯棉经纱或纯亚麻纬纱的产品，当经纱的含量至少为无浆布总质量的40%时，可以将其命名为"棉麻混纺"，还必须注明成分规格，如"纯棉经纱—纯亚麻纬纱"。

加工过程中纺织产品的成分很难说明时，可以在标签或标识中使用"混纺纤维"或"未指定纺织品成分"。

4. 装饰性纤维和抗静电纤维

质量百分比不超过成品7%的，单纯用于装饰的可见、可分离的纤维，以及不超过成品总质量2%的，可以起到抗静电作用的金属纤维和其他纤维。

5. 多组分纺织产品

含有不同的两种或多种纤维成分的纺织产品，需要在标签或标识中说明每种纤维成分的含量；

含有相同的两种或多种纤维成分的纺织产品，可以使用一个标签或标识。

6. 误差

在需要实施梳理程序的产品中，外来纤维最高允许误差为产品总质量的5%，而其他产品为2%。

生产制造的产品，标识含量和实际检测的结果可以允许有3%的加工误差。

2015年，土耳其海关、消费品和贸易部门更新了纺织类产品的标签和纤维成分要求的标准。相较于之前的法规，此次更新主要针对纺织类产品中可能含有的非纺织品的动物原料（如珍珠、真皮、皮革的领子或花边、羽毛饰品或骨头配件等）的标签要求，其中新法规第13条规定，任何纺织类产品中若含有动物原料,须在产品标签上清楚标明,如标明"包含非纺织的动物原料"。新法规第 13 条适用于 2016 年 1 月 1 日之后投放市场的产品,其他法规条款的更新在法规公布后生效。另外,新法规还包括了产品的市场控制和监督,且由政府部门根据海关、消费品和贸易部门于 2014 年 6 月 12 日在《官方公报》第 29028 期上发布的《市场监管和检验法规》的要求实施。若供应商的产品不符合相应规定条款,则会被给予一段纠正日期;若过了纠正日期产品仍不符合要求,则会被强制进行行政处罚。

法规及文件下载地址:

● 海关联盟技术法规《儿童和青少年产品安全性》:http://www.tsouz.ru/KTS/KTS31/Documents/P_ 797_ 1.pdf。

● 海关联盟技术法规《轻工产品安全性》:http://www.tsouz.ru/db/techreglam/Documents/TR%20TS%20ProduktLegProm.pdf。

第八章 轻工产品

第一节 "杂货铺"中的质量管控迷宫与出路

和纺织品一样，轻工产品也是中国外贸的传统产品。与电子电气和纺织品相比，轻工产品的品类无疑要繁杂许多。SGS负责轻工产品相关业务的"Hardline"事业部，也因此被戏称为"杂货铺"。如此繁杂的产品类型，自然给质量控制带来了很大的困扰。即使在一个品类之内，也经常会有很复杂的法规和产品标准。所以轻工产品质量控制人员要面对的，是数以千计的法规和标准。与此同时，轻工产品法规或标准的一个特点就是，在同一个法规或标准中，混合了安全类、性能类以及适用性类的要求。另外，零售商和品牌商还会在本来已经很复杂的法规和标准之上，再加入自己的要求。除此之外，很多的轻工产品，还会涉及纺织品和电子电气产品领域。这就使轻工产品的质量管控变得更加复杂多变。

囿于篇幅，本书仅选择了家具、婴童产品、玩具、包装和餐厨具等在轻工产品中比较有代表性的品类，进行相关法规及标准的介绍。希望读者了解了这几个品类的质量管控概念后，在面对其他品类的商品时，也会比较容易找到其中的管控关键点。

轻工产品相关的重要法规和认证，在第二篇的法规和认证部分，已分别进行了介绍。

对于轻工类产品，在寻找出口合规方案的时候，首先要确定的是这个产品的归类。很多产品的法规和标准，都有很清晰、技术性很强的产品范围定义。只有被归入所定义的范围，才受到这个法规或标准的管控。在确定产品范围时，切忌望文生义。一旦归类发生错误，合规就无从谈起。如果对分类没有把握，可以寻求第三方检测认证机构的帮助。

第二节　家具出口要求、常见问题及中国企业应对策略

家具是人们日常生活中不可缺少的日用品之一。改革开放以来，我国的家具业有了长足的发展，出口额也在持续增长，美国和欧洲是我国主要的出口市场。因此，本节重点介绍家具产品出口到美国和欧洲的一些强制性和自愿性要求。而其他市场，一是中国的家具出口量相对少，二是目的市场关于家具产品的法律法规要求远没有欧美全面，因此本节仅做简要的介绍。

描述和判定家具质量的优劣一般从以下几个方面着手：

- 化学性能，评判产品是否会危害环境、人类健康及生命安全；
- 阻燃性能，评判产品接触火源后能否阻燃，从而避免或减少火灾的发生；
- 结构安全性能，评判产品的结构设计是否合理，避免误伤使用者；
- 标识标签，评判产品能否准确、规范地体现必要产品信息和警告信息，从而促进公平有序的市场秩序的形成，并指导使用者正确使用和操作；
- 机械性能，评判产品能否在其生命周期中正常使用而不损坏；
- 环境可靠性，评判产品能否经受其目的国使用环境的考验，而保持性能稳定；
- 包装运输性能，评判产品能否经受从出厂到交付使用整个运输过程的考验同时保持性能和品质稳定；
- 其他物理性能，评判产品基本外观的完整性和持久性等。

一般来说家具产品的化学性能、阻燃性能、结构安全性能和标识标签需要强制符合/执行，而环境可靠性、包装运输性能和其他物理性能则通常属于自愿要求。家具产品的机械性能比较特殊，尤其是成人家具，不能一概而论，但强制符合的情况更多。

本书中会穿插介绍以上内容，而本节则重点介绍化学性能、标识标签、结构安全性能和机械性能。

一、全球各主要市场的家具标准和要求

（一）结构安全类和机械强度类要求

在美国，ANSI 收录的标准是属于自愿性的标准，16CFR、CPSA 等法规则属于强制要求。需要说明的是，当 ANSI 标准被法规引用之后，则 ANSI 标准可以视同为强制性要求。而在欧洲，由于家具产品受 GPSD 管控，而根据 GPSD 的规定，EN 的家具标准基本是强制符合但不强制执行的（个别标准除外）。因此，接下来的机械强度和结构安全类要求的介绍将围绕 ANSI、16CFR 和 EN 标准展开。在其他市场，比如沙特等国家，家具产品在清关时需要企业提供相应清关文件，其中包括测试报告，由于这些国家本身没有健全的家具标准体系，因此这些测试报告大多参考欧洲的标准进行，即提供欧洲标准对应的测试报告即可。当然，沙特也在逐步完善其家具标准，并且也已经出台了部分家具标准，只是仍然不全面，并且已经出台的标准的要求也是参考欧洲的标准。另一个标准体系相对全面的目标市场是日本，其仅成人家具涉及的 JIS 标准就多达 20 多份，不过其大部分标准中的测试要求也借鉴的是欧洲体系或者 ISO 体系。ISO 是国际标准化组织发布的一系列国际通用的家具标准，以便各国执行，因为在很多国家，家具的标准体系并不像欧美或者中国这么全面。而欧洲的家具标准要求和 ISO 的标准要求非常接近。因此，大家可以看出，虽然以下的内容着重介绍的是欧美标准，但也可以引申到其他国家。

ANSI、16CFR 和 EN 家具标准中关于结构安全的要求，归纳起来主要是以下几点。作为企业，需要了解这些安全要求，从而在产品设计阶段规避相关风险。

家具产品不能有尖锐的毛刺和锋利的边角。不管是哪种家具产品，使用者能够接触到的部位都不能存在尖锐的毛刺和锋利的边角，以免割伤或刺伤使用者的身体部位，造成意外伤害。

家具产品不能有夹住/卡住使用者身体部位的设计。比如家具上不能存在孔洞，使得手指、手臂、大腿等身体部位伸得进去却拔不出来，使得头能通

过家具的某个部位但却不能缩回,想前进但身体又通不过等,以免导致夹持伤害。家具上也不能存在容易造成剪切挤压伤害的活动部件,比如使用者在收起折叠桌时手指却被弹簧夹住,左右摇摆秋千时手部被夹到框架之间等。

家具中不能存在较大的封闭空间:最常见的伤害是小朋友躲猫猫,由于柜子没有通气口导致小朋友窒息身亡,因此该空间需要设计有通风口,并且小朋友能从里面打开门逃生。

家具产品在正常使用过程中不能倾翻。椅子在正常坐的情况下不能发生任何倾翻,否则使用者会因此摔倒;当我们将一杯热咖啡或者一台笔记本电脑放到桌子边部时,我们也不希望桌子倾翻;当我们打开五斗柜的最上面一层抽屉时,我们需要五斗柜安全稳定,否则会造成巨大伤害;当我们攀爬双层床的爬梯时我们也不希望床倾翻等。

以上介绍了家具产品的结构安全,接下来简单介绍其机械强度类要求。机械强度评判的是产品能否在其生命周期中正常使用而不损坏。不管是美国的 ANSI 标准还是欧洲的 EN 标准,针对这一要求的测试项目都是类似的,均是模拟实际的使用。以一把不带轮子的扶手椅为例,需要测试以下性能:

- 椅面的强度和疲劳——模拟使用者坐在椅子上椅面的牢固程度,以及使用者反复站起坐下几万次后椅面的牢固程度;
- 椅背的强度和疲劳——模拟使用者靠在椅背上椅背的牢固程度,以及使用者反复依靠几万次后椅背的牢固程度;
- 扶手的强度和疲劳——模拟使用者坐在椅子上倚靠扶手或者坐在扶手上时扶手的牢固程度,以及使用者反复撑着扶手站起坐下几万次后扶手的牢固程度;
- 腿部的强度——模拟使用者坐在椅子上并向前方和侧面移动椅子时,腿部和座椅整体的固定牢度;
- 椅面垂直向下耐冲击——一定程度上模拟使用者突然坐下时的冲击力,在该冲击力作用下,椅面或椅子整体不能损坏;
- 椅子侧向耐冲击力——模拟使用者突然撞到椅子后椅子的牢固程度,不管座椅是否倾倒,座椅都不能有任何损坏。

根据以上测试,不难知道其他家具产品需要检测哪些机械性能。比如柜子、柜门打开关闭一定次数、抽屉打开关闭一定次数、搁板放满物品后的强度、柜子移动位置后的整体强度等，实际使用过程中出现的使用状况，均需要考虑到。

家具产品根据使用功能分为座椅、桌类、柜类、床类等；根据使用对象可以分为成人家具、儿童家具等；根据使用场合又可以分为家用家具、商用家具、剧场用家具、学校用家具等。以上这些类别的家具出口到不同的目的国，其检测的原理虽然相同，但标准却不统一。由于标准较多，这里就不一一介绍了，大家可以通过以下网址了解相关信息：http://infostore.saiglobal.com/store/。

（二）产品包装信息和标识标签要求

以下包装信息和标识标签依然主要涉及欧美市场，因为这些市场的要求更全面。家具产品如果出口欧美以外的市场，其包装信息和标识标签的语言至少需要是目的国语言，以便商品流通和消费者选购。

1. 欧洲市场要求与常见问题

家具产品出口欧洲市场，其包装信息或者标识标签的要求相对简单，主要依据是对应产品标准中的包装信息和标识标签要求。比如户外折叠椅，机械性能和结构安全性能需要满足 EN 581 规定，而标识标签类也同样需要符合 EN 581 规定。家具产品的包装材料性能需要满足 94/62/EC 规定，其中同样包括一些回收标识的要求，请查阅本书对应章节获取更多信息。

2. 北美市场

（1）一般要求

美国和加拿大对家具产品对应的标识标签的要求较欧洲而言更为全面和系统，包括产品包装和标签上的信息、原产地标签、家具上纺织品标签、软体家具的法律标、软包家具的防火标、人造板材的 CARB/EPA 认证标签，以及必要警示语等。

1）美国要求

家具产品出口美国，产品包装和标签信息需要满足 FPLA（Fair Packaging and Labeling Act）和 16 CFR 500 的规定。简单地说，家具产品的包装和标签上需要至少体现以下内容。

● Identity of the commodity：清晰明了的产品标识，不能造成误解或存有欺诈嫌疑，可视包装可以豁免；

● Declaration of Responsibility：生产商、包装商或经销商等的名称、地址和邮编，需要具体到国家、城市和街道，如果在目的国当地登记的企业，地址信息可豁免，可以用 RN 号码代替；

● Declaration of Quantity：净含量应是明确的内装物的质量、尺寸、数量、容量等用数字量化的计量值，或其组合，具体的表达方法详见 16 CFR 500。可视包装可以豁免。以家具产品为例，净含量一般是尺寸、质量、数量，或尺寸+数量+质量。企业需要特别注意数字的单位，如果同时出现公制、英制两种计量单位，一般是英制在前公制在后，并且就国际单位制前的数值而论，应使用 1 到 1 000 之间的 3 位数来表达。比如桌子尺寸可以表示为：48in×24in×24in（121.9cm×610mm×610mm），而不是 48in×24in×24in（1 219mm×610mm×610mm）。

2）加拿大要求

家具产品出口到加拿大同样需要满足加拿大的产品包装和标签要求，受 Consumer Packaging and Labeling Act，R.S.1985，c.C－38 and Regulations，C.R.C.，c.417 管控，和 FPLA 类似，家具产品的包装和标签上需要至少体现以下内容。

● Dealer Name and Address Information：分销商的名称和地址，字体高度不能小于 1.6mm，且需要体现在醒目位置，不能位于包装或产品底部。

● Product Identification：产品的标识需要使用英语和法语两种语言，字体高度不能小于 1.6mm，

● Product Net Quantity：对于净含量小于 7 件的可视包装可豁免；小于 13 件易于点数的可视包装，包装上需有照片。字体高度根据展示面的大小而定，但不能小于 1.6mm。净含量的单位必须包含公制。

美国和加拿大均要求在家具产品上体现原产国信息，具体规定见美国 19 CFR 134 法规和加拿大 SOR 94－10 法规。中国出口的家具原产国信息一般体现为"Made in China"。

尽管家具产品较多使用纺织面料，但美国和加拿大并不强制要求家具产

品的面料符合纺织标签的要求，美国的吊床产品除外，零售商、品牌商自己要求除外。纺织标签的具体要求请查询本书对应章节。

软体家具的法律标（law label）和燃烧标（flammability label）也是美国和加拿大的强制标签之一，两个国家的大部分州均有此要求。由于法律标和燃烧标都是针对软体家具的，因此这两个标签可以同时印刷在一张标签上，中间用粗黑线分开，法律标在左，燃烧标在右，或者法律标在上，燃烧标在下。美国和加拿大关于法律标和燃烧标的要求比较具体和复杂，要求类似却不相同，由于篇幅问题，不在这里展开，企业在制作法律标和燃烧标前请仔细阅读以下链接内容：

美国：http：//abflo.info/usa_labels/index.htm；

加拿大：https：//www.tssa.org/en/index.aspx。

（2）甲醛相关的要求

人造板材是家具的主要用材之一。众所周知，人造板材用胶量较大，为了减少公众与甲醛的接触，减少甲醛的吸入，保护消费者的健康与安全，美国 CARB（加州空气资源局）颁发修改了《加利福尼亚州规则法典》第17册第 93120－93120.12 "降低复合木制品甲醛排放的有毒物质空气传播控制措施"，规定人造板材需要满足 CARB 认证的要求，而家具厂只能使用 CARB 认证过的板材进行家具生产并出口到美国加州。作为家具企业，除了需要采购和使用 CARB 板材外，还需要在家具成品或包装上加贴 CARB 标签。CARB 标签需要包含以下信息：生产商名称、生产日期和产品符合 CARB 93120 Phase Ⅱ 阶段的声明。

2016年12月12日美国联邦环保署（EPA）在联邦公报上发布了《复合木制品甲醛排放标准法案》的最终实施规则，该法案是基于加利福尼亚州的 CARB 法规制定的联邦法律，将管控要求从美国加州扩大到了全美范围。EPA 法规的正式生效日期为2017年2月10日，除少数豁免情况以外，所有产品（包括复合木制品及含有复合木制品的成品）于2018年12月12日，被强制要求执行，在此日期之后销往美国的产品必须符合法规的要求，并附上 EPA 的标签。

CARB 和美国联邦政府对复合木制品的要求，详见本书第二篇的相关内容。

以上简单介绍了家具产品出口美国和加拿大的包装信息和标识标签要求。

除此之外,家具产品还会根据其产品设计和特性有其他的警示语要求。比如高度高于30in(76.2cm)的柜类家具使用时需要与墙固定,并需要在产品醒目位置加贴警告标签,提醒使用者不可以攀爬。成人家具警告标签要求相对较少,而儿童家具尤其需要注意,建议咨询专业人士或机构,了解产品对应的警告标签要求。

二、中国企业应对策略

综上所述,世界各国对家具产品质量管控的严格程度不一,其中以欧美的家具法规和标准体系最为健全。作为家具企业,不管产品是否出口到欧美,都应当了解欧美等国对家具产品的管控要求,并努力使生产的家具产品符合欧美法规和标准要求。因为当家具产品符合了欧美的管控要求,企业在一定程度上可以对家具产品的质量放心。那么不管家具产品出口到哪个目的国,也不管实际目的国的具体管控要求如何,我们的企业都能做到"胸有成竹"。因为从概率上讲,家具产品符合了欧美要求,在很大程度上也能符合其他目的国管控要求。

三、典型案例分析与处理方案

案例8-1　躺椅的强度不足带来的风险(来自欧盟RAPEX网站)

通报号:A12/0979/17

通报时间:2017年

通报国:保加利亚

来源国:中国

产品及描述:躺椅

躺椅,带有金属框架,尺寸188cm×58cm×28cm,最大承重110kg。

风险等级:严重的风险

风险分析:该产品强度不足,不能有效承受使用者重量。靠背角度调节装置容易松动、脱落,从而导致躺椅坍塌。该产品不符合欧盟EN581标准要求。

进口商处理措施:从市场上召回

违规原因分析：

这是一把可以折叠的躺椅，主要受力框架为中空的金属管，金属管上固定了特斯林布，相比全金属、木质、藤条的躺椅而言重量较轻，方便收纳和运输，并且靠背的角度可以根据使用者的使用习惯和需求调节。这类躺椅因为其便捷性广受消费者喜爱。但可折叠功能和可调节功能在带来便捷性的同时也给整体强度提出了新的要求。欧洲出台了相应的躺椅强度标准 EN581，该标准从实际使用出发，考虑到大部分欧洲使用者的体重和使用习惯，分别测试了椅面的强度、靠背的强度、扶手的强度、椅腿的强度等。具体 EN581 中规定的力值大小这里就不介绍了。企业需要明白，户外躺椅产品在欧洲流通，除了要考虑原材料的毒性外，其最终成品的强度也要认真把控，这一指标是欧盟监管的重点之一，强度的监管依据为 EN 581 系列标准。A12/0979/17 号公告对应的躺椅的强度，达不到 EN 581 的规定。

案例8-2　户外桌子的工艺处理不良带来的风险（来自欧盟RAPEX网站）

通报号：A12/1196/17

通报时间：2017 年

通报国：保加利亚

来源国：土耳其

产品及描述：花园桌

花园桌，可折叠，桌子的框架为金属材料，桌面为木头，尺寸 50cm×60cm。

风险等级：严重的风险

风险分析：该产品的框架为中空的金属管，管口端部裸露且存在比较锋利的毛刺和尖点，当使用者使用产品，或者操作者折叠产品时容易意外受伤。该产品不符合欧盟 EN 581 标准要求。

进口商处理措施：从市场上召回

违规原因分析：

折叠桌根据其设计必须考虑两个方面的功能和安全性。第一是易于折叠并且不会给操作者带来意外伤害。第二是桌子打开后正常使用过程中不会造成使用者的意外伤害。意外的伤害可能来源于桌子工艺粗糙存在尖边利角，也可能来源于桌子强度不够，或者桌子不稳倾翻。上述案例的意外伤害属于由于工艺粗糙存在尖边利角所致。中空的金属管端部不应裸露，应当进行封闭处理。如果使用塑料套封闭端部，应确保塑料套能够牢固地套住金属管，不会在日常的使用中脱落。该要求适用于大部分家具产品。欧盟依据 EN 581 标准对户外的家具进行监管，如果其他使用场所使用的家具则应符合其他对应要求，比如室内家用座椅按照 EN 12520 进行监管，办公座椅按照 EN 1335 进行监管等，这里就不一一赘述了。企业可以根据自身需求查询以下网址，了解更多家具产品适用标准：http：//infostore.saiglobal.com/store/。

以上仅仅从 RAPEX 中摘录了两个典型案例进行分析，欧洲市场涉及家具召回的案例远不止这两个，从下方链接中可以获得更多资讯：http：//ec.europa.eu/consumers/consumers_ safety/index_ en.htm。

四、热点问题解答

（一）家具产品出口欧洲可以印CE标志吗？

家具产品出口欧洲主要受 GPSD 法案管控，本书其他章节有关于 GPSD 的更为详细的介绍。根据 GPSD 的要求，家具产品出口到欧洲必须是安全的，家具产品通过了 EN 标准的检测和欧盟对应法规的测试则可以被认定为是安全的。GPSD 法案并不在 CE 范围内，因此家具产品是不需要也不允许印 CE 标识的。电动家具属于特例，电动家具由于存在机械活动部件，2017 年被收录到 MD 机械指令中，因此电动家具除了需要满足 GPSD 法案外，还需要满足 MD 指令要求，并且生产企业需要在产品醒目位置加印 CE 标识。需要提醒的是，CE 的产品管控范围和要求是不断更新的，请查询欧盟网站了解最新资讯：http：//www.newapproach.org/。

> **（二）美国没有户外家具的产品标准，那么美国对于户外家具椅是不是没有监管？**

欧洲有健全的户外家具产品系列标准 EN 581 来监管产品的结构设计、机械强度和产品稳定性能。美国虽然也有少量户外家具产品标准，但主要集中在户外塑料椅上，比如，ASTM F1858《室外用带可调整椅背或活动靠背结构的多种位置塑料椅的性能要求》；ASTM F1988《室外用有或无移动扶手、带可调整椅背的塑料躺椅的性能要求》；ASTM F1561《室外用塑料椅的性能要求》。对于塑料材质以外的户外家具，目前美国并没有适用的产品标准，但这并不代表美国对户外家具没有安全监管要求。美国联邦及各州政府出台了相应的对产品化学物质的监管要求，本书有章节专门讲解该内容，这里不再赘述。对于户外家具的结构设计、机械强度和稳定性能，美国虽然没有出台专门的标准，但是依然要求出口美国的户外家具产品要保证其安全性。目前通用的做法是，各制造商、加工商、分销商和零售商等，自行编制和定义测试要求，大部分情况下会在美国办公家具系列标准 BIFMA 基础上根据产品特性调整测试参数。CPSC 网站上收集和公布了美国关于家具产品召回案例的详细信息。浏览 CPSC 网站，读者会发现，大部分家具产品召回均没有提及召回所依据的标准，这正是因为很多家具产品并没有标准可依。更多信息可以浏览 CPSC 召回网站 https://www.cpsc.gov/Recalls。

第三节　婴童产品出口要求、常见问题及中国企业应对策略

婴童产品主要是指儿童用品及护理类产品（child use and child care article）。对于该类产品，欧盟的官方定义为：设计用来帮助四岁以下孩子坐立、清洗、睡觉、运输、移动及物理性保护等功能的产品。

在从出生到 18 个月大这个年龄段，孩子对于周围世界的认知及知识积累等，主要是通过感受、嘴巴啃咬、手指抠及身体碰触尝试获得的。他们的所

有动作和尝试仅仅是为了熟悉他们所存在的那个环境。随着孩子年龄不断变大，他们的肌肉群慢慢变得发达，从而可以控制自身的平衡，开启下一个发展阶段——"探索世界的征程"。有研究表明，即使是四岁的孩子，依然存在不可预见的行为。因此，对于风险意识不足的四岁以下的孩子，我们需要给予更多的关注，来规避一些可能的危险。从产品类别的角度来看，儿童用品及护理类产品，从功能到结构都有着很大的差异。即使如此，这些差别很大的产品依然有很多类似的安全要求。

下面将针对4岁以下婴幼儿的用品安全进行介绍，希望能够通过这些分析将对孩子的危险降到最低。

一、美国和欧盟市场要求与常见问题

（一）美国市场要求与JPMA

美国市场对于儿童护理类产品的定义与欧盟的说法稍有区别，主要是将手推车产品排除在了护理类产品之外，所以相应的法规要求在谈及此点时，有时让人觉得会比较奇怪。

众所周知，婴童产品出口美国市场较为常见的标准是CPSIA，详见本书第三章第六节。本节主要以美国市场认可度较高的自愿性认证项目JPMA为主进行介绍。

青少年产品制造商协会（Juvenile Products Manufacturers Association，JPMA）是一个非营利组织，代表了美国市场上95%的产前-幼儿园行业。JPMA致力于提高儿童产品的安全性，包括一个全面的认证计划，以帮助那些购买儿童产品时考虑安全性的父母和照看者。

虽然JPMA认证是自愿性的，但是依然得到了广泛的市场认可，这得益于该项目对产品各方面安全性能要求的全面考量。

整个项目的执行主要依照JPMA Master Protocol（JPMA的主测试列表）来展开，其中包含了物理性能、化学性能及燃烧性能。并且该项目可以与各个州最新的法规要求相联系，持续改善测试方案。举个简单的例子，该测试列表中的化学性能考虑到了加州65号提案的相关要求，同时当阻燃剂要求更新时，测试方案也可以及时跟进。

1. 强制性法规要求

所有婴童产品相应的强制性法规要求，均隶属于《美国联邦法规》第16部分（16 CFR）。目前已经发布的耐用性婴童产品相关的联邦法规如下，并且还在持续更新当中：

高脚椅（16 CFR 1231）；

非标准尺寸床/游戏围栏（16 CFR 1220/16 CFR 1221）；

婴儿手推车（16 CFR 1227）；

儿童学步车（16 CFR 1216）；

标准尺寸床（16 CFR 1219）；

桌边椅（16 CFR 1233）；

婴儿小床（16 CFR 1217）；

婴儿洗澡椅（16 CFR 1215）；

提篮（16 CFR 1225）；

婴儿秋千（16 CFR 1223）；

婴儿小床/摇床（16 CFR 1218）；

便携式床护栏（16 CFR 1224）；

软背带（16 CFR 1226）；

硬背带（16 CFR 1230）；

床边小床（16 CFR 1222）；

婴儿背巾（16 CFR 1228）。

这些强制性法规均基于相应产品的自愿性标准 ASTM 制定，主要的测试项目如下。

（1）产品结构安全要求

所有的耐用型婴童用品较为普遍的一般性安全要求主要包括，尖点利边测试、小部件测试（参考 ASTM F963 玩具中的相关要求和测试方法执行）；所有裸露的木质部件必须光滑并且没有毛刺；开口间隙（在壁厚要求的前提下，尺寸不允许介于 5.33mm 和 9.53mm 之间）；保护部件不能够被拉脱从而失去保护的作用；裸露的弹簧必须有所保护，防止对儿童造成挤夹伤害；绳索长度不能太长（在 22N 拉力条件下，绳索长度不可超过 188mm，可以形成环套的绳索内部周长不得超过 360mm）；标签牢固等。

（2）性能要求

耐用性婴童产品类别繁多，且产品之间的差异性较大，性能要求的针对性较强，主要包括以下几个方面。

- 产品基本结构要求：手推车的束缚系统定位要求、座位角度要求；童床的内部高度要求；儿童小床的侧边护栏高度要求等。
- 稳定性测试：有一定的使用高度的产品，如手推车、高脚椅、弹跳椅、加高椅、家用换洗台等产品，均根据产品的特性设计了相应的稳定性测试，主要目的也是确保产品在使用过程中不会倾翻，从而消除给孩子带来的一些安全隐患。
- 产品强度测试：主要包括静载强度、动态冲击、底板冲击等测试；板条的冲击强度及耐折弯强度等测试。
- 产品耐久性测试：如婴儿木头床涉及部件之间螺丝连接的产品，需要进行一些耐久性测试来考量产品的实际安全性；高脚椅面的冲击测试及测试完毕后，通过检查产品的完整性、整个椅面的高度变化，来确保产品在使用周期内的安全性。
- 特殊结构/功能的有效性测试：比如手推车产品必须安装有刹车，相应的刹车有效性测试；弹跳椅在使用的过程中，产品本身会有一定的晃动，那么产品在使用过程中的滑移量需要控制在较小的范围内（动态抗滑移测试完成后滑移不得超过 13mm，静态抗滑移测试后滑移量不得超过 3mm），才能够确保是可控的；手推车前扶手或者餐盘与座位面之间的间隙要求等。
- 附件及部件要求：椅类产品，如加高椅的餐盘要求；当汽车安全座椅与手推车组合使用时，坐椅与推车的配合性要求；玩具附件需要满足相应的玩具标准及法规要求等。
- 折叠锁定机构：为了防止使用者在使用的过程中打开/误打开装置，导致产品部分折叠或者孩子摔落，从而对打开力有所要求（大于 40N）或者对打开动作有相应要求（两个以上的动作）。

(3) 信息要求

所有的耐用性婴童产品必须提供相应的产品标签、说明书及外包装信息，具体要求参见不同产品标准，此处不再赘述。但是需要特别提到的一点是，这些产品出口到美国都必须提供一张 Registration Card（注册卡），并且强制要求这份卡片上的信息满足联邦法规 16 CFR 1130 耐用性婴童/幼童产品消费者注册信息要求（Requirements for Consumer Registration of Durable Infant or Toddler Products）的相关要求，该卡片的相关要求及格式如图 8-1 所示。

图 8-1（a）　注册卡片格式的正面

```
                    Manufacturer's Contact Information

        Manufacturer's Name · 111 Main St · Anytown,ST 01234
                            www.website.com
                    Phone Number-Toll-Free(if available)

        ┌─────────────────────────────────────────────────┐
        │  Model Name                                     │
        │                                                 │
        │  Model Number                                   │
        │                                                 │
        │  Manufacture Date                               │
        └─────────────────────────────────────────────────┘

                KEEP THIS TOP PART FOR YOUR RECORDS.
                  FILL OUT AND RETURN BOTTOM PART.
        - - - - - - - - - - - - - - - - - - - - - - - - -
        Name
        Mailing Address
        City                                State    Zip Code
        Telephone Number
        E-mail Address

        ┌─────────────────────────────────────────────────┐
        │  Model Name                                     │
        │  Model Number                                   │
        │  Manufacture Date                               │
        └─────────────────────────────────────────────────┘
```

图 8-1（b）　注册卡片格式的反面

以上介绍均为美国市场上 16 CFR 法规里的主要强制性测试要求。

2. 其他相关的测试项目要求

JPMA 测试方案中，除了上述物理方面的强制性要求外，针对出口美国市场的这类耐久性婴童产品的化学、燃烧、电性能及包装毒性等信息进行了系统的规定，更加全面地把控了产品安全的关口。具体测试项目如下。

表 8-1 JPMA 耐久性婴童产品测试要求

	多功能产品必须满足所有功能相关的测试标准及法规要求
1	加州 65 号提案（California Proposition 65）
2	带电产品（FCC Part 15）
3	法律标（Law Label）
4	原产地信息（Country of Origin）
5	CARB 标（CARB Formaldehyde Document and Label Review）
6	儿童产品的溯源标签要求（Tracking Labels Requirement for Children's Products）
7	耐用性婴童产品注册卡要求（Registration Card for Durable Nursery Product）
8	电动产品的标签要求（Labeling Review – Battery Operated Product）
9	电动玩具（Electrically Operated Toys）
10	变压器标签要求（Transformer UL/ETL or Equivalent Labeling）
11	磁铁玩具标签要求（Toys Labeling Review – Magnets）
12	护理标签（Care Label）
13	塑料包装要求（Plastic Sheet/Bag Requirement）
14	补漆（Touch up Paint）
15	说明书（Instruction Review）
16	产品型号，UPC 编码信息（UPC #，Item Number or Style Number）
17	食品级（Food Contact Materials）
18	危险液体（Hazardous Liquids）
19	可燃液体的闪点（Flash Point of Combustible Liquid）
20	7 项邻苯（Phthalate Contents – 7）
21	表面涂层的可溶性重金属（Soluble Heavy metal contents in surface coatings）
22	基材中的可溶性重金属（Soluble heavy metal contents in substrate materials）
23	基材中的总铅（Total lead content in substrate materials）
24	表面涂层的总铅（Total lead content in surface coatings）
25	电池中的总汞（Total mercury content in batteries and button cell batteries）
26	耐用性婴童产品物理性能要求（Juvenile Products）
27	电动耐用婴童产品物理性能要求（Juvenile Products – Battery Operated）
28	玩具附件（Toy Accessories）
29	电动产品（Electrically operated products – document review）
30	变压器测试（UL/ETL Testing）

续表

	多功能产品必须满足所有功能相关的测试标准及法规要求
31	包装毒性（Toxics in Packaging（TPCH））
32	磁铁的物理危害（Mechanical hazards – magnets）
33	汞（Mercury – Total Content）
34	伊利诺伊斯铅含量（Illinois lead content）
35	尖点利边（Sharp points/edges）
36	物理机械安全（Mechanical hazards）
37	扭力拉力测试（Torque and Tension Tests）
38	衣物面料阻燃性能（Flammability of Clothing Textiles）
39	TB 117 阻燃要求（California technical bulletin 117 flammability）
40	TB 116 阻燃要求（California technical bulletin 116 flammability）
41	固体阻燃性能（Flammability of solids）
42	成分分析（Fiber analysis：quantitative）
43	外形尺寸及产品重量（Overall dimensions and weight）
44	阻燃剂要求（Flame retardants）

3. 覆盖的产品线

JPMA 涉及较为广泛的婴童耐用性产品，具体产品如表 8-2 所示。

表 8-2 JPMA 婴童耐用性产品列表

高脚椅（ASTM F404）	提篮（ASTM F2050）
非标准尺寸床/游戏围栏（ASTM F406）	婴儿秋千（ASTM F2088）
婴儿手推车（ASTM F833）	婴儿小床/摇床（ASTM F2194）
儿童学步车（ASTM F977）	便携式床护栏（ASTM F2085）
安全门栏/围栏（ASTM F1004）	软背带（ASTM F2236）
标准尺寸床（ASTM F1169）换洗台（ASTM F2388）	硬背带（ASTM F2549）
桌边椅（ASTM F1235）	儿童椅子/凳子（ASTM F2613）
婴儿小床（ASTM F1821）	加高椅（ASTM F2640）
婴儿弹跳椅（ASTM F2167）	婴儿澡盆（ASTM F2670）
婴儿洗澡椅（ASTM F1967）	床边小床（ASTM F2906）
固定式活动中心（ASTM F2012）	摇椅（ASTM F3084）
倾斜式婴儿睡觉产品（ASTM F3118）	婴儿背巾（ASTM F2907）

（二）欧盟市场的物理机械要求及基本原则

1. 物理机械安全性能评估的可接触区域界定

产品物理机械安全性能的评估及考量，必须在儿童可接触的范围内进行，儿童可接触区域指导数据如表8-3所示。由于功能不同而导致不同产品有不同的可接触区域，但是可接触区域界定的基本原则如下：

- 当孩子在可能的使用位置上时，一些很容易被使用者头部、嘴巴和四肢接触的区域的危险点，以及一些经常或者会被密集或者长期接触的部位/区域的危险点；
- 危险部位有可能被产品使用者之外的（比如旁边的）孩童接触到时，也需要考虑为产品可能的使用状态。

当进行一款产品的设计时，需要忽略以上所谓的可接触区域的界定，应该充分考虑产品使用者可能的使用情况，以及非推荐使用状态可能存在的风险。

表8-3 标准人体测量学数据对应的可接触区域指导性数据

尺寸（mm）	最伸展状态的尺寸	垫脚后最伸展状态尺寸	横向跨度	坐立最伸展状态尺寸	手臂尺寸	臀—脚半径长	小腿长度
年龄段	L1	L1[1]	L2	L3	L4	R1	R2
0~6个月	760	—	660	550	250	300	150
6~12个月	880	960	770	610	290	380	190
12~36个月	1 160	1 260	1 020	770	420	550	275
36~48个月	1 270	1 370	1 070	810	460	630	315

以上所有的数据均为P95值。L1、L1[1]、L2、L3、L4的数据均由ADAPS电脑程序估算而来。R1=臀—脚半径长，R2=0.5R1。具体尺寸示例如图8-2所示。

2. 产品信息要求

为了最大限度保障儿童使用者的安全，对于看护者的一些警示性及说明性信息，需体现在相应的产品说明书及警告语信息中。比如：

- 束缚系统的必要性以及相应的调节信息；
- 产品的打开及折叠方式；

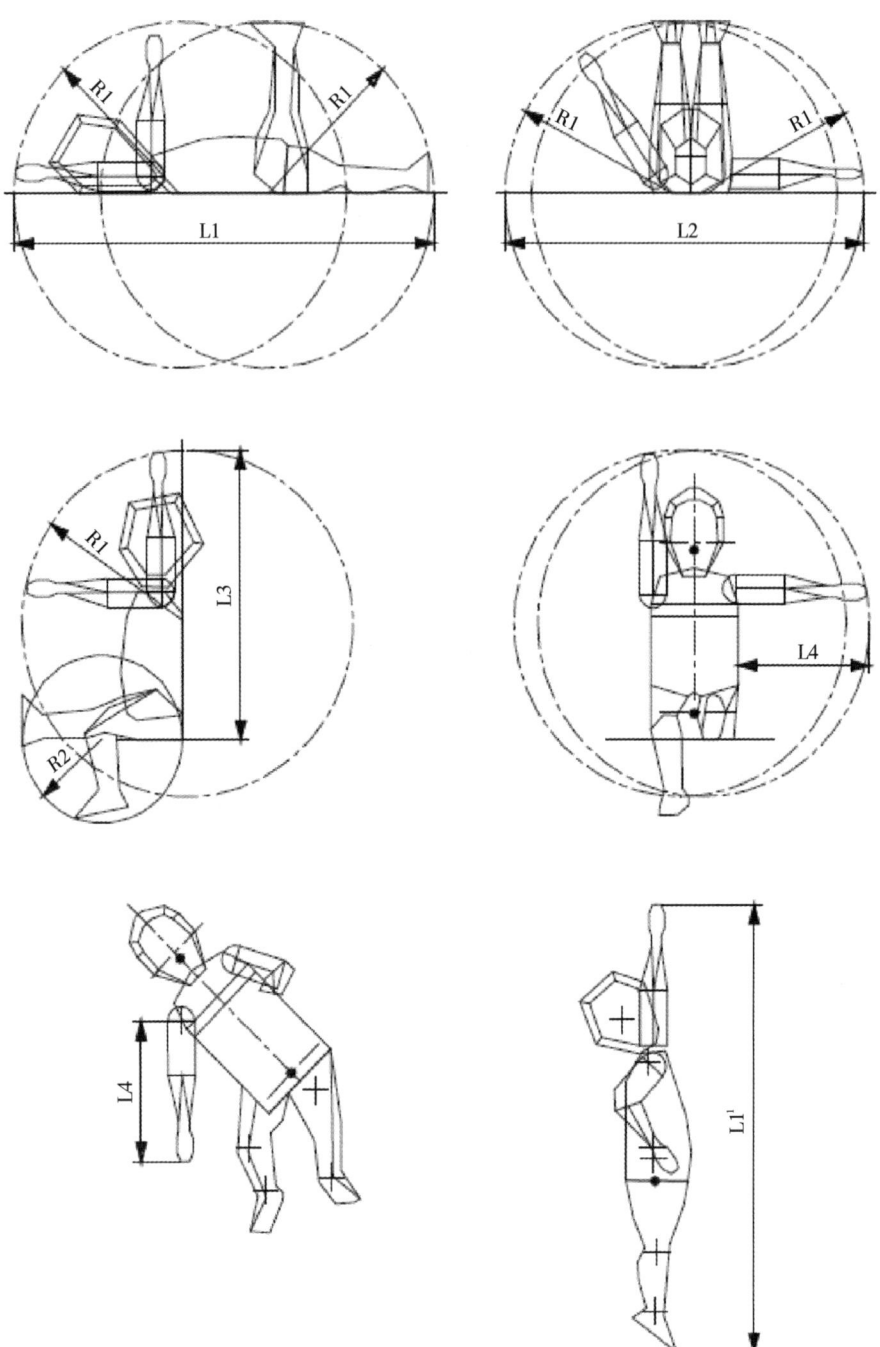

图 8-2 可接触区域界定的尺寸图示

- 对于可折叠部分的安全锁定装置的操作信息；
- 部分部件的安装方式或者连接到其他产品上的安装方式。

说明信息还应包括，直接看护者需要在产品使用过程中经常性地检查产品是否完好，并且只能使用生产商/供应商提供的配件进行更换等。

3. 陷落危害

为了避免头部、颈部、手指、手脚的陷落危险，推荐根据成长期孩子的人体测量学数据规定安全距离。所以在产品研发阶段，一定要考虑产品使用者的年龄。最重要的是，那些在儿童使用过程中较容易被接触的部分，需要被当作是可预见性的潜在危害点，在进行产品设计时需要特别留意。对于一些不在上述可接触区域范围内的间隙和开口，考虑到一些滥用和可能的使用状态，也应该加以注意。而一些明显不在可接触区域范围内的孔洞间隙，则无须考虑，但是产品的设计需要尽量避免V形开口，或者部件拼接能够形成V形间隙的产品结构。

（1）主要的一些陷落危害

- 颈部陷落点处于一定的高度而导致一旦发生陷落，儿童无法自主抬起自身的重量来缓解压力的状况（比如，游戏围栏外爬行的孩子，V形开口等）；
- 脚部先滑入但是颈部陷落的情况（如，孩子滑入板条之间的情况）；
- 手指陷落导致充血等。

如果两个婴童产品相邻，或者婴童产品靠近其他家具时，可能形成某些潜在的陷落危害，需要在说明书中警告看护者这些可能的危害。当然，这些不仅需要考量产品静止的状态，还需考虑可能的一些动态的组合状态。因为动态的状态会经由重量、相对运动或者孩子的动能提升陷落躯体或者手指的受力，从而使危害更加严重。

为了便于理解，请参考图8-3所列举的陷落危害矩阵图，该图是基于ISO/IEC Guide50制作的，该图的陈列顺序并无危害等级的区分。

（2）头颈部陷落的基本原理

孩子的身体重量由颈部支撑，但是孩子不能够自主抬起自身的重量以释放颈部压力时，便会发生头颈部陷落的危险。当这种陷落危害发生时，孩子的气管将会关闭，从而限制空气流通，导致孩子大脑缺氧。

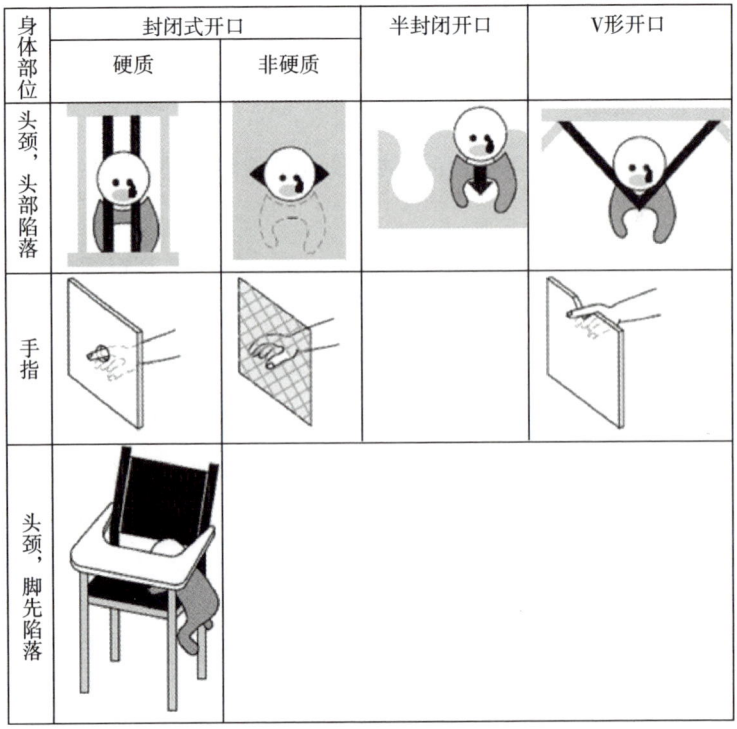

图 8-3 陷落危害矩阵图

头颈部陷落危害会随着孩子自主移动和个人平衡能力的提升而提升。孩子与周围环境接触得越多,自然也会接触更多的产品和危害。这些危害直接与孩子的头部和臀部的尺寸相关。

这些危害可以通过限制各种开口(封闭式开口间隙、半封闭开口及 V 形开口)的尺寸来降低。

为了能够尽可能多地覆盖开口间隙危害,可以引入各种类型的量具进行相应的开口尺寸限制,比如,臀规、小头规、大头规及半封闭开口模板和 V 型开口模板。不同测试量具的具体尺寸是根据不同年龄段儿童对应部位的尺寸规定制作的。

4. 相对移动部件的危害

相对移动部件的危害主要考量,在使用过程中有可能发生相对运动的部件产生的危害。该危害与儿童身体或者部分躯体运动相关。如果产品在孩子周围坍塌,会对孩子造成挤压危害。孩子会用自己的手指去探索周围的世界,如果手指被卡在相对移动的部件之间，那么被割伤、挤压甚至发生更严重危害的概率会更高。剪切多发生在相对移动的部件之间，会造成割伤、切断等危害。挤压多发生在两个相对移动部件有挤压的运动时，会造成淤青、骨折等危害。

5. 折叠储存及运输产品的危害

如果产品带有折叠功能，则产品在设计时需要考虑如何避免产品意外折叠时可能造成的挤压危害、陷落危害甚至窒息危害。当一个产品被设计为可折叠或者部分可折叠时，必须在其常规使用时配备相应的锁定结构，来避免意外打开或者意外折叠的发生。

所有的可折叠或者部分可折叠产品，需要用明显的标记向看护者提示正常使用状态下的锁定位置。

可折叠产品需要配备相应的折叠锁定机构。该机构包括锁定装置和操作装置，不同的产品为了防止意外折叠的发生，会对产品所配备的锁定装置及操作装置提出不同的要求，主要的出发点是一定不能让孩子轻易打开。这些装置均需要通过相应的疲劳耐久性及强度测试，来验证其在使用周期内的有效性。

6. 缠绕危害

在儿童可接触范围内，一些可接触的突出物很有可能会挂套住孩子衣物上的绳索，从而导致孩子颈部的缠绕危害，这类危害在孩子可以独自停留的产品中尤为突出。所有产品设计中的孔洞间隙及突出部件/突出物，必须设计为不能挂套住孩子脖子周围的任何衣物、纽扣或者其他装饰物。

绳索的长度考量的不仅仅是单根的长度，设计的时候需要同时考量相邻绳索的组合长度是否超出安全范围（单根长度在 25N 拉力下长度不可超过 220mm，绳套周长不得超过 360mm）。

7. 其他危害

填充物及小部件的要求与玩具要求类似。产品一定要将填充物及小部件设计为不可接触，如果它们不可避免地会被接触，则至少要保证在拉力和扭力测试下不会脱落。可以参考窒息危害及玩具章节的详细介绍，此处不再赘述。

二、中国企业应对策略

欧美市场对于儿童用品的管控是物理性能和化学性能兼顾的，在这里，我们主要讨论物理机械性能。在欧洲市场，所有与儿童用品相关的产品标准，如 EN 1888、EN 716、EN 14988 等均不是强制性标准，但欧洲市场有 GPSD 法案管控，该法案要求进入欧洲市场的产品必须是安全的。各个欧盟成员也有各自不同的要求，比如法国有自己的 French Decree 91-1292，里面就包含了很多产品的强制性要求。所以，除去各个欧盟成员的特殊要求，针对整个欧洲市场而言，为了保证产品达到最基本的安全要求，建议出口商或者生产厂商一定要满足相关的产品标准，如果没有产品标准则需要根据 GPSD 制定测试要求并满足相关要求。美国市场从强制性要求方面来讲相对简单一些，因为不同的产品有相应的自愿性标准，并且很多产品相对应的 16 CFR 强制法规要求已经发布，各出口商及生产厂商可以参考进行安全性能的评估和测试。并且，美国的 JPMA 是一个较为全面的考量产品理化性能安全的项目，推荐出口商及生产厂家参考执行。这些只是最低的安全要求，尤其是在美国，即使符合法规和标准要求，一旦被投诉，货物还是可能被召回。

企业可以从以下方面着手应对：

- 明确自己产品对应不同出口国需要满足的相关标准及法规要求并严格执行；
- 关注欧盟 RAPEX 及美国 CPSC 官网召回信息，有时候一些被回收的产品的问题并不是标准能够覆盖的，随时关注并且及时调整自己的产品以确保其安全可靠；
- 确保法规的要求能够及时传递给供应商、设计师、生产线，促使各方能够依据法规进行相关操作，一定要在产品设计阶段考量所有标准和安全要求之后，再进行大货生产；
- 结合专家意见，选择全面有效的测试项目进行产品管控。

三、典型案例分析与处理方案

案例8-3 手推车危险利边及轮子强度和耐久性不足带来的风险（来自欧盟RAPEX网站）

通报号：A12/0588/16

通报时间：2016 年第 19 周

通报国：保加利亚

来源国：中国

产品及描述：手推车

折叠手推车，带有四对双轮轮子，可移动脚踏，一个购物篮及一个遮阳棚，产品售卖时候的状态是有纸盒包装

风险等级：严重的风险

风险分析：在儿童可接触的遮阳棚与框架连接处，有裸露的利边及突出物，会伤到孩子。并且，前轮在产品使用过程中容易损坏。该产品不满足相关产品标准 EN1888：2012 的安全要求

进口商处理措施：从市场上召回

违规原因分析：根据手推车欧洲产品标准 EN 1888：2012 的安全要求，所有儿童可接触区域内的硬质部件需要光滑没有毛刺或者利边，产品的整体安全性需要能够承受 72 000 次的路况疲劳测试，10 000 次手把举起下压的疲劳测试，10 次冲击测试及 200N 轮子强度测试。

该产品的前轮在产品使用过程中容易损坏的情况，应该可以在这些疲劳和强度测试中被及时发现。但很显然，导致回收的这些风险并没有根据 EN1888：2012 进行有效评估过。

案例8-4　窒息，闷死风险（来自欧盟RAPEX网站）

通报号：A12/0314/16

通报时间：2016 年第 10 周

通报国：希腊

来源国：中国

产品及描述：婴儿旅行床

风险等级：严重的窒息风险

风险分析：塑料床底板很容易折叠，很小的孩子也可以轻松将底板提起，有可能导致孩子直接卡在下面闷死，并且，该旅行床的外部开口可以使孩子

的头部被卡住导致窒息风险。该产品不符合相关产品标准 EN716 的安全要求

政府机构的处理措施：从市场上召回

违规原因分析：

根据欧洲标准 EN 716 - 1：2008 + A1：2003，EN 716 - 2：2008 + A1：2013，家用童床的安全要求及测试方法规定，床底板必须耐受住 50N 的拉力，且不能够有任何松脱，以确保使用该产品的孩子在床里不能将底板提起导致发生危害，该产品在较小的力的作用下便可以轻松脱离，将孩子夹在床底板和底板框架之间，可能导致闷死风险，不符合相关要求。

另外，根据标准要求，产品外部的开口尺寸不能介于小头规和大头规之间，以防止孩子的头部被卡住的风险，而该产品恰好有一个介于两个头规之间的外部开口，可能会产生窒息风险。该产品在设计阶段就没有充分考虑床底板连接强度及外部开口间隙的要求。

建议出口商及生产厂家在产品设计阶段，就充分考虑相关结构可能造成的窒息和闷死危险，充分满足强度和开口间隙的要求，以免违规。

案例8-5 小部件导致的窒息风险（来自美国CPSC网站）

通报号：16 - 156

通报时间：2016 年 5 月 5 日

来源国：中国

产品及描述：轻型安抚奶嘴及奶嘴链

风险类别：夹子的盖子可以从安抚奶嘴链夹上脱落，有可能被孩子吞食导致窒息危害

进口商处理措施：一旦发生脱落，看护者需要立刻将小部件拿开远离孩子，或者消费者可以直接找到进口商进行退换货

违规原因分析：

根据美国 16 CFR 1511，16 CFR 1500.51/CFR 1500.52/CFR 1500.53 以及

16 CFR 1501 要求，儿童护理类产品不能存在在指定力值下可以脱落的小部件。该产品使用的塑料夹子在扭力测试和拉力测试下可以脱落，并且脱落的小部件可以完全进入小部件量筒中，存在被婴幼儿吞咽导致窒息的风险。

企业在设计该类产品的时候，需要把小部件安全性考虑进去。对于一些配合性小的硬质部件等小部件，需要测试是否会产生窒息风险。

四、热点问题解答

（一）欧洲市场的婴童产品标准要求是强制的吗？

欧洲市场上的一般产品安全法案是 GPSD，所有进入欧洲的产品必须是安全的。但并不是说相关产品标准是强制的，或者根据 GPSD 的要求采取保证产品安全的方式便满足了产品投入市场的要求。实际上，产品标准上的项目是产品安全的最低要求。

（二）如果一个产品满足了欧洲产品标准的要求，是否类推到美国市场也没有问题？

不可以这样笼统地理解。各个国家和地区针对同一个产品都会有不同的安全考量，欧洲标准和美国标准的要求，从总体上来讲还是有一些差异的。首先，欧洲产品标准并不是强制标准，但是美国在很多儿童用品的自愿性标准之后，相继发布了 16 CFR 强制法规，这些强制性法规在美国市场上是强制的；其次，从标准要求上来讲，EN 标准和 ASTM/16 CFR 的一般要求基本类似，比如尖点利边、小部件、孔洞间隙、剪切挤压点等，但是测试方法差别很大。我们拿空洞间隙可能带来的手指陷落危害来作为例子。孔洞间隙的评估量具不同，评估的原则也不同。欧洲市场对于一般的手指陷落点的要求是不允许有 7mm~12mm 的间隙（深度大于 10mm），此间隙有些针对的是圆形孔洞，有些则是部件之间的间隙，但是美国市场对手指陷落点的范围要求是 5.33mm~9.53mm（深度大于 9.53mm），且该要求关注点在于整个平面上出现的孔洞，并且有相应的壁厚要求；再次，欧洲和美国标准所考量的着重点不同，美国偏结构要求多一些，而欧洲偏产品强度、结构完整性要求多一些。拿手推车作为案例，美国市场除了考量常规的移动部件之间的剪切挤压点，还考量了 2D 折叠手推车产品在打开最后一段的过程中，车台座位面以上的所有移动部件之间的剪切挤压点的危害；而欧洲相对应的标准要求比美国标准多了一些疲劳耐久性测试，比如路况疲劳测试及手把疲劳测试等。所以不可以由满足了一个地区的标准推断出出口其他国家也没有问题，需要具体问题具体分析。

（三）JPMA是强制认证吗？

不是，JPMA 是一个自愿性的项目，但是因为对产品安全的全方位考量，包括了物理机械性能、化学性能要求、燃烧性能、电性能（如果适用的话）、包装及信息要求，该项目得到了广泛的市场认可。所以，进口商及生产厂家如果有目标市场为美国的产品，可以参考 JPMA 的相关要求对产品进行规范。

（四）出口欧美的中国婴童产品，违规原因主要是哪些？可以去哪里查找这些违规信息？

出口欧美的婴童产品，违规比较多的原因包括很多物理结构上的缺陷，比如在儿童可接触范围内的孔洞间隙、陷落危害、小部件危害、绳子的缠绕及窒息危害、锁定机构危害、部件强度不足等。当然也包含一些化学性能不符合的危害。欧盟委员会非食品类快速预警系统的官方网站上每周会对欧盟成员及欧洲自由贸易联盟国家中发现的违规产品进行通报，相关企业可以去如下网址进行查询：http://ec.europa.eu/consumers/consumers_safety/safety_products/rapex/alerts/。

产品在美国市场违规的原因除了欧洲的这些类似的项目以外，还与市场的反馈及投诉有关，一旦有产品对消费者造成伤害导致投诉，无论产品是否满足相关法规和标准的要求，都有可能被通报违规并进行后续的回收处理。所以生产儿童用品的大前提是安全。美国 CPSC 官网会定期对美国境内，包括加拿大的违规产品进行通报，企业可以到如下网址进行查询：https://www.cpsc.gov/Recalls。

> **（五）婴童手推车出口欧洲地区，宣称使用质量在15kg以上，是否还可以根据EN1888:2012进行测试？如果不可以，要如何应对？**

EN1888：2012标准的使用范围是宣称质量在15kg及以下的产品，如果宣称质量大于15kg则不在EN1888：2012考量范围内，所以无法执行测试。但是EN1888即将发布的新版标准包含四个部分，其中EN1888-1针对常规宣称质量在15kg及以下的产品，EN1888-2则是针对宣称质量在22kg及以下的较重的产品，所以在未来企业将有据可循。

五、其他主要市场要求与常见问题

（一）其他市场要求

除了以上所提及的儿童用品的主要出口市场——欧美以外，世界上的其他国家或地区，针对婴童产品也都有着不同的要求，比如日本、韩国、加拿大、澳大利亚、巴西等。就物理机械性能来讲，不同的地区有着各自不同的要求。日本和韩国只接受本土认可实验室出具的相关测试报告，出口商和生产厂家必须根据对应的标准要求进行质量控制，以使出口的产品质量更有保障。有些特殊的儿童产品出口日本需要 SG mark 认证，这些都需要特别留意。加拿大和澳大利亚分别都有自己的法规和贸易法案，对应符合相关要求即可。巴西市场针对不同的儿童产品会有一些 INMETRO 认证的要求，就像我们国家的3C认证一样，除了产品需要通过测试以外，还涉及验厂、体系审核等一系列要求。

（二）中国企业应对策略

中国企业在进入以上提及的欧美以外的其他主要国家或地区的时候，需要根据相应国家或地区的特殊要求对应满足，尤其是一些有特殊认证要求的国家和地区需要特别留意，要全方位了解要求并相应执行，相关信息可以到相应官网获取。

澳大利亚市场的相关信息获取路径：

https：//www.productsafety.gov.au/，其中包括各类产品的法案要求及违规产品信息等。

日本市场的产品 SG mark 列表、相关要求等信息获取路径：

http：//www.sg‐mark.org/english_3.html。

（三）典型案例分析与处理方案

案例8-6 木头床信息不满足要求可能带来的风险（来自澳大利亚产品安全官网）

通报号：2016/15211

通报时间：2016 年 2 月 18 日

通报国：澳大利亚

来源国：/

产品及描述：木头床

风险分析：木头床，不符合澳大利亚强制性产品安全标准 AS/NZS 2172：2003，产品的信息也不符合要求，不满足要求的信息有可能导致误操作/错误使用产品，从而导致孩子受伤

进口商处理措施：消费者可以联系进口商换取正确的产品信息

违规原因分析：

根据澳大利亚强制性产品标准 AS/NZS 2172：2003 的安全要求，需要在产品及包装上提供相关产品信息及使用注意事项。所以生产厂家在生产产品时，在主要物理机械性能满足标准要求的前提下，信息要求也同样重要，需要留意。

案例8-7 安全门栏锁定机构失效可能带来的风险（来自澳大利亚产品安全官网）

通报号：2016/15461

通报时间：2016 年 6 月 27 日

通报国：澳大利亚

来源国：/

产品及描述：门栏

风险分析：门栏锁定机构的钩片没有及时归位导致锁定机构意外打开，由于内部结构的有效性问题，导致看护者并没有意识到这个问题，孩子独自使用时从楼梯上摔下

进口商处理措施：消费者停止使用该产品，立即联系商家退货，从市场上召回

违规原因分析：

对锁定机构的要求及该机构的有效性要求，在相关产品标准中均有明确的规定，该产品很明显没有通过锁定机构的相关要求的测试，虽然澳大利亚没有相关产品标准，但是可以参考其他国家或者地区的标准，以确保产品安全。

此案例提醒进口商及生产厂家，在生产安全产品时需要跨越国界，如果出口目的国没有相关产品标准，需要寻求其他国际上的标准进行有效评估。

（四）热点问题解答

1. 出口澳大利亚的儿童产品，是否只要满足相应的AS/NZS最新版本标准要求即可？

不是。最新版本的 AS/NZS 标准不一定是强制性贸易法案的参考依据。对于澳大利亚市场来讲，强制性要求涉及各个贸易法案，进口商或者生产厂家根据相应产品的贸易法案，在满足强制性要求的前提下，满足最新版本的自愿性标准的要求会更有保障，具体的信息可以参考以下网址：https：//www.productsafety.gov.au/。

2. 巴西INMETRO认证，中国企业在中国可以申请吗？大概的流程是怎样的？

理论上，INMETRO 认证的申请方要求是巴西法人（在巴西注册的企业），有认证资质的认证机构接受申请以后，授权认可实验室进行测试及后续的验厂事宜，顺利拿到证书后进行认证注册，或者注册之后进而得到进口许可。

> **3. 儿童产品出口不同的国家或地区是否需要满足全套的产品标准的要求？物理机械性能、化学性能、燃烧性能、信息等都符合要求的话就可以放心出口、没有后患了吗？**

首先，如之前谈到的，产品标准仅仅是保证安全的最低要求，不能说达到了标准产品就一定没有问题，比如美国市场也有很多满足标准要求但是被要求回收的案例发生。究其根源，多数是因为市场上发生了一些人身伤亡的案例。在生产安全产品的这条道路上，没有绝对的安全，只有更安全，需要不断地摸索研究。

其次，标准上的化学性能或者燃烧性能要求只是对产品本身的考量。而实际上，化学和燃烧等性能，要满足各个地区的法规或者法案的要求。化学性能的相关内容在相应的章节有更为详尽的介绍，大家可以参考。燃烧性能和化学性能的要求在有些国家或地区有额外的限定，如英国的防火规章、法国的法规都提出了额外的条件，这些也是需要满足的，具体可以参考各个国家的官网要求。

第四节　玩具出口要求、常见问题及中国企业应对策略

玩具，在这里所指的是专供儿童玩的东西。值得注意的是，不同国家对"儿童"和"玩具"的定义并不相同。玩具的发展也由简单的、手动的，演变成遥控的、虚拟的。玩具具有娱乐性、教育性、安全性三个基本特征。但是这三个特征往往不被重视，企业一旦收到消费者有关玩具产品安全的投诉，便手足无措。保证玩具产品的安全是生产商不可推卸的责任，按法规的要求，只有合规的玩具产品才可以投放市场。所以，了解目标市场的规则很重要。

以 2016 年度为例，美国消费品安全委员会（CPSC）通报系统共发布 330 例通报，其中原产地涉及中国（不包括港澳台地区）的消费品共 179 例，同比上升 15.48%，占全年通报总数的 54.24%，涉及在美国境内销售的产品约 3 255 万件，价值约 94 亿美元（数据来源 CPSC 官网）。从通报涉及产品类别

来看，产品被通报频率最高的前三类产品依次为电子电气产品及配件（66例）、儿童用品和玩具（29例）、运动休闲用品（28例）。可见在美国市场玩具是第二大类召回的产品，受重视的程度很高。2016年，在CPSC通报召回的179例中国消费品，所涉及的召回原因依次为火灾、烧伤（71例）、坠落、摔伤（33例）、窒息（21例）、电击/触电（18例）、割伤（15例）、烫伤、中毒或感染及夹伤等。其中火灾、烧伤、烫伤主要是由于电池、灯具、小家电等电子电气产品，以及电动滑板车等休闲运动产品在使用过程中温度过高，存在引起火灾、烧伤人体的风险；坠落、摔伤、割伤、射伤、砸伤等主要是由于椅、床等家具和家居装饰用品，以及自行车等运动休闲用品的制造或装配不良、容易损坏，造成使用者人身伤害；儿童用品和玩具、婴儿服装配饰等存在易被儿童误吞入的可脱落小部件或易勒颈的绳带等设计缺陷，是窒息风险的主要原因；此外，电击、触电主要由电子电气产品的防触电材料品质不足或设计缺陷导致。从设计缺陷可以反映生产商对安全标准要求的缺乏。实际上，这些缺陷是可以避免的。我们先了解一下美国的要求。

一、美国市场要求与常见问题

（一）美国市场玩具标准与要求

1. 美国玩具法规架构

美国的法律体系比较复杂，有联邦法律法规，有国会制定的法案，也有各州政府制定的条例、要求、规范等。

与玩具有关的法案，经常应用到的有5个：

- 《消费品安全法案》（CPSA）及《消费品安全改进法案》（CPSIA）；
- 《联邦危险物品法案》（FHSA）；
- 《可燃纺织品法案》（FFA）；
- 《有毒物质控制法案》（TSCA）；
- 《联邦食品、药品和化妆品法案》（FD & C AcT）。

与玩具产品有关的条款收集在联邦法规16 CFR的1500、1505、1610、1303等几个篇章里。

2. 美国联邦法规第 16 部分（16 CFR）

（1）1303 部分：关于含铅油漆和某些含铅油漆消费品的禁令条款

油漆和类似的涂层材料含总铅或铅化合物（以金属铅计）不得超过 0.009%（w/w），否则将被视为危险品，禁止使用或售卖。

（2）1500 部分：对危险物质和危险品管理及执行的法规

1）1500.44 鉴别极易燃或易燃固体物质的阻燃要求

制造玩具的材料需具备一定的阻燃性能，具体要求是材料的燃烧速度应低于每秒 0.1in。

2）1500.48 部分：供 8 岁以下儿童使用的玩具或类似品的尖点测试技术要求

对玩具和其他儿童用品上可触及的可疑尖点进行初步测试，如尖点测试仪器上指示灯不亮，说明被测试样品的可疑尖点通过测试，否则说明被测样品的可疑尖点不能通过测试，是可触及尖点。这时需要评估该尖点是否可对使用者构成伤害。

3）1500.49 部分：供 8 岁以下儿童使用的玩具或其他物品的利边测试技术要求

对玩具和其他儿童用品上的可触及可疑利边进行初步测试，如其芯轴上包裹的聚四氟乙烯带被边缘割破超过长度的 50%，说明被测试样品的可疑利边未通过测试，是可触及利边。这时需要评估该利边是否会对使用者构成伤害。相反测试结果说明被测样品的边缘不是利边。

4）1500.51 部分：供 18 个月以下儿童使用的玩具和其他物品正常使用和滥用模拟试验方法

模拟该年龄段儿童对玩具和其他物品作正常使用及可预见的使用、滥用时的情况，测试后不得产生小部件脱落、尖点、利边等隐患，具体测试有：撞击试验、咬力试验、弯曲试验、扭力试验、拉力试验、压力试验。

5）1500.52 部分：供 18 个月以上、36 个月以下儿童使用的玩具和其他物品正常使用和滥用模拟试验方法

模拟这个年龄段儿童对玩具和其他物品作正常使用及可预见的使用、滥用时的情况。在下列测试后不得产生小部件脱落、尖点、利边等隐患，具体

试验有：撞击试验、咬力试验、弯曲试验、扭力试验、拉力试验、压力试验。

6）1500.53 部分：供年龄 36 个月以上、96 个月以下儿童使用的玩具和其他物品正常使用和滥用模拟试验方法。

模拟这个年龄段儿童对玩具和其他物品作正常使用及可预见的使用、滥用时的情况。在下列测试后不得产生尖点、利边等隐患，具体试验有：撞击试验、咬力试验、弯曲试验、扭力试验、拉力试验、压力试验。

（3）1501 部分：供 3 岁以下儿童使用的玩具或其他物品是否因小部件而使儿童发生窒息、吸入、咽入危险的鉴别方法

供 3 岁以下儿童使用的玩具和儿童产品，含小部件可能会造成儿童窒息、吸出、咽入危险的均为危险物品，禁止售卖。

这些物品包括但不限于：挤压玩具；磨牙器；有栏杆的儿童小床上的训练器械；有栏杆的儿童小床上的活动物品；用于附在儿童小床、轻便婴儿车、供婴儿爬着玩的携带式围栏婴儿车上的其他弹跳玩具或物品；拖拉玩具；敲击玩具；积木的堆叠玩具；浴缸、浅水池和堆沙玩具；摇木马和固定马或类似玩具；韵律和音乐铃、旋转木马；玩偶匣；填塞、长毛绒和植绒动物或其他形象玩具；供 3 岁以下儿童使用的学前玩具、游戏机和智力玩具；供 3 岁以下儿童使用的乘骑玩具；供 3 岁以下儿童使用的幼儿家具物品，如带有栏杆的儿童小车、供婴儿在里面爬着玩的围栏、婴儿蹦床和步行车、轻便婴儿车和其他车辆；供 3 岁以下儿童使用的娃娃，如婴儿娃娃、布娃娃和豆袋娃娃；供 3 岁以下儿童使用的玩具汽车、卡车和其他车辆。另外，这些物品包括供 3 岁以下儿童使用和销售的所有其他玩具或物品。

测试包括正常使用和合理可预见的滥用测试（不包括咬力试验）。从测试样品上脱落的部件和小部件如能完全放进小部件量筒，且是在不施加外部压力的情况下，则该物品不符合测试的要求。

（4）1505 部分：电动玩具或预定供儿童使用电动商品的要求

适用于由电压 120V（110~125V）的交流电供电驱动的电动玩具，以使儿童避免电击、烫伤甚至火灾等安全问题。

3. ASTM F963 的要求

ASTM F963（玩具安全）是强制性玩具安全标准，在国际上影响非常大。

不满足 ASTM F963 要求的玩具不能进入美国市场。这一标准分为适用范围、参考文献、术语（定义）、安全要求、安全标识要求、使用说明、制造商标识、测试方法等部分。

其中，安全要求包括：材料质量、易燃性、毒性、电/热能、噪声、小部件、利边、尖点、突起部件、金属丝或杆件、钉和紧固件、膨胀材料、包装薄膜、折叠和铰链、绳和橡皮筋、稳定性和超载要求、封闭空间、轮、轮胎和轴、机械装置的孔间隙和可触及性、模拟保护装置、橡皮奶嘴、弹射玩具、出牙器和出牙玩具、摇铃、挤压玩具、电池驱动玩具、供连接在童床或游戏围栏上的玩具、玩具箱、填充玩具、豆袋类玩具、水上玩具、艺术材料、玩具枪标记、气球、某些有球形末端的玩具、弹珠、球、毛绒球、半球状物件、悠悠弹力球、磁铁等。

测试方法包括：《美国危险艺术材料标签法》相关测试、有毒物质含量的测定、重金属含量测试、可溶性重金属含量测试、清洁度和防腐性能测试、正常使用测试、滥用测试、冲击测试、扭力测试、拉力测试、压力测试、轮胎拉力测试、挠曲测试、口动玩具测试、乘骑玩具的稳定性测试、超载测试、电池驱动乘坐玩具测试、噪声测试、乘骑玩具的动态强度测试、包装薄膜厚度测试、环及绳索测试、悠悠弹力球测试、磁铁松紧测试等。具体要求请翻查标准文本。

4. 主要州政府对玩具产品的要求

美国有一些州（如宾夕法尼亚州、马萨诸塞州、俄亥俄州）对填充玩具及洋娃娃的标签作出了特别的规定。

（1）宾夕法尼亚州规定

制造商必须向有关部门提交其生产的毛绒玩具填充物料及有关玩具样本的详细资料，以便备案、注册。该产品在售卖时须带有有关标签。该标签没有颜色、尺码或类别的要求，但必须清晰易读且容易辨别。同时，标签亦要列出以下信息：

• 文字如"All New Material（全新材料）"或"All New（type）Material（全新'类别'材料）"；

• 经指定机构发出的生产商的认可登记号码（字头为"REG. NO. PA."）。

(2) 马萨诸塞州规定

生产商的标签必须包括以下资料：

● 生产商的名称及主要经营地点（包括州和城市），或该生产商的马萨诸塞州编号；

● 文字如"All New Material（全新材料）"或"All New（type）Material（全新'类别'材料）"。

生产商可自行制定标签的形式、颜色或尺寸，同时可以以任何形式贴在玩具上，但必须清晰易读。另外，标签亦必须放在显眼的位置，如标签被放在洋娃娃服饰内，有关资料亦必须在盒上出现。所有标签需安全地附贴在货品上，同时亦需贴在显眼位置以方便检查。

(3) 俄亥俄州规定

1) 玩具及洋娃娃的标签必须有的资料

● 生产商或进口商的注册名称和地址；

● 生产商或进口商的认可注册号码；

● 文字如"All New Material（全新材料）"或"All New（type）Material（全新'类别'材料）"。

生产商可自行制定标签的形式、颜色和尺寸，同时可以以任何形式贴在玩具上，但必须清晰易读。另外，标签亦必须放在显眼的位置，如标签被放在洋娃娃服饰内，有关资料亦必须在盒上出现。

2) 生产商注册编号的标签要求

据俄亥俄州的要求，认可的生产商登记号码必须由该生产商所属的州发出的编号，再加上所属州地区名称的缩写。

● 如需确认注册编号的统一格式，生产商需递交完整的注册编号，连同证书的副本。如生产商所属地区与发出证书地区不同，亦必须递交生产厂房所属州的缩写。

● 如生产商要求俄亥俄州发出注册编号，而其厂房并非位于州内，该生产商须申报厂房所属的位置。

● 每一个注册编号只适用于单一厂房，如生产商在不同州内拥有多个厂房，亦必须为每家厂房申请编号并支付附加的费用。

- 生产商在申请多个注册编号时,除字尾代表不同厂房所在地外,数字部分相同。

以上要求适用于厂房设置在海外的生产商。

- 生产商为方便生产和一次性通过上述三个州的标签要求,可以将统一格式的标签贴在玩具上。统一的标签应包括以下信息,才能符合三个州的要求:

生产商于宾夕法尼亚州的注册编号。马萨诸塞州及俄亥俄州亦接受生产商使用宾夕法尼亚州的玩具注册,而该注册编号必须于这些地区申请和交费;

生产商的名称及主要经营地点(包括州和城市);

文字如:"All New Material(全新材料)"或"All New (type) Material(全新'类别'材料)"。

同样地,统一格式的标签没有颜色、尺寸和类别的限制,但必须清晰易读和容易辨别,同时亦必须附贴在填充玩具上。

三个州当中,由于俄亥俄州、马萨诸塞州可以接受宾夕法尼亚州有关填充物的证书登记,但宾夕法尼亚州却不接受俄亥俄州、马萨诸塞州的证书登记。因此如果某玩具企业选择在宾夕法尼亚州进行玩具填充物证书登记注册,其产品在三个州都可获得通行。

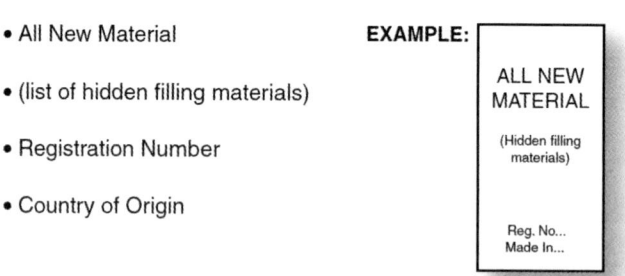

图8-4 标签式样

宾夕法尼亚州填充材料法规对于填充物的要求是很完整和详细的。不管是天然还是合成的纤维填充料都应符合《宾夕法尼亚州关于填充玩具的清洁度要求》(第47章第317小节的要求)。填充物不应含有昆虫、鸟、啮齿动物或其他动物被寄生虫污染的不良材料,也不能在生产过程中掺混其他的污染物，例如碎片和金属屑等。

5. 关于玩具枪的要求

（1）联邦法规对玩具枪的要求（15 CFR 1150）

规定了枪管上枪口处应设有一个火焰橙色塞子，其颜色应符合美国联邦规定的要求（颜色编码为595a），塞子应永久地固定在枪口上。另外塞子插入枪口的深度距离枪口端的距离不能超过6mm。采用透明/半透明/颜色鲜艳的设计，以区别于真武器。如用白色、鲜红色、鲜橙色、鲜黄色、鲜绿色、鲜蓝色、鲜粉红色或鲜紫色等。

（2）纽约市对玩具枪的要求

纽约市有关玩具枪的法规是《纽约市行政法典——枪支管理规定》（New York City Administrative Code – The Gun Control Provisions）。它的主要规定如下：

• 将玩具的整个外表面用鲜艳的颜色涂色，如白色、鲜红色、鲜橙色、鲜黄色、鲜绿色、鲜蓝色、鲜粉红色或鲜紫色着色，可以单独着色，也可以作为主色调以任何图案与其他颜色结合使用；或者

• 采用透明或半透明设计，这样可以清晰地了解仿真武器内的完整结构；除水枪外，枪管应该采用与玩具枪或仿真武器相同的材料封闭，距该枪管前端的距离不能小于1.5in；并且

• 应清晰明确地印上制造厂家的名称、商标或者品牌等信息；并且

• 不能附带有激光瞄准器，但对于以下玩具枪或收藏品是豁免的：

纽约市以外销售的仿真武器；

具有特别功能，且仅仅适用于电视荧幕上或者戏剧产业的仿真武器；

制造早于1898年，且不能发射的仿真武器收藏品；

具有真枪的外观、形状或结构，并且高度不超过38mm，长度不超过70mm的装饰品或微型模型，包括放置/陈列用或用于穿戴的物品，例如手镯、项链、钥匙等。

（3）加州对玩具枪、仿真武器的要求

加州规定：在玩具枪或仿真武器上需要加贴警示标识。该警示语可不标示在仿真武器上，而标示在其包装上。仿真武器的包装上要标明相关的警示

语，警示语要起到警示的效果，即提醒消费者，该产品可能会被国家的执法机关或者他人误认为武器。如果改变该产品上国家或联邦法律法规要求的颜色或标记要求，而使该产品看起来很像武器，是很危险的，并且有可能会导致犯罪；在公共场所挥舞或展示该产品可能会引起混乱，甚至可能导致犯罪。

(4) 明尼苏达州对玩具枪的要求

明尼苏达州法律规定：仿真武器需要加贴警告语，对其的具体要求如下。

- 警告词"WARNING"的高度至少 1.5in，且位于警告语的中间位置的上方；
- 警告语言的高度至少 3/32in；
- 警告语言应清晰易读，其内容必须包含由于使用仿真武器而导致的、国家法律规定之下的犯罪处罚，并且描述一些禁止的行为活动；
- 警告语言所涵盖的内容为：

拥有、储藏或者持有危险武器，或者在中小学场所或运载学生的校车上使用、挥舞仿真武器的行为将被判重罪（特例除外）；

无论谁在学校拥有、储藏或者持有仿真武器或者 BB 枪，都将被判重罪；

任何人展示、挥舞或者使用仿真武器或 BB 枪实施威胁，并且导致或者试图导致达到恐吓他人的目的，或者不计后果地忽视造成这种恐怖行动的风险的行为，将被判犯有恐吓罪。最高处罚为 1 年监禁和/或处罚金 3 000 美元。

(二) 中国企业应对策略

符合以上美国对玩具安全的要求，是否就可以避免产品被召回？答案是否定的。还须配合下面的方法才可以把召回的风险减到最低。

- 准确理解标准和跟踪标准更新；
- 完善安全质量管理体系（包括原材料供应商）；
- 做好生产流程控制措施，加强对关键工序的动态监管；
- 提高工艺水平；
- 及时调整产品结构；
- 与第三方测试机构合作，对成品做合理、可靠的安全抽查、测试。

（三）典型案例分析与处理方案

根据 2016 年度 CPSC 召回数据，小部件危害是召回的第二号主要原因。相关玩具结构，特别是小部件易被婴幼儿放入口中，存在导致其窒息的危险。这些产品导致窒息风险的原因主要有：一是部分玩具体型过小或形状特殊，易被儿童放入口中吞食；二是玩具上的小零件或小部件，如弓箭的吸盘、玩偶的眼鼻等部件容易被儿童扯下、拆下或解开，可能被误吞；三是部分塑料玩具易破裂产生小碎片，儿童可能将其放入口中，存在呛噎的危险。

要解除这些风险，我们首先要了解小部件存在的原因。有的是玩具本身就是小部件，有的是玩具有小部件配件或玩具经测试后产生小部件。

避免产生小部件的方法有：

- 设计上不含有小部件，包括玩具本身；
- 不使用薄的、易碎的、强度较弱的塑料；
- 设计上避免有易碎的突出部件、固定强度差的部件等；
- 布绒玩具的眼睛、鼻子、拉链扣、衣物上的纽扣和饰物等要加固；
- 玩具在装配过程中避免有异物进入；
- 了解幼小儿童的行为习惯；
- 对于需要承受较大冲击力的玩具或部件，选用耐冲击的材料如 ABS、PC 等；
- 在制造工艺上，应考虑装配的牢固程度，能经受相关的拉力和扭力滥用等试验。

（四）热点问题解答

1. 一般体型细小、轻巧、颜色鲜艳、造型简单的毛绒公仔的使用年龄段是多少？

一般来说，体型细小、轻巧、颜色鲜艳、造型简单的毛绒公仔的使用年龄段属于"所有年龄段"。在玩具标准 ASTM F963 里有清楚的说明。生产商不能因为毛绒玩具会产生小部件，便修改使用年龄段为"3＋"，并且加贴小部件警告语，这种做法是违规的，违规的玩具亦会被召回。

2. 一个使用年龄段是5岁的玩具是否要通过滥用测试，扭力、拉力测试等？

在美国玩具安全标准里，玩具适用于由 0 到 96 个月孩童的，都要通过滥用测试。在这一点上，美国市场的要求比欧盟市场更加严格。

3. 有哪些材料是小部件豁免的？

按美国玩具标准 ASTM F963，毛刺碎片、塑料长条、泡沫碎片或刨花碎屑、纸片、布料、纱线、绒毛、橡皮筋和细线等部件/材料可豁免小部件要求。

二、欧洲市场要求与常见问题

（一）欧盟玩具法规的架构及要求

欧盟法规的框架见本书的第二篇。一般产品安全指令和玩具安全指令属于最高级别文件，而安全测试标准是在指令下的执行性文件。

1. 欧洲市场中玩具产品所涉及的技术法规和指令

与玩具有关的欧盟指令与法规共 8 项，具体如下：

- 欧盟《通用产品安全指令》（2001/95/EC 和 GPSD 指令）；
- 《关于化学品注册、评估、授权和限制的法规》REACH 法规；
- 欧盟玩具指令 TOY 2009/48/EC；
- 电磁兼容指令 EMCD 2014/30/EU；
- 无线设备指令 RED 2014/53/EU；
- 电池和蓄电池指令 2002/525/EC；
- 限用有害物质指令 2011/65/EU，RoHS2.0 指令；
- 废旧电子电气设备指令 2002/96/EC，WEEE 指令。

（1）通用型法规和指令

欧盟《通用产品安全指令》（2001/95/EC、GPSD 指令）和《关于化学品注册、评估、授权和限制的法规》（REACH 法规）的内容详见第二篇。

（2）与玩具直接相关的指令——欧盟玩具指令（2009/48/EC）

2009/48/EC 指令是玩具安全指令，规定了玩具的安全质量要求和符合性评定程序。它的基本安全质量要求有：玩具在正常使用或可预见的滥用情况下，不会损害使用者或第三方的安全或健康。玩具投放市场后，考虑到可预见的和正常的使用周期，仍然要符合指令的安全和健康要求。主要的要求包括玩具的机械与物理性能、卫生、燃烧性能、特定元素的迁移、电气安全性能等。指令还规定了玩具符合性评定所采取的评定形式、CE 标识、符合性评定依据、监督措施、各成员采用要求等。

指令对于玩具材料中的化学成分，要求大致如下：

- 对 19 种重金属有限制的迁移量，受限制的金属有铝、锑、砷、钡、硼、镉、三价铬、六价铬、钴、铜、铅、锰、汞、镍、硒、锶、锡、有机锡和锌。限量的详细情况请参考 EN 71-3 标准；
- 禁用 55 种过敏芳香物质，详细情况请参考玩具指令。

另外，如果含有允许使用的过敏性芳香剂，但含量超 0.01% 时需要进行标识。详细情况请参考玩具指令。

限制了 13 种亚硝胺类物质，其限量的详细情况请参考 EN71-12 标准。

（3）与玩具间接相关的指令

倘若玩具是电动玩具，如电池驱动的小车子、蓄电池驱动的乘骑玩具等，须符合电磁兼容指令 EMCD（2014/30/EU）、电池和蓄电池指令［2006/66/EC、限用有害物质指令（2011/65/EU、RoHS 2.0 指令）］和废旧电子电气设备指令（2002/96/EC、WEEE）等的要求，这部分要求请查阅电子电气标准相关章节。如果是遥控玩具，还要符合无线设备指令 RED（2014/53/EU）的要求，详情亦请查阅电子电气标准相关章节。

欧盟对甲醛方面也有要求，在一些木制玩具和纺织品玩具中限制了甲醛含量。德国、法国、荷兰等国家还有一些专门法规限定甲醛在纺织品中的使用。

对于多环芳香烃（PAHs），经过德国的大力推动，欧盟终于制定了相应的标准并在欧盟 REACH 法规附录 17 第 50 条作了规定。详细要求请查阅本书第二篇相关内容。

最后，对于甲酰胺，法国和比利时是欧盟中最早对其进行限制的。法国国家食品安全、环境及劳动局（ANSES）限制儿童接触甲酰胺（formamide），同时，对含有甲酰胺的泡沫拼图垫的进口和销售也发布了新的要求，规定为 200mg/kg。比利时决定从 2012 年开始强制执行玩具安全指令（TSD），禁止销售一切甲酰胺含量超过 5 000mg/kg（0.5%）的泡沫玩具拼图垫。

2. EN 71 系列标准的要求

EN 71 系列玩具安全标准，是欧洲标准化委员会（CEN）为玩具指令 TOY 2009/48/EC 制定的一系列具体测试标准。这个系列标准包括了玩具安全指令里的各个指标，并覆盖了大多数的玩具产品，在欧盟销售的所有玩具产品必须符合 EN 71 系列测试标准。

EN 71 系列标准涉及的项目包括物理和机械性能、易燃性、电气性能、放射性要求、操作说明、警告语等。

（1）机械和物理性能要求

首先，玩具及其配件，以及固定玩具的部分必须有足够的机械强度，还必须有足够的稳定性以承受使用中可能受到的压力，以防止玩具破碎、变形引发危险。而玩具是否具备相应的机械强度，主要通过 EN71 – 1 中相关的正常使用和可预见滥用试验（拉力测试、扭力测试、跌落测试、压力测试、冲击测试、倾翻测试等）来判断。

其次，玩具的可触及边缘、突出部位、绳线、电缆和紧固件的设计和生产，须保证尽可能减少与其接触时伤害人体的可能性。这个要求主要是为了防止玩具上存在危险的尖点、利边或者突起部件。另外绳线、电缆和紧固件的应用不应有伤害人体的风险。

再次，玩具的设计和生产，必须避免小部件的相对运动对人体造成伤害，或将此种危险降到最小。一些玩具中的小部件的相对运动是无可避免的，例如可折叠滑板车、玩具推车的折叠机构等，设计师或制造商需要考虑夹住手指/剪伤手指等风险，以便其减到最小。

机械和物理性能中还要重视的是窒息风险。另外，机械和物理性能要求对水上玩具、封闭空间玩具、活动类玩具，对速度限制、弹射功能、升温、噪声均作了要求。

（2）材料易燃性要求

材料易燃性要求主要是针对制造材料的要求，要考虑所使用的材料的各种燃烧的可能，以不自燃和燃烧速度慢为目标。另外要注意的是，"不得含有由于非易燃的挥发性成分的损失而变得易于燃烧的物质或混合物"。也就是说，在选择玩具材料时，除了要考虑材料的易燃性，还要考虑那些非易燃但存在潜在易燃性的物质。

（3）电气性能

电气性能标准在电压、部件电击、升温、电源电击、防火、电磁兼容、玩具结构、光辐射和变压器等方面也有细化要求。其中要注意的是：玩具的任一易触及部件不得超过24V直流电压或相当的交流电压，玩具的电气变压器不应成为玩具不可或缺的部件。

EN 71的基本安全要求：当玩具被预期的正常使用和可预见的滥用使用时，要考虑到儿童的行为，不得危及使用者或第三方的健康或安全。其中，"安全"主要指物理性能等方面，健康指化学和微生物等方面。生产商更要充分考虑使用者误用的行为，将成人监督等情况考虑进去。针对可接触的玩具材料，EN 71-3限制了19种特定可迁移重金属元素（限量的要求请查看第二篇），而且把玩具材料细分为3个类别，如表8-4所示。

表8-4　玩具材料分类

类别	玩具材料		
	第一类	第二类	第三类
玩具材料类别	干燥、易碎、粉末状或柔韧的玩具材料	液体或黏性玩具材料	可以刮去的玩具材料

续表

类别	玩具材料		
	第一类	第二类	第三类
示例	1. 压缩漆片 2. 彩色铅笔芯 3. 粉笔 4. 蜡笔 5. 其他意图留下墨迹或笔记的固体材料 6. 橡皮泥 7. 印模膏	1. 作指画用的水彩颜料 2. 涂料、清漆 3. 钢笔墨水 4. 液体黏合剂 5. 胶水 6. 啫喱状软泥 7. 泡沫溶液 8. 其他可接触液体材料	1. 表面涂膜（涂料、清漆、油墨等） 2. 塑料、橡胶、硅胶和其他高分子材料 3. 纸质、纸板材料 4. 纺织类材料 5. 玻璃、陶瓷、金属材料 6. 木质、纤维板、骨质、皮质材料

欧盟标准一般是非强制执行的，供通用或重复使用的产品或相关工艺和生产方法的规则、指南或文件，包括专门术语、符号、包装、标识或标签要求等。被公认机构 CEN 公告后的欧洲标准称为"协调标准"，是在欧洲委员会一致通过的基础上由标准化组织批准的。协调标准具有"据此推断符合基本要求"的地位，是制造商证明产品符合指令基本要求的一种工具。也就是说，符合协调标准的产品即可在欧盟市场流通，但一般说来实施协调标准是强制的。

凡是符合这些协调标准的产品，可被视为符合欧盟指令的基本要求，允许投放市场，可在市场上自由流通。目前玩具产品所涉及的协调标准见表 8-5。

表 8-5 玩具产品所涉及的协调标准

标准号	标准名称
EN 71-1：2014	玩具安全　第 1 部分：机械和物理性能
EN 71-2：2011 + A1：2014	玩具安全　第 2 部分：燃烧性能
EN 71-3：2013 + A1：2014	玩具安全　第 3 部分：特定元素的迁移
EN 71-4：2013	玩具安全　第 4 部分：化学和有关活动用的试验装置

续表

标准号	标准名称
EN 71-5：2015	玩具安全　第5部分：除实验装置外的化学玩具（装置）
EN 71-7：2014	玩具安全　第7部分：指画颜料-技术要求及测试方法
EN 71-8：2011	玩具安全　第8部分：家庭娱乐用玩具
EN 71-12：2013	玩具安全　第12部分：N-亚硝胺和N-亚硝基类物质
EN 71-13：2014	玩具安全　第13部分：嗅觉类棋盘游戏、味觉类棋盘游戏、化妆品
EN 71-14：2014	玩具安全　第14部分：家庭娱乐用跳床玩具
EN62115：2005/A12：2015	玩具安全　电动玩具　安全

适用于所有类型玩具标准 EN 71 系列共有下面的标准：

EN 71-1　物理和机械性测试；

EN 71-2　易燃性测试；

EN 71-3　有毒金属迁移测试；

EN 71-4　化学实验玩具；

EN 71-5　非实验用化学玩具；

EN 71-7　涂料、涂层要求；

EN 71-8　供户内和户外家庭娱乐用的摇摆、滑动及类似玩具；

EN 71-9　玩具中有机化合物通用要求；

EN 71-10　有机化合物的样品制备和提取；

EN 71-11　有机化合物的分析方法；

EN 71-12　N-亚硝胺和N-亚硝基类物质；

EN 71-13　嗅觉类棋盘游戏、味觉类棋盘游戏、化妆品；

EN 71-14　家庭娱乐用跳床玩具。

按欧盟玩具指令 TOY 2009/48/EC 的要求，玩具可以分为两大类。

第一类是全部或部分不能被相关协调标准（如 EN71、EN62115 等）涵盖的玩具。这类玩具应由欧盟公告机构（Notified Body）进行 EC 型式试验（EC type examination），并出具 EC 型式试验证书（EC type Certificate），制造商再根据 EC 型式试验证书进行型式合格声明（EC 型式检验+型式合格声明）。

第二类是能完全被相关协调标准涵盖的玩具。这类玩具不需要由认可通告机构进行 EC 型式试验和出具 EC 型式试验证书，可由制造商自行验证（Self – verification）并加贴 CE 标识，但必须提交测试报告（test report）等验证文件，即采用内部生产控制。两类玩具在符合性评定程序、第三方实验室测试等方面的对照如表 8 – 6 所示。

表 8 – 6　玩具类别对照表

	内部生产控制	EC 型式检验 + 型式合格声明
适用玩具产品	- 能完全被相关协调标准（如 EN71、EN62115 等）涵盖的玩具； - 绝大部分玩具适用本模式。	- 全部或部分不能被相关协调标准（如 EN71、EN62115 等）涵盖的玩具，即非常特殊的玩具； - 生产商对产品是否符合欧盟玩具安全指令无足够把握时； - 较少玩具适用本模式。
符合性评定程序	可由制造商自行验证并加贴 CE 标识，但必须提交测试报告等验证文件。	欧盟的 Notified Body 进行 EC 型式试验，并出具 EC 型式试验证书，制造商再根据 EC 型式试验证书作出型式合格声明。
是否需要第三方实验室测试报告	如果企业具备自行验证并出具测试报告的能力，则无须第三方实验室报告。	必须有第三方实验室出具的 EC 型式试验证书。
第三方实验室资格	可以是欧盟的 Notified Body，也可以是其他机构，但必须是通过相应认可的第三方实验室。	仅限于欧盟的 Notified Body。

符合性评定程序是检验产品质量的主要手段。欧盟规定，凡是 2009/48/EC 覆盖的涉及安全、卫生、健康及环境保护等的产品，都必须通过相应的符合性评定程序，并加贴 CE 标识后方能进入欧盟市场。否则，一律不许进口、售卖。

CE 标识是一种管理产品使其符合相关指令要求的标识制度。它是目前欧盟实施市场监督的一种重要手段。某一产品一经加贴 CE 标识后，便表明该产品符合欧盟新方法指令中关于安全、卫生、健康或环境保护等基本要求，可以在欧盟市场自由流通。

（二）中国企业应对策略

根据欧盟委员会（EC）公布的2016年年度RAPEX的数据，玩具业的产品召回次数是最多的，占到了总召回次数的26%，其次是汽车、服装和电子产品，分别占到了18%、13%和7%。而玩具类产品召回的主要原因是可能导致窒息、化学成分不达标等。这说明风险最大的产品是玩具。玩具企业如何应对，不再在这里重复了，大家可参考出口玩具到美国市场的应对策略。

（三）典型案例分析与处理方案

含危害磁铁的玩具是被召回的主要产品之一。常见的磁铁玩具主要包括以下几种：强力磁铁套装、发声磁铁玩具、磁性拼图、磁性积木、钓鱼玩具、仿真食物玩具、磁性运笔迷宫玩具、磁性飞镖玩具、内置磁铁摆造型玩具、磁性绘画板玩具等。部分磁铁玩具中含有磁性小零件或小球，儿童误吞或吸入有可能造成窒息；如果儿童吞食两个及两个以上的强力磁铁（磁通量指数 $\geqslant 50kG^2mm^2$ 的磁铁为强力磁铁），或者吞食强力磁铁和其他铁磁性物体（铁、钴、镍），磁铁会在消化系统中与另一个磁铁（或铁磁性物体）吸附，并对肠壁产生压力，可能引起肠胃穿孔或肠梗阻，严重时可能危及生命。

在很多情况下，这些磁性部件需要通过手术移除，会对儿童的消化道造成永久性伤害。类似的伤害事故在国内外均多次发生。

案例8-8　磁性小球带来的儿童身体伤害风险

一对夫妇给孩子买了一盒磁铁小球，结果孩子不小心吞下了几粒。医生在给孩子检查时发现，那些吞进肚中的小球吸附在了一起，生生把孩子的肠道穿出了一个孔。那个孩子做了肠道移植等6个大手术，一度有濒临死亡的危险。

案例8-9 小磁铁带来的儿童身体伤害风险

2岁男孩小睿（化名）突然呕吐发烧，家人急忙将其带至医院。检查发现小孩的消化道有异物，医生通过手术在小孩腹内取出7粒小磁铁。磁铁导致小孩小肠、结肠多处穿孔，好在手术及时，小孩终转危为安。

至于应对方法，下面几点可以给大家作为参考：
- 避免使用磁性强的材料，如钕铁硼磁铁（Nd2Fe14B）、钐钴磁铁（SmCo）、铝镍钴磁铁（AlNiCo）、铁氧体磁铁等；
- 选用磁力弱的软磁铁（磁通密度小于50）；
- 避免使用体积细小的磁铁；
- 如果必须使用强力磁铁，须使磁性部件/配件不是小部件；
- 确保磁性部件能通过滥用测试，而且没有小部件产生；
- 以多种方式把部件连接，确保连接方式能够通过滥用/浸泡测试等。

（四）热点问题解答

1. 滥用测试中的扭力和拉力测试是否在同一位置（玩具部件上）上进行？

滥用测试中的扭力和拉力测试是在同一位置（玩具部件上）上进行的，而且是先做扭力测试，然后在同一测试点上做拉力测试。

2. 欧盟玩具的燃烧测试是否与美国的燃烧测试相同？要求也相同吗？

欧盟玩具的燃烧测试和美国的燃烧测试有很大的不同。以一个20cm高的布料公仔的燃烧测试为例，具体对比如表8-7所示。

表 8 – 7　美国与欧盟玩具燃烧标准比较

项目	美国玩具标准 ASTM F963	欧盟玩具标准 EN71
成品	固体成品 – 16 CFR 1500.44	成品 – EN71 – 2
测试样本	放平测试	垂直测试
火焰源	用蜡烛作为火焰源	用气体作为火焰源
燃烧速度	不超过 2.54mm/s	不超过 30mm/s

三、其他市场要求

自从 2007 年玩具制造巨头在全球召回的事件发生后，玩具市场不论大小，都纷纷出台强制性的安全标准和认证，以下简单列举一些主要市场及其玩具标准作参考。

（一）国际标准化组织

ISO 8124 – 1　玩具安全　第 1 部分：机械和物理性能相关的安全要求

ISO 8124 – 2　玩具安全　第 2 部分：阻燃测试

ISO 8124 – 3　玩具安全　第 3 部分：元素的迁移

ISO 8124 – 4　室内和室外家庭用摇摆、滑动和类似玩具

ISO 8124 – 5　某些元素的总含量

ISO 8124 – 6　邻苯测试

ISO/TR 8124 – 8　年龄评估指引

IEC 62115　电动玩具安全要求

ISO 8098：2014　儿童自行车的安全要求

（二）澳大利亚

AS/NZS ISO 8124.1　机械和物理性能相关的安全要求

AS/NZS ISO 8124 2　阻燃测试

AS/NZS ISO 8124.3　元素的迁移

AS 8124.4　化学及相关活动的测试装置

AS 8124.5　除测试装置外的化学玩具（装置）

AS/NZS ISO 8124.6　室内和室外家庭用摇摆、滑动和类似玩具

AS 8124.7　指画颜料测试方法和要求

AS/NZS 8124.9　有机化合物　要求

AS/NZS 8124.10　有机化合物　试样的制备和萃取

AS/NZS 8124.11　有机化合物　分析方法

AS/NZS 62115　电动玩具安全要求

（三）巴西、阿根廷、乌拉圭、巴拉圭、委内瑞拉

MERCOSUR Resolution N 23/04　玩具技术标准一般要求

NM 300-1　机械和物理性能

NM 300-2　阻燃测试

NM 300-3　元素的迁移

NM 300-4　化学及相关活动的测试装置

NM 300-5　除测试装置外的化学玩具（装置）

NM 300-6　电动玩具安全要求

（四）加拿大

CCPSA SOR/2016-195　玩具安全法规

SOR/2010-298　邻苯二甲酸酯管理条例

SOR/2010-273　含铅消费品（与口接触）管理条例

SOR/2005-109　表面涂层材料管理条例

Science Education Sets Regulations 科普教育套装法规

CCCR Consumer Packaging and Labelling Act 有毒有害物质包装及标签法规

Upholstered and Stuffed Articles, Ontario Regulation 218/01 填充产品法规

（五）新西兰

AS/NZS ISO 8124.1　机械和物理性能相关的安全要求

AS/NZS ISO 8124.2　阻燃测试

AS/NZS ISO 8124.3　元素的迁移

AS/NZS ISO 8124.6　室内和室外家庭用摇摆、滑动和类似玩具

AS/NZS 8124.9　有机化合物　要求

AS/NZS 8124.10　有机化合物　试样的制备和萃取

AS/NZS 8124.11　有机化合物　分析方法

AS/NZS 62115　电动玩具安全要求

(六) 南非

SABS ISO 8124.1　机械和物理性能相关的安全要求

SABS ISO 8124.2　阻燃测试

SABS ISO 8124.3　元素的迁移

(七) 中国香港

EN 71 – 1　机械及物理性能测试

EN 71 – 2　易燃性测试

EN 71 – 3　19 种有毒金属元素含量测试

EN 62115　电动玩具附加测试标准

另外，玩具如符合了美国玩具标准 ASTM F963 或国标 GB 6675 的要求，也可以投放市场售卖。

(八) 日本

Japan Food Sanitation law（JFSL）– Section 4　日本《食品卫生法》

Japan Toy Safety Standard，ST 2012 – 1　日本玩具协会标准，物理和机械性能（ISO 8124.1）

Japan Toy Safety Standard，ST 2012 – 2　日本玩具协会标准，阻燃性能（ISO 8124.2）

Japan Toy Safety Standard，ST 2012 – 3　日本玩具协会标准，化学性能

Phthalate Requirement – 23 August 2011　邻苯二甲酸酯要求

（九）马来西亚

MS ISO 8124.1　物理和机械性能

MS ISO 8124.2　阻燃性能

MS ISO 8124.3　某些元素的转移

MS 1774.4　化学和有关活动用的试验装置

MS 1774.5　化学玩具（试验装置除外）

MS 1774.6　年龄段警告标识

MS 1725　电动玩具安全要求

（十）沙特阿拉伯

SSA 765　操场设备　第1部分：通用安全要求

SSA 1063　玩具和通用安全要求

SSA 1064　测试方法　第1部分：机械和化学性能测试

SSA 1065　测试方法　第2部分：阻燃

SSA 1322　低功率射频装置

（十一）新加坡

SS 474 – 1　物理和机械性能

SS 474 – 2　阻燃性能

SS 474 – 3　某些元素的转移

SS 474 – 4　化学和有关活动用的试验装置

SS 474 – 5　化学玩具（试验装置除外）

SS 474 – 6　年龄标识的图形表示

邻苯增塑剂要求

ISO 8124 和 EN 71 系列的玩具安全标准亦适用

（十二）泰国

TIS 685 – 2540 – 1　通用要求

TIS 685 – 2540 – 2　包装和标识

TIS 685 – 2540 – 3　测试方法和分析

（十三）中国台湾

CNS 4797　玩具一般安全要求

CNS 4797 – 1　耐燃性

CNS 4797 – 2　特定元素迁移

CNS 4797 – 3　物理要求

CNS 4797 – 4　化学和有关活动用的试验装置

CNS 4797 – 5　化学玩具（试验装置除外）

CNS 14276　电动玩具安全要求

CNS 15138　邻苯增塑剂要求

玩具产品标签要求

（十四）印尼

SNI ISO 8124 – 1　物理和机械性能

SNI ISO 8124 – 2　阻燃性能

SNI ISO 8124 – 3　元素的迁移

SNI ISO 8124 – 4　室内和室外家庭用摇摆、滑动和类似玩具

SNI IEC 62115　电动玩具安全要求

SNI 7617　偶氮染料和甲醛要求

邻苯二甲酸盐要求（参照 EN 71 – 5）

（十五）越南

玩具安全国家技术法规

TCVN 6238 – 1　机械和物理性能

TCVN 6238 – 2　燃烧性能

TCVN 6238 – 3　特定元素的迁移

TCVN 6238 – 4　化学及相关活动的测试装置

TCVN 6238 – 5　除测试装置外的化学玩具（装置）

TCVN 6238 – 6　年龄标识的图形表示

TCVN 6238 – 9　有机化合物　要求

TCVN 6238 – 10　有机化合物　试样的制备和萃取

TCVN 6238 – 11　有机化合物　分析方法

芳香胺、甲醛要求［公告文件第三十二号 Circular No 32/2009/TT – BCT（2009）］

（十六）牙买加

JS 90 – 1983　玩具及玩耍物品安全规范

（十七）韩国

KS ISO 8124 – 1　机械和物理性能

KS ISO 8124 – 2　燃烧性能

KS ISO 8124 – 3　特定元素的迁移

（十八）菲律宾

菲律宾玩具和游戏用品安全法案（公共法案 10620 号）

PNS 137　玩具包装及标签安全要求

PNS 365　油漆和清漆玩具规范

PNS 830　漂浮玩具和儿童游泳辅助物标准

PNS 1408 – 2　玩具燃烧性能

PNS 1408 – 3　元素迁移

PNS 1408 – 4　化学及相关活动的测试装置

PNS 1407 – 5　除测试装置外的化学玩具（装置）

PNS 1408 – 6　年龄警告标签图形标识

（十九）埃及

ES 7093　玩具基本要求

ES 3123-1　机械和物理性能

ES 3123-2　燃烧性能

ES 3123-3　元素迁移

ES 7269　电动玩具安全标准

ES 7562　邻苯二甲酸盐要求

(二十) 墨西哥

NOM-252-SSA1　玩具安全，元素迁移

第五节　餐厨具出口要求、常见问题及中国企业应对策略

食品安全关系着人类的生存和健康，各国除了对食品有严格的安全要求，对于接触食品的容器、工具、材料等也有着严格的规定。接触食品的容器、工具、材料在检测行业内一般被称为"食品级材料及制品"，在法规或标准中则被称为"食品接触材料及制品"，而餐厨具就是日常生活中人们接触最多的一类食品接触制品。

"食品接触材料及制品"具体的定义是：在正常使用条件下，各种已经或预期可能与食品接触、或其成分可能转移到食品中的材料和制品。

欧盟颁布的针对与食品接触物质的框架法规（EC）No 1935/2004 除了对食品接触材料及制品有如上的定义外，还规定了其范围不包括古玩、覆盖食品并已经成为食品一部分的材料、公共或私人用输水设施。中国标准 GB 4806.1-2016《食品安全国家标准　食品接触材料及制品通用安全要求》中则规定，食品接触材料及制品的范围不包括洗涤剂、消毒剂及公共输水设施。

当产品落入食品接触材料及制品定义的范围，就意味着产品出口到哪个国家或地区就要符合哪个国家或地区对于食品接触材料及制品的规定。如出口到欧盟，需要符合（EC）No 1935/2004 及相关指令的规定；出口到美国，需要符合美国食品药品监督管理局（FDA）对于食品接触材料及制品的规定。

这些规定的基本要求是，在推荐的使用条件下与食品接触时，迁移到食品中的物质水平不应危害人体健康；迁移到食品中的物质不应造成食品成分、结构或色香味等性质的改变，不应对食品产生技术功能（有特殊规定的除外）。

一、全球主要市场食品接触材料要求与常见问题

（一）产品标签、标识、警示语及语种要求

当产品离开原产地到达另外一个陌生的地方，人们了解产品的第一信息来源就是产品的标签、标识。标签标识需要简单、清晰、明了，尤其不能误导消费者。标签需能指导消费者正确使用材料和产品，根据不同的使用者，标签上应有不同的使用说明。

1. 产品标签、标识、警示语

欧盟法规（EC）No 1935/2004 规定，标签、标识中必须含有以下信息。

（1）刀叉标识

图 8-5　刀叉标识

标签标识中必须明确标识"食品接触用"，或明确指出产品用途，如咖啡机、酒瓶、汤勺，或者产品上加印、加贴如图 8-5 所示的刀叉标识。如有必要，应当标明安全适当的使用说明。

（2）标识内容

标识内容应包括产品名称或商品名称，制造商、加工商或销售商的地址或注册办事处地址。

（3）追溯信息、警示语

产品应提供成分信息，以保证有足够的信息对食品接触材料及制品进行追溯。

当使用活性材料或制品时,应标识相关信息。

根据产品实际使用情况,既不夸大产品的功能,也不隐瞒产品的缺陷。清晰明了地在标签、标识或产品使用说明书上标明警示语,是指导消费者安全使用产品的保证,也是对企业的一种合法的保护手段。例如保鲜膜产品,当使用材料不适于包装含油脂类食物时,可以标上警示语"不得接触带油脂食品"。

2. 语种要求

在欧盟,材料或者产品在其成员的领土内可以按照规定销售,该条约规定,标签详情应根据该国的官方语言,由一种或多种语言组成。

(二) 常见有毒有害物质含量控制标准及可能的来源分析

由于立法思路不同,各国食品接触材料法规体系差异较大,有的甚至毫无可比性。法规对有毒有害物质要求虽然不同,但目的一致,就是控制食品接触材料或制品中的化学物质,使其尽量少地进入到食物当中,以免对人体健康造成影响。法规中的测试方法是模拟食品接触材料或制品在实际使用过程中可能发生的迁移过程,如图8-6所示,向样品中注入一定量的模拟液(模拟各种类型食物的液体),在一定时间及温度下静置一段时间,然后将模拟液移出,检测进入到模拟液的化学物质的量,以此来评估该样品的有毒有害物质是否符合法规要求。

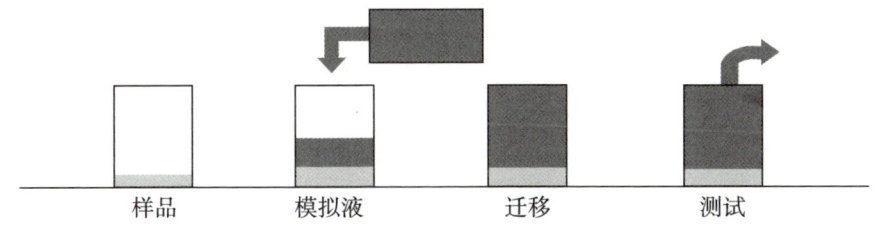

图8-6 迁移试验过程

常见的有毒有害物质指标包括全迁移、特定物质迁移、可溶性重金属、氯仿可溶性萃取物、总萃取物等,具体要求及其可能来源如下。

1. 全迁移

全迁移(overall migration),在欧盟针对食品接触材料的法规(EU)No 10/2011、AP(2004)4、AP(2004)5中被称为全迁移;在美国FDA各个法规 21 CFR 170，21 CFR 175～177 中，被称为萃取物（extractive）；在日本厚生劳动省公告（MHLW Notification No. 370）中，被称为蒸发残渣。它代表的是在特定的测试条件下（一定时间、温度），从食品接触产品中迁移出来的所有物质的总量。迁移出来的越多，表明该产品在日常使用时，进入食物中的其他物质的量就越多，食物越有可能被污染。这些物质来自生产时使用的添加剂及材料本身。全迁移出来的物质大多为小分子物质、不完全聚合的聚合物以及添加剂等。

2. 特定迁移

特定迁移（specific migration）指在特定的测试条件下（一定时间、温度），从食品接触产品中迁移出来的特定的化学物质的量。哪种特定物质会被迁移出来，取决于材料的成分组成。例如三聚氰胺－甲醛树脂材料是由三聚氰胺和甲醛聚合而成，最终材料多多少少都会残留一定量的三聚氰胺、甲醛这两种化学物质，法规（EU）No 10/2011 对该类材料有三聚氰胺、甲醛的特定迁移限制标准。

3. 其他常见有毒有害物质要求

见表 8-8。

表 8-8 常见有害物质要求

有毒有害物质要求	可能来源	材质	标准或法规
可溶性重金属（Ba、Co、Cu、Fe、Li、Mn、Zn）	材料聚合时使用的引发剂、着色剂等	塑料	欧盟（EU）No 10/2011
溶出重金属	釉彩、着色剂、贴花等	陶瓷、玻璃	欧盟 84/500/EEC，美国 CPG 7117.06，CPG 7117.07，ASTM C927-1980 (2004)
可溶性重金属成分含量	原材料成分、杂质、焊料、镀层成分或杂质等	金属	欧盟 CM/Res（2013）9，美国餐具协会（CMA）餐具与炊具工程标准
高锰酸钾消耗量	有机小分子物质如溶剂残留、表面油墨、黏合剂、易游离析出的添加剂等	塑料	日本厚生劳动省公告（MHLW Notification No.370），韩国食品器具、容器和包装标准和规范（2015）

（三）物理性能方面的要求

常见的物理性能方面的要求，通过模拟实际使用过程测试产品的各项物理性能来保证使用者的安全，使其免遭不必要的物理伤害，确保产品在实际使用时与产品最初设计的技术性或功能性特征相符合。

如标准 EN 12983-1：2000《用于炉子、蒸煮机、铁架上的家用炊具——一般要求》，将容量定义为"将炊具容器置于水平面上，盛满水至其边缘所能容纳的水的体积"，对炊具产品最基础的要求，是其实际的容量不应小于声称的容量。标准中还包含稳定性要求，模拟实际使用时，炊具应不易倾倒。把手要求"在正常使用时，不可以让使用者接触高温的表面而受伤，否则，制造商应该在使用说明书上注明，为确保安全使用把手，应采取安全保护措施"等。其他要求见表 8-9。

表 8-9 物理方面的要求

物理性能要求	测试过程或要求	模拟的实际使用情况	标准或法规
机械结构危险	产品所有部件不能有毛刺、碎片或锐利边	以免使用过程中对使用者造成伤害或使其产生不舒适感	EN 12983-1：2000
卫生	正常使用情况下，所有用于接触食物的炊具表面都要易于清洗	正常使用情况下，所有用于接触食物的炊具表面都要易于清洗	EN 12983-1：2000

对于设计出来专门用于某种特殊情况的产品，应符合功能性测试要求。如在微波炉中使用的产品，有 BS EN 15284：2007《与食品接触的材料和制品－陶瓷、玻璃、玻璃陶瓷或塑料炊具的微波加热耐力用试验方法》，要求产品在微波炉中使用时，不会出现变形、缺陷、渗漏和异常等情况；用于保温的产品，有 BS EN 12546-1：2000《与食品接触的材料和物品 家用保温容器 第 1 部分：真空器皿保温瓶和保温壶规范》规定，对保温产品的热量散失有要求，即当装载热水（≥95℃），室温放置 6 小时后，里面的水不应低于

一定的温度；对于咖啡机，则有 BS EN 13248：2002《烹饪器具 带独立加热源的家用咖啡壶 定义、要求和试验方法》的要求。

（四）各国召回情况介绍

当一个直接或间接的严重危害人类健康的风险，被一个欧盟成员确认且保护措施发生时，可以通过 RASFF 系统在成员之间快速地进行信息共享，以确保启动一致的保护消费者安全的措施。当一个成员召回某个产品时，应通报欧盟的 RASFF 系统，该系统会通知其他各欧盟成员。共有 31 个欧洲国家参与到这项预警工作中（包括 28 个欧盟成员，以及冰岛、列支敦士登、挪威）。

自 2003 年至 2016 年，RASFF 由最开始的全年仅通报 9 例食品接触材料及产品的召回案例增至全年上百个召回案例，而中国的出口产品的召回案例几乎一直占据着其中的一半以上。一方面，中国出口至欧盟的产品居多，总基数大；另一方面，基数大也导致中国出口至欧盟的产品被抽检到的概率大。随着法规的修订，欧盟对产品的要求也越来越高，带给中国制造商、贸易商的挑战也越来越大。2008～2016 年 RASFF 通报的食品接触材料召回案例信息详见表 8-10。

表 8-10　2008～2016 年 RASFF 通报的食品接触材料召回案例数量统计

年份	2008 年	2009 年	2010 年	2011 年	2012 年	2013 年	2014 年	2015 年	2016 年
总数*（个）	197	192	231	311	289	218	185	152	132
中国#（个）	111	118	153	218	217	156	152	120	102
百分比	56%	61%	66%	70%	75%	72%	82%	79%	77%

注：*数据来自 RASFF 历年年报。
　　#数据来自 RASFF，查询时间 2018 年 3 月 21 日。

2011 年至 2016 年，召回案例中发生较多的有重金属迁移、甲醛的特定迁移、芳香胺类特定迁移、三聚氰胺的特定迁移、全迁移等项目，历年发生的案例类型如表 8-11 所示。

而在美国，召回则由专门的机构 CPSC 来实施。CPSC 的责任是保护广大消费者的利益，通过减少消费品存在的导致伤害及死亡风险来维护人身安全。

表 8-11　RASFF 召回案例类型统计

(单位：个)

年份	2011 年	2012 年	2013 年	2014 年	2015 年	2016 年
重金属的迁移量	106	106	125	83	68	47
甲醛的迁移量	76	64	18	26	22	26
初级芳香胺的迁移量	33	42	29	25	19	18
三聚氰胺的迁移量	18	7	4	5	10	8
全迁移	43	33	28	20	22	23
邻苯二甲酸酯	14	6	2	7	4	4
颜色迁移	7	4	3	1	4	0

注：数据来自 RASFF，查询日期 2018 年 3 月 21 日。

CPSC 的主要职责表现为：制定生产者自律标准，对于那些没有标准可依的消费品，制定强制性标准或禁令；对具有潜在危险的产品执行检查；通过各种渠道，包括媒体、州政府、当地政府、个人及消费者团体等将意见反馈给消费者。

除了 CPSC，美国各州还有其他的法律及措施应对一些产品的安全风险。如很著名的加州 65 号提案。读者可以参阅本书的相关章节。

（五）供应链相关方的责任和义务

食物和饮料有时候具有很强的"进攻性"，可以与食品接触材料发生强烈的化学反应。实际上，没有哪种材料是完全钝化的，材料中的物质都可能迁移至食物中。金属、玻璃、陶瓷、塑料、橡胶、纸张都可以释放微量的化学成分。所有与食物的生产、运输、销售等相关的企业，都需要意识到食品接触材料化学迁移的危害，都有义务尽量减少此类迁移。

在欧盟，食品接触材料及制品的生产，被要求从原辅料采购、加工、包装、贮存和运输等各个环节，依照 2023/2006/EC（GMP）良好生产规范体系运作。生产商有义务保证这些产品不会释放出对人体有害的物质，所有产品只能由经欧盟委员会同意使用的原材料制成。在美国，也有类似的要求，即 FDA 颁布的法规《现行良好生产操作规程》，其中包括产品卫生要求、原料和成品的检验方法及其他质量控制要求等，相关企业有责任按照其中的要求进行操作，以保证产品的安全。

根据欧盟法规（EC）No 1935/2004，企业应建立产品追溯体系，保证食品接触材料及制品在各阶段的可追溯性。同时，追溯体系应保证能够获得食品接触材料及制品的来源和去向信息、相关物质或材料的合规性信息。

二、中国企业应对策略

对于中国企业来说，欧盟、美国是其餐厨具产品出口的主要市场，而这些市场对于餐厨具的要求也是出了名的严格，这两大区域对于食品接触类材料的风险评估体系较完整，几乎代表了世界餐厨具要求的最高水准。而从前面所述的召回情况可以看出，每年发生的召回案例，几乎一半以上属于中国出口产品。这对中国企业"走出去"来说，是一个相当不利的因素。

那么中国企业该如何应对呢？

首先，企业应对产品进行分解，将产品上与食品接触的部件及其材料列出（塑料、金属要写明具体的种类）。根据这些信息，详细了解出口国对相应产品及材质的主要法规要求；其次，企业借助GMP生产体系运作，加强对原辅料的质量控制，依据法规要求来设计和生产相应产品，同时建立好产品追溯体系，保证食品接触材料及制品在各阶段的可追溯性；再次，在打样、生产过程中可以借助第三方检测平台来验证自己产品的质量，验证时，要根据产品预期使用的极限条件和情况，确认好监测条件（如温度、可能接触的食物类型、时间等），及时调整设计，有的放矢地去改进和提升自身生产水准；最后，在最终产品包装及标签说明中，有效利用检测信息，研究设计好说明及警示信息，利用这些信息保护好企业自身的利益。

三、典型案例分析与处理方案

案例8-10 有毒重金属溶出过量导致的致癌、致畸风险（来自欧盟RASFF网站）

通报号：2016.0579

通报时间：2016年5月6日

通报国：德国

来源国：意大利

产品及描述：饮水玻璃杯

通告形式：警告 alert

风险等级：严重级

风险分析：玻璃杯被检测出铅（63.1mg/dm^2）溶出

处理措施：德国向 RASFF 网络成员发布警示，并开始实施相关措施，即从市场中下架撤回

违规原因分析：

根据德国食品与日用品法（LFGB）第 30 条及其修正法案，DIN 51032：1986，出口德国的玻璃制品的可溶性铅不得超过 0.8mg/dm^2，该产品溶出铅 63.1mg/dm^2，不符合要求。玻璃通常指硅酸盐玻璃，是以石英砂、纯碱、长石及石灰石等为原料，经高温熔融、加工退火而成。所以，产品中的铅来源于原料、助熔剂中的铅化合物。铅属于有毒的重金属，长期摄入将会影响人的造血、神经、肾脏和其他器官的功能，给人体的健康带来极大危害。

案例8-11　刀具断裂导致的割伤风险（来自美国CPSC网站）

这一召回案例，并非因为产品不符合 FDA 对于食品接触材料的要求。

通报号：17-092

通报时间：2017 年 2 月 22 日

来源国：中国

产品及描述：餐具刀

风险分析：餐具刀片在使用过程中断裂，造成撕裂伤

处理措施：CPSC 通过通告反馈给消费者，指导消费者立即停止使用该产品，联系商家返还该产品，得到替换的刀具产品

违规原因分析：

CPSC 收到 27 例手指或手割伤的报告，包括 4 人受伤需要缝针，此外，CPSC 还收到约 3150 例刀具破碎的报告，产品选用的材质和结构设计存在缺陷都有可能导致上述危害。

在刀具出口至美国时，可考虑参考 ISO 8442-1：1998 及 ISO 8442-2：1998 标准，对刀具产品使用的材料、强度、硬度等成分或性能进行监测，从而达到对产品质量的管理，以免产品投入市场后给公司带来损失。

四、热点问题解答

（一）出口欧盟的食品接触用金属制品要求 CM/Res（2013）9 是强制的吗？

CM/Res（2013）9 是一个决议，有一定的法律效应，该决议授权技术指导文件（A practical guide for manufacturers and regulators）作为对应的限值要求和测试要求。通常，如果欧盟成员没有自己相对应的法规要求，那么就需要按照这个测试标准来进行测试。而当欧盟成员有自己相应的法规要求时，则需要满足该国的要求，比如法国对金属制品有自己的法规 DM-4B-COM-001（DGCCRF）进行限制，意大利对不锈钢制品有自己的法规 DMH 11/11/2013，No 140（修订法规 21/03/1973，替代 DMH No 258）进行限制。

（二）Tritan 在各国（地区）是否有对应的法规要求？

Tritan 是 Eastman 公司研发的一种共聚聚酯，已进入商业化应用阶段，Tritan 是该材料的商品名称。其牌号已自成体系，以满足市场的各种需求。总体来说，Tritan 可以适用于传统共聚聚酯的所有市场应用，尤其是在代替聚碳酸酯 PC 材料上。Tritan 的生产工艺中无 BPA 的有意添加，能够满足市场不断增加的对不含双酚 A 材料的需求。

该共聚聚酯材料已经获得了世界上主要国家和地区的食品接触材料产品使用许可，包括美国、欧洲、加拿大和日本，此外，它也获得了中国卫生部（现中华人民共和国国家卫生和计划生育委员会）的使用许可。2011年被发布在《关于公布聚己二酰丁二胺等107种可用于食品包装材料的树脂名单的公告（卫生部公告2011年第23号）》中，为该公告中第94号材料，CAS号为261716-94-3，该材料为1,4-苯二甲酸二甲酯和1,4-环己烷二甲醇，2,2,4,4-四甲基-1,3-环丁二醇的聚合物，简称为"改性PCT"；2016年则被纳入GB 4806.6-2016《食品安全国家标准 食品接触用塑料树脂》附录中，编号35。

总体来说，Tritan还属于新兴材料，各国虽然批准了该材料的使用许可，但并未根据该材料特别制定额外的法规来进行监控。例如，相关产品出口到欧盟市场，仍旧要符合（EU）No 10/2011的要求；出口到韩国、日本，须按照PCT或PCTG来生产；在美国，Eastman公司2011年4月份针对Tritan这种新材质申请了FDA的FCN（食品接触物质公告），这意味着只要是公告中的材质，就可以用作食品接触产品。

（三）出口欧盟的食品接触类产品，违规原因主要有哪些？可以去哪里查找这些违规信息？

出口欧盟的中国食品接触类产品，违规原因主要包括塑料材质产品的全迁移、重金属的迁移量、密胺材质产品的甲醛迁移量、三聚氰胺迁移量、尼龙材质产品的初级芳香胺迁移量超标等。

RASFF的官方网站上，每周会对欧盟成员及欧洲自由贸易联盟国家中发现的违规产品进行通报，相关企业可以到相关网站进行查找。

（四）热塑性弹性体TPR、TPE、TPU怎样才能符合欧盟法规？

TPR全称Thermo Plastic Rubber，热塑性橡胶。

TPE全称Thermo Plastic Elastomer，热塑性弹性体。

TPU全称Thermo Plastic Polyurethanes，热塑性聚氨酯弹性体。

热塑性弹性体是一种具有橡胶的高弹性、高

强度、高回弹性，又具有可注塑加工特征的材料，且应用范围广，有较优良的着色性，触感柔软，具有一定的耐候性、抗疲劳性和耐温性能。

硫化是线性高分子通过交联作用形成网状高分子的工艺过程，因最初的天然橡胶制品用硫黄作交联剂进行交联而得名。在物性上，硫化是塑性橡胶转化为弹性橡胶或硬质橡胶的过程，不仅包含实际交联的过程，还包括产生交联的方法。

TPR、TPE、TPU 在加工过程中，如果使用交联剂进行交联，则称 TPR、TPE、TPU 有硫化过程。

这些材质的产品如果出口至欧盟，TPU 可以参照聚氨酯 PU 材质的相关法规要求；TPR、TPE 则需要确认是否有硫化过程，如有硫化过程，则需要符合橡胶材质的法规 AP（2004）4 的要求，如未硫化，则符合一般塑料的法规要求即可。

（五）为什么我公司对食品接触类产品进行了检测，而韩国、日本海关却不认同我公司的报告呢？

韩国食品接触材料受韩国食品药品安全部（MFDS）监管，只有经其授权的实验室出具的检测结果，才会被韩国政府认可。

日本也如此，只有经日本厚生劳动省授权的实验室出具的监测结果，才会被日本政府认可。

企业在产品出口至这两个国家时，与第三方检测平台要沟通清楚，了解其中的要求，并根据要求提供对应资料，以免造成不必要的清关问题。

第四篇

e行全球：探索跨境电商质量管控

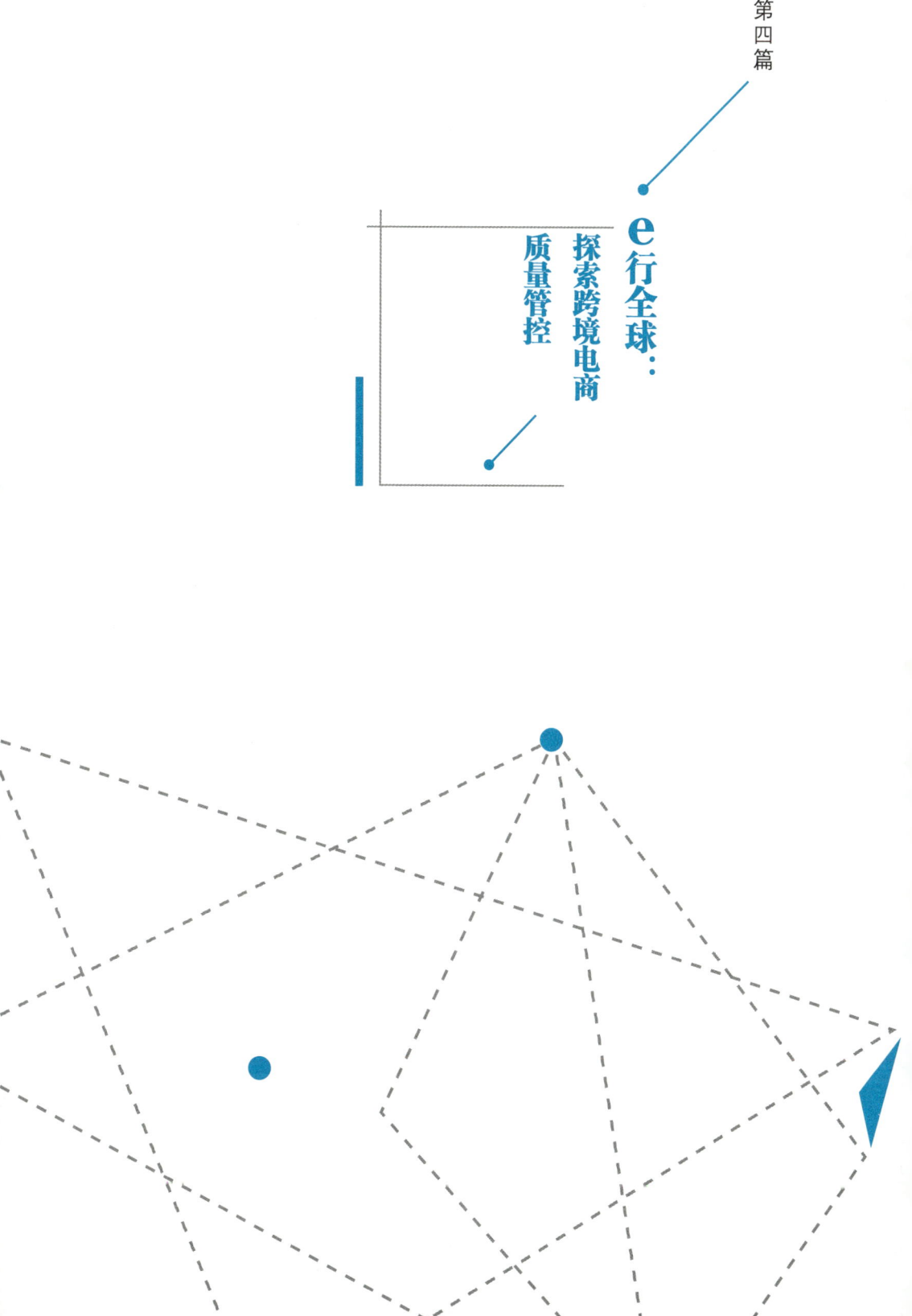

第九章
跨境电商质量管控：机遇与挑战并存

正如前言中所指出的，由于种种原因，在传统的国际消费品供应链中，中国的消费品产业处在一个相对不利的位置。受到硬件（在目的国的实体店）和软件（对目的国法规和消费习惯的了解）等多方面的限制，中国的消费品企业无法直接接触国外的消费者。如今，很多人都去过国外，"海淘"的人也越来越多。大家会发现，无论在世界任何地方，"Made in China"的产品都很多。这反映了中国的制造水准和出口的实力。但是从另外一个方面看，这些"Made in China"的产品，使用中国品牌的很少，而且都是通过国外的实体零售商出售。这样一种在国外"强生产，弱品牌，无零售"的局面，使中国的消费品制造企业无论在议价能力上，还是在质量管控上，都处于相对被动的地位。这与中国这样一个消费品生产大国的产能很不相称。

电子商务，特别是跨境电子商务的兴起，对中国消费品产业来说，可谓是"天赐良机"。通过各种形式的网络平台，中国消费品企业终于找到了一个与国外消费者"面对面"的契机。通过电子商务平台，中国的消费品企业可以跨越国界、地域限制，不依赖实体店面，将货品直接送达国外消费者手中。与此同时，这种"面对面"，也对中国的消费品产业提出了挑战。而这些挑战，正是这一篇要谈到的内容。

第一节 传统实体零售业与电子商务零售业的异同

本书前面的部分，都是围绕实体零售业的质量管控情况进行分析。而这一节，要谈的是与电子商务零售相关的问题。在谈质量管控之前，先来看一下实体零售与电子商务的异同。

作为一项"革命性"的转变，电子商务的商业模式一直在迅速进化，相关的研究也很多。在这里，仅仅从质量管控的角度，来进行一些分析。

传统实体零售模式大家都很熟悉。在这个模式下，"卖家"有以下几种：

- 个人：集市上的商贩、二手货卖家；
- 小店铺：便利店、个人手工制品店等；
- 特色商铺：出售多个品牌或者供应商的商品，但是商品集中在某个领域，如户外用品店、婴童用品店等；
- 大型专业店：家装、电器专业店，大多采用连锁形式；
- 品牌自营店：小的品牌或许只拥有一家店，而大的品牌则可能同时拥有多家自营店；
- 百货商店/综合性超市：售卖很多品牌的商品，亦同时覆盖多个产品领域；
- 电视购物、邮购等。

当然，这些不同类型的"卖家"，也可能是几种状态的组合。

这些"卖家"，无论大小，都有一个共同的特点，那就是消费者在买东西的时候，都可以直接接触产品。可以通过试用、试穿等方式，直接感受到商品的品质。当然，这种感觉并不能覆盖商品质量的全部，但是在产品的质感、舒适度、适用性等感性指标方面，有着不可替代的作用。而反映在质量管控上，这些"卖家"对产品质量负有全部的责任。产品质量出了问题，找店家、找品牌，是绝大多数消费者的处理方式。

作为零售体系的一部分，各种实体的"平台"，为前面所列的卖家提供了销售的渠道和场所。

- 集市：一种很古老但仍有生命力的平台；
- 独立门店：店家所独有的经营场所；
- 商业中心：为很多前面所述的商家提供经营场所；
- 专业性市场：建材市场等。

与此同时，很多品牌没有自己的门店，产品通过前述的各种渠道出售，或同时在自营与非自营店里出售；大型的零售商，还可能通过大型的商品中介公司获取货源。这些都为供应链的质量管控增加了一定的复杂性。

如果说前面所述的"卖家",从消费者的角度看,对质量管控负有全部的责任,那么这些平台质量管控的责任就不是非常明晰了。不同形态的平台,对质量管控的介入程度不同,所承担的责任也不同。

相对而言,在实体零售模式下,消费者和店家直接见面,无论是责任追究,还是法律管辖权的确认,都比较容易。而在电子商务时代,情况就变得复杂了很多。

在中国国内,由于缺乏实力雄厚的全国性实体零售商,电子商务的商业模式是从平台开始的。以至于现在大家一谈到电子商务,基本上想到的就是电商平台(多对多)模式。而在欧美发达国家,电子商务反而是从传统模式的两端开始的。在零售商这一端,由于实体零售业雄厚的经济实力,比较高的客户忠诚度,和完善的信用与支付体系,基本上采用了O2O(逆向O2O – off – line to on – line)的形式,直接将实体店"搬上网"。这种方式,实际上就是传统零售模式的网络化。基本的质量管控思路没有什么大的变化。而在另外一端,传统的"跳蚤市场"也被搬到了网络平台上,进而吸引了一些个人和小规模卖家,特别是特色商品和专业商品的卖家进入。即使到了平台模式非常盛行的今天,各大零售商和品牌,还都保留着自己独立的网店。而个人和小卖家,也有着自己的网上天地。同时,欧美发达国家的实体零售业,在电商飞速发展的时代,虽然业绩有所下滑,但仍然保持着相当的活力。

特别要指出的是,在思考跨境电商的质量管控问题时,不但要研究国外的电商体系,更要意识到,既然是"跨境"电商,那么货品不仅可以跨境在目的国的电商平台上销售,电商平台本身也可以直接跨境销售。也就是说,中国消费品生产商在中国的电商平台上,也可以对另外一个国家的消费者销售货品。而这个过程反过来,就是俗称的"海淘"。所以在下面的讨论中,不会特别区分国内和国外的电商。

由于电子商务的包容性和扩充性,即使在一个电商平台上,也可能几种经营模式并存,经营模式包括如下几种:

- 几乎无质量管控,"集市"型的平台:平台对出售商品的质量不负责任;

- 有一定准入门槛和管控的平台：平台对入驻商家有一定的筛选和质量核查，但对质量管控不负直接责任；
- 平台自营：和实体的综合性超市类似，对商品的质量负责，但无法进行比较完善的产品供应链管控；
- 平台自有品牌：对商品的质量负责，同时可以进行比较完善的产品供应链管控。

实体平台（商场）和电商平台的一个很大的区别在于盈利模式的不同。商场，可以看成是实体状态的平台，所提供的是营业场所，收入的是租金。里面店铺的经营情况和质量管控的好坏，不会直接影响商场的收益。毕竟，商场所能提供的营业场所是有限的，所以实体商场一般没有太多的针对商场自身的品牌推广活动，更多的是通过对入驻商家的选择来塑造自身品牌。

而在电商平台的盈利模式中，网络流量和店铺营业额，都是平台收入非常重要的组成部分。其平台上店铺营业状况的好坏，会直接影响平台的收益。所以电商平台都希望有更多的商家入驻，产生更多的客户访问和交易。

网络流量，是一个随着网络时代而产生的新的概念。虽然传统零售业也非常重视"客流量"，以至于有上海永安百货当年"数豆子"来选址的故事。但是这种客流量，在很大程度上是被动的。而网络流量，特别是在现在这个"大数据"时代，其重要性要远高于实体商场的客流量。网络流量是一个非常大的话题。在这里只简要指出，网络流量是电商平台经营策略中的重要部分。以至于我们会发现，一些在表面上看来完全没有盈利，甚至只是单向投入的业务，电商平台却乐此不疲。其背后的原因，就是要获得网络流量。获得网络流量这个动机，也对电子商务平台的质量管控理念有很大的影响。

电子商务平台和实体平台的另外一个很大的区别在其"货架"的"量"上。至少从理论上讲，电商平台所能提供的"营业场所"是无限的。当这个"量"大到一定程度之后，其质量管控的思路，就会和实体平台产生质的不同。

当然，电子商务平台和实体平台的最大不同，在于电子商务平台对全世界所有的消费者来说，基本上都是开放的。如果说实体平台上的商家只需要关注其所在地的质量要求，那么电商平台上的商家则在迎接全世界的消费者"上门"的同时，需要关注全球各个市场的质量要求。毕竟，虽然交易本身可以在电商平台的"虚空"中进行，商品还是要送达消费者的手中，这个交易才算基本结束，后面可能还有保修等售后服务。而商品在"落地"的时候，同样会面临和实体零售一样的技术性贸易壁垒。

第二节　电商平台质量管控的不确定性

对于所有的电子商务平台来说，质量管控都是绕不过去的话题。传统的消费品零售业，无论是品牌、零售商，还是商场，都有成熟的质量管控解决方案。而电商平台的出现，使本来已经很成熟的消费品零售业质量管控体系，产生了很多不确定性。而这些不确定性，给入驻商家带来了很多的困惑与挑战。所以，在谈电子商务平台的质量管控之前，有必要分析一下这些不确定性。

一、质量问题管辖权的界定

对于传统实体零售业来说，无论最后的责任归谁，行政和法律上的管辖权基本上都是明确的。即使偶尔发生比较复杂的情况，也有成熟的案例来作为参考。但是对于电子商务，特别是跨境电子商务来讲，买卖双方可能分处两个国家（地区），或者一个国家的两个行政区域，通过一个平台来进行交易，而平台又有可能位于买卖双方不同的另外一个国家或地区。这样一来，确认管辖权就变得很困难，用一句通俗的话讲，就是"归谁管"这件事无法确定。这对消费者来说，当然会是很大的困扰。即使确定了管辖权，不同的司法体制，不同的市场监督体系，也会给责任的确认与落实带来很大的障碍。

二、质量问题责任主体的确定

前面已经对各个类型的电子商务平台的责任主体进行了一些分析。但是，跨境电商这种跨越地理和国家界限的特殊商业模式，使质量问题责任主体的确定增添了许多变数。首先，如果平台与消费者处于同一司法管辖区域，而入驻商家处于另外的司法管辖区域，平台就很容易被牵涉进与质量相关的法律诉讼和民事纠纷之中。同时，平台的收入与入驻商家的经营活动有非常高的相关度。平台与入驻商家的分成模式，平台为入驻商家提供的广告服务，平台管理者对平台上发生的经营纠纷的处理等，都很容易使平台成为质量责任的主体之一。电商平台，自然会尽量避免"惹祸上身"。为此，它们采取的手段，包括法律、管理、金融等方面。这就使平台与入驻商家之间在责任主体确定问题上开始角力。由于平台占有资源上的优势，所以，对入驻商家来讲，如何保护自己的权益，是一个十分需要重视的问题。

三、产品的极大多样化

在传统实体零售业，由于客户的有限性，商家基本上不会卖很小众的商品。反过来说，如果消费者需要小众的商品，在高难度的寻找之外，还要付出更高的价格。因为商家要在有限的销量和高昂的备货成本的条件下获取一定的利润。

而在电子商务时代，商家和客户，在理论上，没有任何地理空间上的障碍。当然，这只是在"理论上"。而实际上，如何让消费者和商家找到对方，是电子商务中的一个非常关键的问题，也是为什么电子商务非常重视数据和流量的原因。

在电商平台，无论客户有什么奇怪的需求，都有可能被商家满足；无论多奇怪的商品，也都有可能找到喜欢这个商品的客户。同时，电子商务商家的"货架"，是无限的。这就形成了一个趋势，就是在电子商务时代，产品会变得越来越多样化。

产品多样化，对销售这个环节来讲，是个利好的消息。但是对质控来讲，则是一个巨大的挑战。商品多样化的一个后果就是，每一种商品的数量会减小。如此多的商品，如此小的单批货值，如果按照传统方式进行质控，检测费用和时间都无法满足电子商务的需求。与此同时，商品多样化，对原有的法规、标准体系也可能造成冲击。例如定义介于几种传统产品之间，难以归类的产品，具有特别功能的产品，应该遵守什么法规？同一个系列，很多不同搭配的产品，究竟应该如何合规？这对法规的制定、检测方法的研究等，提出了更高的要求。

四、入驻商家质量管控策略的多元化

在实体零售中，责任的主体主要为零售商。除非发生非常严重的事件，提供营业场所的商场等基本上不会被涉及。而对于电商平台，这样几个因素决定了它必须介入平台上的店铺的质量管控，并承担一部分的质量管控责任。

首先，电商平台自身就是一个"品牌"，不同的电商平台之间存在着非常激烈的竞争。对消费者来讲，平台上提供的商品的质量好坏，为是否使用这个平台的一个重要因素。所以，即使在法理上没有直接的质量管控责任，电商平台出于自身信誉的考虑，也要对入驻商家的质量进行一定程度的管理和干预。当然，实体平台其实也是品牌，但是由于地理位置、消费习惯、硬件设施等的限制，其竞争的强度和时间、空间跨度，都不如电商平台大。

其次，如前面所述，电商平台上每一个入驻商家的经营状况，都会直接影响平台的收益。而消费者借助互联网，可以直接进行跨平台对比。这种直接对比的广泛度，是实体平台从来没有遇到过的。为了吸引消费者，平台也不得不对其入驻商家的质量管控水平提出一定的要求。

然而，电商平台毕竟是平台，其入驻商家的经营方式，平台是无法直接干预的。这就决定了平台只能对在平台上销售的商品的质量设限，而无法对其进行细致和直接的质量管控，更谈不上供应链的质量管控了。

与此同时，如果电商平台对入驻商家的质量管控要求过高，在保证所出售商品质量的同时，必然会将相当比例的店家排除在外，而这反过来影响平台的收益与规模。

以上几个因素，使电商平台在对入驻商家的质量进行管控时，呈现出如下几个特点。

- 管理形式多变。电商平台通常会通过不同的"子平台"、不同的商业项目等，对入驻商家进行划分，同时对不同需求的消费者进行引导。在满足消费者对质量的期望的同时，保证入驻商家数量的最大化。比如，在同一个平台上，可能有自营品牌、管控严格的第三方品牌、自由度很高的个人及小卖家商户。在这几个大类之中，又会按细节不同划分若干子类。平台会结合对客户的人数据分析，对消费者进行引导。这种做法，当然有其业务优势，但是对入驻商家来讲，要准确把握自身的定位，进入恰好适合自己的平台，就变得尤为重要。

- 管理策略变化的时间明显缩短。和实体零售相比，电子商务借助互联网的优势，反应速度明显加快。比如，要下架某一种材质的产品，在实体经济时代，即使政府制定了法规，落实到实体市场上，仍然需要很长时间。但是电子商务平台，可以在很短的时间内，就筛选出规定范围内的大部分产品，并通知入驻商家下架。当情况比较严重时，平台甚至可以直接将涉及的商品下架。在这种情况下，留给入驻商家的反应时间可能更短。

- 电子商务相关法律法规的不确定性。电子商务是一个正在不断进化的商业模式，实体经济时代的相关法律，可能无法完全适应电子商务的情况与需求。所以，世界各国都在不断地制定和更新与电子商务相关的法律法规。而这些法律法规的变化，也会反过来影响电子商务的质量管控思路。与此同时，由于各个国家和地区经济发展的程度与速度不一致，电子商务的发展速度差别很大，对于电子商务的态度也不一致。所以，这些新出台的法律，呈现出相当的不一致性是可以预见的。那么这些相关的法律法规，对于同时面向很多国家和地区的商家来讲，反而会产生更多的复杂性。

- 电商平台本身质量管控策略的不确定性。前面所述的电商平台质量管控策略的多变，对开展电子商务业务的商家，特别是大多数从加工企业转型而来的中国商家，提出了很大的挑战。

五、机遇与挑战

借助电子商务平台，中国的消费品产业可以跨过空间的限制，跨越实体店铺的限制，直接服务其他国家的消费者。这是一个非常大的商机，而挑战也随之而来。

对企业来说，最大的挑战，就是产业角色的改变。从生产者变成经营者，这本身就是非常大的跨度。跨出这一步，企业所面对的又恰恰是一个变幻莫测的电商市场。这就更加重了转变的难度。这些挑战，是中国消费品产业转型升级的必经途径。企业在进入电商平台，特别是跨境电商平台的同时，就应该意识到，质量管控要从被动地执行，变为主动地实施。

要完成这个转变，就要先"修炼"好"内功"。

这些"内功"包括：

- 企业质量体系的建立；
- 对目的国相关法律法规的了解；
- 对目的国消费者的文化和消费习惯的了解；
- 稳定供应链的建立及管控。

只有达成了上述目标，企业才能以不变应万变，对外部的迅速变化应对自如。本书后面的章节，将会对这些方面做进一步的讨论。

第三节　知识产权、商标、标识与宣称

知识产权问题，其实并不在狭义的质量管控范畴之内。但是这个问题，对电子商务来讲，却又非常重要。知识产权，作为技术性贸易壁垒中很重要的部分，如果不加以注意，可能会导致很严重的后果。2017年8月，美国总统特朗普授权美国贸易代表办公室，依据"301条款"对所谓的"中国不公平贸易行为"进行审查，其理由就是"知识产权"。知识产权问题，所涉及的领域和规模，并不在狭义的"质量"之下。

一、设计和商标侵权

这个问题说起来大家似乎都明白，但是在实际执行中，却有很大的不确定性。比如，设计与商标，究竟要"像"到什么程度才会被认为是侵权？这些可能侵权的设计与商标，在哪些国家和地区又是被保护的？在跨境电商中，商品售卖的范围是全球性的，被侵权方有很大可能在其本国，或者在对其有利的地点发起相关的法律诉讼。而触犯法律的商家，则可能面临产品被没收、销毁、罚款，甚至不得不退出平台的处罚。2017年8月，苏州中级人民法院对"N字鞋"一案的判决，就是很典型的一个例子。设计与商标的侵权，是一个很大的话题。在本书中，只提出几个商家容易忽视，甚至完全没有意识到的"侵权"行为，希望读者对这些"隐形"的侵权引起足够的重视。

（一）影视作品以及肖像权

这是一个很容易被忽视的侵权行为。很多商家喜欢用名人的照片、影视剧的剧照作为产品宣传的资料，用在自己的电商网页或者商品上。比如，很多商家，都会声称自己的产品和某电影中出现的产品一样，并在产品宣传页上展示相关场景的剧照。这种行为，很可能一下子就产生了两个"侵权"行为。一是侵犯了影视剧的版权，或者某位名人的肖像权；二是可能侵犯了电影中所出现的产品的知识产权。

（二）图片

这与前面提到的影视作品侵权例子很类似，只是更容易被忽视。很多商家会用漂亮的照片、绘画或者视频来装饰自己的网页和商品的包装。然而，却没有意识到，这些艺术作品很可能是有版权的。所以，千万不要不加确认就使用非自有版权的艺术作品。这类知识产权问题，国内一直不太重视。但是作为跨境电商的商家，对这类问题，要时刻保持足够的敏感度。

（三）语音材料

语音材料的侵权，主要集中在音乐上。很多网店都有背景音乐，但是绝大多数店家没有意识到，音乐是有版权的。而且，即使购买了正版 CD，也不意味着这张 CD 上的音乐可以用于商业用途。

剧照、图片、音乐等的版权问题，国内虽然也偶有法律纠纷，但总体来讲，重视程度仍然不够。在跨境电商领域，要对这个问题时刻保持高度的关注。不仅是网页布置，商品的包装、说明书、宣传彩页的设计及参加各种促销活动时的布展等，也要对知识产权问题有足够的关注度。

二、"宣称"

所谓"宣称"，就是店家通过各种方式标识出的自己商品的某些特性。宣称有很多形式，只要合理地使消费者觉得你的商品具有某种特性，就可以被认为是一种"宣称"。常见的宣称，可以分为以下几类。

（一）商品的基本信息

这类信息最典型的展现形式就是商品的标签、标识。很多时候，做好标签、标识，也是商品合规的一部分。在真实性方面，材质、尺寸、原产地等是争议比较集中的几个项目。关于材质造假被处罚的案例非常常见。而在跨境电商中比较特别的，一个是"原产地"问题，一个是语种问题。

"原产地"问题，各个市场上的判定标准不一致，随着各国经济政策的变化，又会有所改变。所以"原产地"问题，不仅是一个复杂的技术问题，也是一个政策性和法律性很强的问题。在国际贸易十分发达的今天，供应链经常跨越很多市场，如果从法律角度来确定"原产地"，需要对产品的供应链有很好的"掌控"。在极端的情况下，使用来自某些地区的原材料甚至可能会违反法律，如"冲突金属"就是一个比较典型的例子。

语种问题也很复杂。特别是，很多国家本身是多语种国家。要进入一个市场，就要考虑这个市场上消费者所使用的语言。在传统的出口活动中，进行商品的语种检查是第三方检测机构的常见业务。跨境电商同时面向很多市场，语种问题会很复杂，小语种翻译的准确性更是一个挑战。

（二）产品功能的"宣称"

所谓"功能"，基本上就是这个商品能做什么事，能做到什么程度。这部分内容的技术性比较强，和质控的关系也最大。读者可以参考本书前面的章节，来确保这方面的内容真实可靠，并且合规。

有一些产品功能是有知识产权的。也就是说，这些功能本身，是受到保护的。一些产品贴了很多的标识（Logo），但要意识到，Logo背后很可能有专利或者认证保护。随便贴Logo或者以各种方式来"宣称"这些Logo所带来的功能，都有可能招致法律诉讼。

和产品安全或者环境相关的"宣称"，更是非常敏感。例如在2015年，因为某中国企业在地板产品上冒用美国CARB认证（请见本书第二篇第四章第二节）标签，在美国引起很大震动，对中国的地板出口业影响很大。这种事件，其后果要比专利侵权等性质更加严重，很可能会影响中国的整个产业。

(三) 其他性质的"宣称"

无法准确归类的"宣称"，可以参考中国最新的《中华人民共和国广告法》。任何过度的宣称，都可能引起消费者的反感。更要注意的是和宗教信仰、民族、地域等相关的内容。这个问题，在跨境电商行业尤为重要。因为产品行销全球，在一个地区看起来完全没问题的词语，在另外一个地区，或者另外一个宗教、民族看来，可能就是非常严重的问题。在这方面，电子商务平台会起到一部分的管控作用，但是入驻商家本身，仍然要对这个问题有足够的重视。

第十章
中国企业应对策略及典型案例分析

一、中国企业应对策略

前面谈了很多跨境电商所面临的特有风险。那么中国企业应该如何应对呢？

中国的消费品产业应该积极地去拥抱跨境电商这样一个全新的商业模式。前面提到过，中国的消费品产业"强生产，弱品牌，无零售"。"无零售"这个问题，在实体经济模式下，意味着需要到全球各个市场去开店。而"落地"所面临的资金、人力、物力的压力，当地竞争者的挑战，都是非常巨大的。跨境电商为中国消费品产业架起了无数座通往全世界各个市场的桥梁，跨过了"落地"这样一个非常"硬"的要求。至于前面谈到的那些困难和风险，只要认真对待，辅以消费品产业在实体经济时代的外贸经验，都是可以克服的。中国的消费品产业要对跨境电子商务有信心。在实体经济时代，中国的产品在完全依赖外部订单的情况下，都可以占领全球市场。那么，在电子商务的助力下，中国的消费品产业没有什么理由不在全球市场上更进一步。

那么，中国企业特别是那些从单纯地制造转到跨境电商领域的企业，为了在这个模式下取胜，要做好哪几件事呢？

（一）确立自己的品牌

关于品牌，相关的研究和资料很多。这里要强调的是，质量管控体系应该成为品牌战略的核心部分之一。针对品牌的定位，来决定这个品牌的质量定位以及质量管控策略。没有明确的品牌定位，质量管控就没有基准。而没有有效的质量管控，品牌定位也无从谈起。同时，没有品牌，即使提升了产品的质量，也无法获得高质量所产生的品牌附加值。加入什么样的电子商务平台？针对哪些市场进行销售？销售的目标人群是什么？这些问题，在没有一个明确的品牌定位之前，都是无法确定的。

前面提到，欧美主要市场的实体零售仍然具有很强的生命力，而且这些实体零售商基本上都有自己的电子商务平台。那么，对于比较缺乏品牌定位概念的中国消费品产业来讲，这些大型欧美零售店和品牌，正好可以用来进行"对标"。通过分析这些零售商及品牌所针对的消费群体，可以相对直观地了解这些市场的基本要求。再结合这些零售商在采购时的质控要求，中国的消费品生产商至少可以在品质方面，对自己的产品有一个比较清晰的定位，同时也为新产品的研发找到趋势性的指引。

（二）建立自己的质量管控团队

与作为供应商时被动执行买家的质量控制策略不同，作为跨境电商的商家，如果对目的国的法规体系和质量要求没有足够的掌握，是无法做大做强的。所以在企业中，必须建立自己的质量管控团队，制定出适合自己的质量管控体系和方案。而对这个质量管控团队的基本要求，就是能够了解目的市场的法规，并根据自己的情况，制定出适合的品质管控策略。

随着大量的商家进入跨境电商的行列，对质控人才的需求，会越来越迫切。包括SGS在内的第三方机构，都有对这些人才的培养项目，各个商家可以充分利用这些资源。同时，也可以请第三方机构直接参与品质管控方案的制定。

（三）与包括第三方机构在内的外部技术机构加强合作

各国的法律、法规浩如烟海，从事跨境电商的商家，基本上没有办法对其有一个比较完整的整理和掌握。比如本书中屡次提及的美国加州65号提案，其内容由近千个实际发生的法律诉讼判决的内容综合而成。单独一个商家，没有足够的资源，也没必要自己进行整理。通过与外部技术机构的合作，取得最新和最全面的国外法律法规信息，不失为一种有效的方式。而外部技术机构，特别是跨国经营的机构，对世界各个国家和地区文化习俗十分熟悉与了解，在全球各个市场有业务网络，对跨境电商的商家来说，也是非常宝贵的资源。

如果说每个商家对全球消费品市场的了解是一个"点"，那么第三方机构，通过多年来与各主要市场的主要零售商和品牌合作，对整个消费品行业在全球的布局，各个市场消费者的分布与构成，各个市场中不同层次消费者对品质的要求，以及各主要市场的消费品相关的法律法规等的了解，已经形成了一个"面"。当然，对于某一个特定商家所关注的"点"，第三方机构可能没有商家自己研究得那么深。但是对于跨境电子商务来讲，如前面所讨论的，这个"点"可能会经常且迅速地变化。在这种情况下，商家和第三方机构的合作就显得非常重要。

前面所提到的有关专利、商标、知识产权、多国语言等问题，企业也应该和相关的专业机构开展合作。中国自己的电子商务平台，也应该尽可能地为中国的消费品产业提供相关的服务。毋庸讳言，这些合作和服务，都是有成本的，但是这个成本要远远低于由于违规和触犯相关法律所带来的损失。

（四）供应链的建立与管理

随着贸易的发展，世界各国都制定了很多的法律法规，来管控在其境内出售的商品的质量。这些法律法规，有越来越严格的趋势。如欧盟 REACH 法规中的 SVHC（高关注物质）的名单，每半年就会更新一次。在这种情况下，仅仅依靠对最终产品的检测，已经无法保证产品合规。如果产品要同时针对多个目的国销售，合规更是一个难题。只有在产品的设计和原材料上都进行管控，才有可能达到合规的目的。在这个过程中，设计团队的参与是必不可少的。同时面对全球多个市场，如果在设计阶段没有明确的要求和目标，期望最终产品可以合规是做不到的。

（五）重视在实体零售的实践中，已经被证明是行之有效的质控方法和规范，并有所创新

本书在前几篇，介绍了很多质控方案。虽然电子商务颠覆性地改变了消费品的经营方式，但是最终这些产品还是要进入消费者的家中，而消费者对

这些产品的基本需求和期望并没有变。基于这个认知，在传统实体经济中，零售商所采用的，如体系认证、验厂验货、定制化的品质要求等质控手段，都可以在电子商务中继续发挥作用。如果电子商务平台的入驻商家，有实体经济时代的外贸经验，那将是一份非常宝贵的财富。企业将自己在实体经济时代接受的"被动"质量管控要求进行详细的分析，通过了解这些要求背后的法律法规和文化背景，就可以制定出适合自己的质量管控方案。

在电子商务时代，消费者对产品的个性化需求会得到释放，产品的品种品类会变得非常多样化，与此同时，消费者对品质的要求，也会变得非常复杂多变。如果简单地采用传统的质控方式，那么随之而来的费用和时间压力，可能会导致整个供应链体系都无法承受。所以针对电子商务所进行的质控变革是一个可以预见的趋势。

企业要对欲进入的电商平台的规则进行深入了解。要清楚哪些和质量管控相关的指标是平台所要求的，比如不满足这些指标，产品就无法上线；哪些指标是可以商家自己把握的，比如与同业者的竞争，以及可能发生的，由于质量问题引起的退货、投诉，甚至召回。而深入了解这些规则的前提，就是对目的国的法规、标准等有较深的理解。

在成为跨境电商的过程中，第三方机构可以为企业提供各方面的支持。其中一个比较特别的服务，就是对产品"宣称"的确认。在实体经济时代，消费者是在与商品"面对面"的情况下购买的，可以对商品进行一系列的试用和验看。产品宣称的许多特点，消费者也可以"面对面"确认。而在电子商务模式下，这些确认变得很困难。在很多电商的产品介绍页面上，第三方检测报告已经成为商品最主要的卖点之一。但这些报告在一定程度上是不完整的，甚至可能被"张冠李戴"。这种现象反映了商家和消费者共有的需求。另外，有些商家还"脑洞"大开，想出了"高楼扔箱子""剪刀划袜子"等各种"测试"商品特性的方法，令人眼花缭乱。其目的，就是为了让在互联网另一端的消费者，接受对商品特性的这些宣称。如果由第三方机构采用比较系统和科学的方法，对这些"宣称"进行验证，可以大大提高商家的可信度。同时，也可以避免很多由于虚假宣传以及误导等引起的消费纠纷。

此外，第三方机构还可以提供，包括法规解读和整理、召回案例查询、检测和认证服务、从业人员培训、企业内部管理体系和外部供应链管控体系建立，以及技术性贸易壁垒相关投诉案例咨询等服务。而本书，也可以被认为是一种支持的方式。

总之，摆在跨境电商面前的转型压力巨大。同时，一旦掌握了其中的规律，跨境电商得到的，将是横跨全球的庞大市场。

二、典型案例分析

案例10-1　磁性球CPSC召回事件

2013年1月，美国CPSC（消费者产品安全委员会）召回了一款在美国某知名电商平台上出售的磁性球产品。该产品由231个直径为5毫米的强力磁铁球组成。召回的原因是，如果两个或者更多的磁铁球被吞食，由于该产品的磁力过强，有可能在儿童的体内连接起来，造成一系列内脏的伤害，并有可能产生终身性的健康问题。尽管该产品已经标注了为14岁以上使用，有风险警告标识，而且没有伤害报告。但考虑到潜在的风险——类似的强力磁铁，截止到召回日期，已经有80起案例，涉及79例伤害，CPSC还是对这款产品进行了召回。为了降低风险，这些磁铁球的磁力要低于一定限值才可以保证安全。如果商家没有注意这些要求，继续将类似产品向美国市场销售，就可能再次被CPSC召回。

这个案例揭示了以下几个风险点。

- 商品召回案例并不仅限于实体零售领域，电子商务平台上出售的商品，也同样受到各方面的严格监管。由于没有实体店，电商很容易给人一种"没人管"的感觉。特别是跨境电商，更会产生"谁来管"的问题。随着电子商务在消费品零售业的比重不断增大，各个国家和地区都开始高度关注这个市场。尤其是在这个实例中，产品本身涉及儿童，同时又是一个安全问题，无论是不是实体零售，政府都会召回。而政府一旦行动，由于电子商务平台的反应速度和反应的广度要超过实体零售，反而会产生更大的影响。

- 在这个案例里面，生产商还是下了不少工夫的。比如产品上已经标注了使用年龄段为 14 岁以上，并且有风险警示，这说明他们已经意识到了这款产品可能产生的危害。但是这些努力并没有能够使产品避免被召回。产生这个结果的很大一个原因，就是儿童行为的不可控性。所以，这些年龄段的标注和风险警示，并不足以完全避免低龄儿童接触这个产品，以及产生可能的危险。当然，读者也不要从这个案例中得出相反的结论。对于婴童产品，应该有的年龄段标识和风险警示还是一定要有的。因为这些标识和警示本身就是法规所要求的内容。同时，如果有伤害发生，完整的标签、标识可能会使商家和生产者免予负更大的赔偿责任。

案例10-2　苏州中级人民法院"N字鞋"判决

2017 年 8 月 18 日，苏州市中级人民法院就 N 字鞋（即鞋两侧有 N 字母这一装潢的运动鞋）的生产商、销售商等多个被告，侵犯知名商品特有装潢权一案做出一审判决，判令本案被告立即停止侵权及不正当竞争行为，消除影响，并全额赔付该知名商品企业总计高达千万元的经济损失及合理支出。

这是一个很典型的知识产权纠纷案件。而这个案例和以往直接假冒知名品牌的案例不同，案例中的被告在美国开设了公司，其名称与知名品牌公司名称相近，申请的商标也相似，试图将仿制知名品牌的行为合法化。事实上，采用类似思路并且成功的例子并不罕见。而这个案件的判决，为这类"擦边球"究竟可以打到什么地步这样一个问题，提供了一个很好的参考。

另外值得注意的是，这个案件是在中国的法院起诉并进行判决的。各个国家或地区处理这类案件的宽严程度不一。总体来说，发达国家或地区在这个问题的处理上更加严格。因为大部分知名品牌掌握在这些国家手中。同时，企业入驻的电商平台对这个问题的态度也很重要。如果平台认为这种行为涉嫌侵权，也可以要求商家下架。

这个案件本身并没有直接牵涉电子商务平台，但相关判决必定会影响到电子商务平台上经营类似产品的商家。有兴趣的读者可以去仔细研究相关案件，对自己经营中可能产生的知识产权纠纷有更好的法律准备。

三、热点问题解答

笔者在和跨境电商客户交流的过程中，有很多的问题涉及具体的测试项目和要求。关于这些问题，本书在各个章节都有深入的讨论。在这一部分中，只讨论几个和"跨境"及"电子商务"相关度比较大，又比较普遍的问题。

（一）如何保证跨境销售的货品不会在品质方面产生问题？

这个问题本身，在一定程度上反映了目前跨境电子商务的状况。目前很多企业对品质的要求，还处于一个相对被动的层面，无法主动地确定自己的品质定位。从一方面来讲，在品质上没有问题，也就是通常说的"合规"，其实应该是对商品要求的底线。对于一个品牌来讲，应该对自身的产品有更多、更高的要求。而从另外一个方面来讲，要保证商品在品质上不出问题，也绝非易事。特别是在电子商务领域，唯一不变的就是"变化"。

2017年6月，我国首家"互联网法院"在杭州设立，法律程序在网上进行。以往很多由于地域及管辖权等诸多限制，被搁置的电子商务案件可能会大量地浮出水面。当然，这只是电子商务领域"变"的一个例子。电子商务是一种前所未有的、颠覆性的商业模式。各个市场为了应对这个大潮，会不断采用很多新的对策。而在这些对策中，本书第一篇中谈及的技术性贸易壁垒是最常见的一类。企业在这种不断变化的市场中所能采取的应对策略，一是要"知己"。无论品牌的定位是高还是低，企业对自己经营产品的品质都要有一个比较明确的认识，这样才能选择合适的平台和市场。二是要寻找合作伙伴，如第三方公司，来更好地把握电子商务市场上的各种新规则，使自己立于不败之地。本书前面的内容，包括本节在内，讨论的问题都集中在产品合规上。当然，仅凭一本书是无法覆盖产品合规的方方面面。但是通过本书，读者可以形成产品合规的清晰架构。

（二）如何保证商品在多个市场上同时合规？

传统零售商家也会问这个问题。但是在传统零售业中，基本上只有规模大的商家才会同时面对多个市场。这些商家通常拥有比较完备的品质管理团队和物流管理团队。而在电子商务领域，规模很小的商家也有机会同时面向全球各个市场，但其自身却不具备相应的品质管理和物流管理能力。电子商务的跨境优势在这里变成了一把双刃剑。

这个问题的解决方案有很多，但是并没有什么完美、普适的途径。至少有下面几个方面要加以注意。

- 标识：各个市场有各自不同的标识要求，包括采用当地语言的要求。如果产品针对多个市场，标识是一定要注意的。标识问题其实相当复杂。在实体经济时代，零售商在当地有实体店，对当地的标识通常都有比较深刻的理解。而电子商务时代，隔着"万水千山"，保证商品的标识在多个市场上同时有效，难度是很大的。比如，要搞清楚每个地区对"原产地"的定义，就不是一件容易的事。

- 强制性认证：如果目标市场有针对该商品的强制性认证要求，一定要通过，否则完全无法进入这个市场。另外还有很多自愿性认证，在目的国市场上，已经形成了非常大的市场认可度。换言之，没有获得这些认证的产品并不违反任何的法律、法规，但是却无法为目标市场所接受。虽然跨境电子商务可能会在一定程度上突破这种市场认可度的限制，但企业还是应该考虑去获得这些自愿性认证。

针对同一个商品，不同市场的要求背后，会匹配不同的测试方法和条件。所以在很大程度上，通过一次测试，同时获得多个市场的合格报告是不可能的。

通过提高标准的方式，让产品同时满足不同市场的要求，在理论上是可能的，实践中也有针对某些产品的成功事例。但要注意的是，将不同市场的要求合并在一起，很可能会导致较高的测试不通过率。而以各个市场分别合规的方式，又对仓储物流管理提出了很高的要求。如何取舍，取决于商品的特性、商家自身的能力以及要面对的市场。第三方检测认证公司在这里可以起到很好的指导作用。

附　录

法规及文件下载地址：

［1］《纺织纤维制品鉴别法案》（15 U. S. Code § 70）：https：//www. ftc. gov/enforcement/rules/rulemaking – regulatory – reform – proceedings/textile – products – identification – act – text

［2］《纺织纤维制品标识法案的实施条例》（16 CFR 303）：https：//www. ecfr. gov/cgi – bin/text – idx？ SID = b1a2700aaefe73ed8584a1e0d1eae4c7&mc = true&node = pt16. 1. 303&rgn = div5

［3］《羊毛产品标签法案》（15 U. S. Code § 68）：https：//www. ftc. gov/node/119457

［4］《羊毛制品标签法规及其实施条例》（16 CFR 300）：https：//www. ecfr. gov/cgi – bin/text – idx？ SID = b1a2700aaefe73ed8584a1e0d1eae4c7&mc = true&node = pt16. 1. 300&rgn = div5

［5］《羊毛制品标签法规及其实施条例2014年修订案》（16 CFR 300）：https：//www. ftc. gov/system/files/documents/federal＿register＿notices/2014/06/140528woolfinalfrn. pdf

［6］《关于纺织品服装和某些布匹的护理标签的修正案》（16 CFR 423）：https：//www. ecfr. gov/cgi – bin/retrieveECFR？ gp = 16&SID = 026517995e7ebc29276151de9831ea17&ty = HTML&h = L&mc = true&n = pt16. 1. 423&r = PART

［7］《加利福尼亚州法规第27章第六条明确合理的警告》：https：//oehha. ca. gov/media/downloads/crnr/art6sec100amendedsections010617. pdf

［8］《美国消费品安全法案》［15 U. S. Code 2064（j）］：https：//www. cpsc. gov/s3fs – public/pdfs/blk＿media＿cpsa. pdf

［9］《美国消费品安全法案》［15 U. S. Code 2064（j）］对应的实施条例——《产品实质危险清单》（16 CFR 1120）：https：//www.ecfr.gov/cgi‐bin/text‐idx？SID=5965b3d93f1fe4a871c7130fdb93d267&mc=true&node=pt16.2.1120&rgn=div5

［10］《美国易燃织物法案》（FFA）：https：//www.cpsc.gov/s3fs‐public/pdfs/blk_ pdf_ ffa.pdf

［11］《服装织物的易燃性标准》（16 CFR 1610）：https：//www.ecfr.gov/cgi‐bin/retrieveECFR？gp=1&SID=128de27a23746739f6ed1ed84e9253ac&ty=HTML&h=L&mc=true&r=PART&n=pt16.2.1610

［12］《儿童睡衣可燃性标准（0~6X）》（16 CFR 1615）：https：//www.ecfr.gov/cgi‐bin/text‐idx？SID=128de27a23746739f6ed1ed84e9253ac&mc=true&node=pt16.2.1615&rgn=div5

［13］《儿童睡衣可燃性标准（7~14X）》（16 CFR 1616）：https：//www.ecfr.gov/cgi‐bin/text‐idx？SID=128de27a23746739f6ed1ed84e9253ac&mc=true&node=pt16.2.1616&rgn=div5

［14］《聚乙烯塑料膜类产品的可燃性标准》（16 CFR 1611）：https：//www.ecfr.gov/cgi‐bin/text‐idx？SID=128de27a23746739f6ed1ed84e9253ac&mc=true&node=pt16.2.1611&rgn=div5

书目介绍

乐贸系列

书名	作者	定价	书号	出版时间
跟着老外学外贸系列				
1. 优势成交:老外这样做销售	Abdelhak Benkerroum（阿道）	45.00元	978-7-5175-0216-6	2017年10月第1版
外贸SOHO系列				
1. 外贸SOHO,你会做吗?	黄见华	30.00元	978-7-5175-0141-1	2016年7月第1版
跨境电商系列				
1. 外贸社交媒体营销新思维:向无效社交说No	May（石少华）	55.00元	978-7-5175-0270-8	2018年6月第1版
2. 跨境电商多平台运营,你会做吗?	董振国 贾卓	48.00元	978-7-5175-0255-5	2018年1月第1版
3. 跨境电商3.0时代——把握外贸转型时代风口	朱秋城（Mr. Harris）	55.00元	978-7-5175-0140-4	2016年9月第1版
4. 118问玩转速卖通——跨境电商海外淘金全攻略	红鱼	38.00元	978-7-5175-0095-7	2016年1月第1版
外贸职场高手系列				
1. 向外土司学外贸1:业务可以这样做	外土司	55.00元	978-7-5175-0248-7	2018年2月第1版
2. 向外土司学外贸2:营销可以这样做	外土司	55.00元	978-7-5175-0247-0	2018年2月第1版
3. 阴阳鱼给外贸新人的必修课	阴阳鱼	45.00元	978-7-5175-0230-2	2017年11月第1版
4. JAC写给外贸公司老板的企管书	JAC	45.00元	978-7-5175-0225-8	2017年10月第1版
5. 外贸大牛的术与道	丹牛	38.00元	978-7-5175-0163-3	2016年10月第1版
6. JAC外贸谈判手记——JAC和他的外贸故事	JAC	45.00元	978-7-5175-0136-7	2016年8月第1版
7. Mr. Hua创业手记——从0到1的"华式"创业思维	华超	45.00元	978-7-5175-0089-6	2015年10月第1版
8. 外贸会计上班记	谭天	38.00元	978-7-5175-0088-9	2015年10月第1版
9. JAC外贸工具书——JAC和他的外贸故事	JAC	45.00元	978-7-5175-0053-7	2015年7月第1版
10. 外贸菜鸟成长记(0~3岁)	何嘉美	35.00元	978-7-5175-0070-4	2015年6月第1版
外贸操作实务子系列				
1. 外贸高手客户成交技巧2——揭秘买手思维	毅冰	55.00元	978-7-5175-0232-6	2018年1月第1版
2. 外贸业务经理人手册(第三版)	陈文培	48.00元	978-7-5175-0200-5	2017年6月第3版

书 名	作者	定价	书号	出版时间
3. 外贸全流程攻略——进出口经理跟单手记(第二版)	温伟雄(马克老温)	38.00 元	978-7-5175-0197-8	2017 年 4 月第 2 版
4. 金牌外贸业务员找客户(第三版)——跨境电商时代开发客户的 9 种方法	张劲松	40.00 元	978-7-5175-0098-8	2016 年 1 月第 3 版
5. 实用外贸技巧助你轻松拿订单(第二版)	王陶(波锅涅)	30.00 元	978-7-5175-0072-8	2015 年 7 月第 2 版
6. 出口营销实战(第三版)	黄泰山	45.00 元	978-7-80165-932-3	2013 年 1 月第 3 版
7. 外贸实务疑难解惑 220 例	张浩清	38.00 元	978-7-80165-853-1	2012 年 1 月第 1 版
8. 外贸高手客户成交技巧	毅 冰	35.00 元	978-7-80165-841-8	2012 年 1 月第 1 版
9. 报检七日通	徐荣才 朱瑾瑜	22.00 元	978-7-80165-715-2	2010 年 8 月第 1 版
10. 外贸实用工具手册	本书编委会	32.00 元	978-7-80165-558-5	2009 年 1 月第 1 版
11. 快乐外贸七讲	朱芷萱	22.00 元	978-7-80165-373-4	2009 年 1 月第 1 版
12. 危机生存——十位经理人谈金融危机下的经营之道	本书编委会	22.00 元	978-7-80165-586-8	2009 年 1 月第 1 版
13. 外贸七日通(最新修订版)	黄海涛(深海鱿鱼)	22.00 元	978-7-80165-397-0	2008 年 8 月第 3 版

📖 出口风险管理子系列

书 名	作者	定价	书号	出版时间
1. 轻松应对出口法律风险	韩宝庆	39.80 元	978-7-80165-822-7	2011 年 9 月第 1 版
2. 出口风险管理实务(第二版)	冯 斌	48.00 元	978-7-80165-725-1	2010 年 4 月第 2 版
3. 50 种出口风险防范	王新华 陈丹凤	35.00 元	978-7-80165-647-6	2009 年 8 月第 1 版

📖 外贸单证操作子系列

书 名	作者	定价	书号	出版时间
1. 跟单信用证一本通(第二版)	何源	48.00 元	978-7-5175-0249-4	2018 年 9 月第 2 版
2. 外贸单证经理的成长日记(第二版)	曹顺祥	40.00 元	978-7-5175-0130-5	2016 年 6 月第 2 版
3. 信用证审单有问有答 280 例	李一平 徐珺	37.00 元	978-7-80165-761-9	2010 年 8 月第 1 版
4. 外贸单证解惑 280 例	龚玉和 齐朝阳	38.00 元	978-7-80165-638-4	2009 年 7 月第 1 版
5. 信用证 6 小时教程	黄海涛(深海鱿鱼)	25.00 元	978-7-80165-624-7	2009 年 4 月第 2 版
6. 跟单高手教你做跟单	汪 德	32.00 元	978-7-80165-623-0	2009 年 4 月第 1 版
7. 外贸单证处理技巧(第三版)	屈 韬	42.00 元	978-7-80165-516-5	2008 年 5 月第 1 版

📖 福步外贸高手子系列

书 名	作者	定价	书号	出版时间
1. 外贸技巧与邮件实战(第二版)	刘 云	38.00 元	978-7-5175-0221-0	2017 年 8 月第 2 版
2. 外贸电邮营销实战——小小开发信 订单滚滚来(第二版)	薄如鳃	45.00 元	978-7-5175-0126-8	2016 年 5 月第 2 版
3. 巧用外贸邮件拿订单	刘 裕	45.00 元	978-7-80165-966-8	2013 年 8 月第 1 版

📖 国际物流操作子系列

书 名	作者	定价	书号	出版时间
1. 货代高手教你做货代——优秀货代笔记(第二版)	何银星	33.00 元	978-7-5175-0003-2	2014 年 2 月第 2 版
2. 国际物流操作风险防范——技巧·案例分析	孙家庆	32.00 元	978-7-80165-577-6	2009 年 4 月第 1 版

书名	作者	定价	书号	出版时间
3. 集装箱运输与海关监管	赵宏	23.00元	978-7-80165-559-2	2009年1月第1版

通关实务子系列

书名	作者	定价	书号	出版时间
1. 外贸企业轻松应对海关估价	熊斌 赖芸 王卫宁	35.00元	978-7-80165-895-1	2012年9月第1版
2. 报关实务一本通（第二版）	苏州工业园区海关	35.00元	978-7-80165-889-0	2012年8月第2版
3. 如何通过原产地证尽享关税优惠	南京出入境检验检疫局	50.00元	978-7-80165-614-8	2009年4月第3版

彻底搞懂子系列

书名	作者	定价	书号	出版时间
1. 彻底搞懂信用证（第三版）	王腾 曹红波	55.00元	978-7-5175-0264-7	2018年5月第3版
2. 彻底搞懂关税（第二版）	孙金彦	43.00元	978-7-5175-0172-5	2017年1月第2版
3. 彻底搞懂提单（第二版）	张敏 张鹏飞	38.00元	978-7-5175-0164-0	2016年12月第2版
4. 彻底搞懂中国自由贸易区优惠	刘德标 祖月	34.00元	978-7-80165-762-6	2010年8月第1版
5. 彻底搞懂贸易术语	陈岩	33.00元	978-7-80165-719-0	2010年2月第1版
6. 彻底搞懂海运航线	唐丽敏	25.00元	978-7-80165-644-5	2009年7月第1版

外贸英语实战子系列

书名	作者	定价	书号	出版时间
1. 让外贸邮件说话——读懂客户心理的分析术	蔡泽民（Chris）	38.00元	978-7-5175-0167-1	2016年12月第1版
2. 十天搞定外贸函电	毅冰	38.00元	978-7-80165-898-2	2012年10月第1版
3. 外贸高手的口语秘籍	李凤	35.00元	978-7-80165-838-8	2012年2月第1版
4. 外贸英语函电实战	梁金水	25.00元	978-7-80165-705-3	2010年1月第1版
5. 外贸英语口语一本通	刘新法	29.00元	978-7-80165-537-0	2008年8月第1版

外贸谈判子系列

书名	作者	定价	书号	出版时间
1. 外贸英语谈判实战（第二版）	王慧 仲颖	38.00元	978-7-5175-0111-4	2016年3月第2版
2. 外贸谈判策略与技巧	赵立民	26.00元	978-7-80165-645-2	2009年7月第1版

国际商务往来子系列

书名	作者	定价	书号	出版时间
国际商务礼仪大讲堂	李嘉珊	26.00元	978-7-80165-640-7	2009年12月第1版

贸易展会子系列

书名	作者	定价	书号	出版时间
外贸参展全攻略——如何有效参加B2B贸易商展（第三版）	钟景松	38.00元	978-7-5175-0076-6	2015年8月第3版

区域市场开发子系列

书名	作者	定价	书号	出版时间
中东市场开发实战	刘军 沈一强	28.00元	978-7-80165-650-6	2009年9月第1版

书名	作者	定价	书号	出版时间

📖 国际结算子系列

书名	作者	定价	书号	出版时间
1. 国际结算函电实务	周红军 阎之大	40.00 元	978-7-80165-732-9	2010 年 5 月第 1 版
2. 出口商如何保障安全收汇——L/C、D/P、D/A、O/A 精讲	庄乐梅	85.00 元	978-7-80165-491-5	2008 年 5 月第 1 版

📖 国际贸易金融工具子系列

书名	作者	定价	书号	出版时间
1. 出口信用保险——操作流程与案例	中国出口信用保险公司	35.00 元	978-7-80165-522-6	2008 年 5 月第 1 版
2. 福费廷	周红军	26.00 元	978-7-80165-451-9	2008 年 1 月第 1 版

📖 加工贸易操作子系列

书名	作者	定价	书号	出版时间
1. 加工贸易实务操作与技巧	熊斌	35.00 元	978-7-80165-809-8	2011 年 4 月第 1 版
2. 加工贸易达人速成——操作案例与技巧	陈秋霞	28.00 元	978-7-80165-891-3	2012 年 7 月第 1 版

📖 乐税子系列

书名	作者	定价	书号	出版时间
1. 外贸企业免抵退税实务——经验·技巧分享	徐玉树 罗玉芳	45.00 元	978-7-5175-0135-0	2016 年 6 月第 1 版
2. 外贸会计账务处理实务——经验·技巧分享	徐玉树	38.00 元	978-7-80165-958-3	2013 年 8 月第 1 版
3. 生产企业免抵退税实务——经验·技巧分享(第二版)	徐玉树	42.00 元	978-7-80165-936-1	2013 年 2 月第 2 版
4. 外贸企业出口退(免)税常见错误解析 100 例	周朝勇	49.80 元	978-7-80165-933-0	2013 年 2 月第 1 版
5. 生产企业出口退(免)税常见错误解析 115 例	周朝勇	49.80 元	978-7-80165-901-9	2013 年 1 月第 1 版
6. 外汇核销指南	陈文培等	22.00 元	978-7-80165-824-1	2011 年 8 月第 1 版
7. 外贸企业出口退税操作手册	中国出口退税咨询网	42.00 元	978-7-80165-818-0	2011 年 5 月第 1 版
8. 生产企业免抵退税从入门到精通	中国出口退税咨询网	98.00 元	978-7-80165-695-7	2010 年 1 月第 1 版
9. 出口涉税会计实务精要(《外贸会计实务精要》第二版)	龙博客工作室	32.00 元	978-7-80165-660-5	2009 年 9 月第 2 版

📖 专业报告子系列

书名	作者	定价	书号	出版时间
1. 国际工程风险管理	张燎	1980.00 元	978-7-80165-708-4	2010 年 1 月第 1 版
2. 涉外型企业海关事务风险管理报告	《涉外型企业海关事务风险管理报告》研究小组	1980.00 元	978-7-80165-666-7	2009 年 10 月第 1 版

📖 外贸企业管理子系列

书名	作者	定价	书号	出版时间
1. 小企业做大外贸的制胜法则——职业外贸经理人带队伍手记	胡伟锋	35.00 元	978-7-5175-0071-1	2015 年 7 月第 1 版

书名	作者	定价	书号	出版时间
2. 小企业做大外贸的四项修炼	胡伟锋	26.00元	978-7-80165-673-5	2010年1月第1版

国际贸易金融子系列

1. 国际结算单证热点疑义相与析	天九湾贸易金融研究汇	55.00元	978-7-5175-0292-0	2018年9月第1版
2. 国际结算与贸易融资实务（第二版）	李华根	55.00元	978-7-5175-0252-4	2018年3月第1版
3. 信用证风险防范与纠纷处理技巧	李道金	45.00元	978-7-5175-0079-7	2015年10月第1版
4. 国际贸易金融服务全程通（第二版）	郭党怀 张丽君 张贝	43.00元	978-7-80165-864-7	2012年1月第2版
5. 国际结算与贸易融资实务	李华根	42.00元	978-7-80165-847-0	2011年12月第1版

毅冰谈外贸子系列

毅冰私房英语书——七天秀出外贸口语	毅冰	35.00元	978-7-80165-965-1	2013年9月第1版

"实用型"报关与国际货运专业教材

1. 进出口商品归类实务（第三版）	林青	48.00元	978-7-5175-0251-7	2018年3月第3版
2. e时代报关实务	王云	40.00元	978-7-5175-0142-8	2016年6月第1版
3. 供应链管理实务	张远昌	48.00元	978-7-5175-0051-3	2015年4月第1版
4. 电子口岸实务（第二版）	林青	35.00元	978-7-5175-0027-8	2014年6月第2版
5. 报检实务（第二版）	孔德民	38.00元	978-7-80165-999-6	2014年3月第2版
6. 现代关税实务（第二版）	李齐	35.00元	978-7-80165-862-3	2012年1月第2版
7. 国际贸易单证实务（第二版）	丁行政	45.00元	978-7-80165-855-5	2012年1月第2版
8. 报关实务（第三版）	杨鹏强	45.00元	978-7-80165-825-8	2011年9月第3版
9. 海关概论（第二版）	王意家	36.00元	978-7-80165-805-0	2011年4月第2版
10. 国际集装箱班轮运输实务	林益松 郑海棠	43.00元	978-7-80165-770-1	2010年9月第1版
11. 国际货运代理操作实务	杨鹏强	45.00元	978-7-80165-709-1	2010年1月第1版
12. 航空货运代理实务	杨鹏强	37.00元	978-7-80165-707-7	2010年1月第1版
13. 进出口商品归类实务——实训题参考答案	林青	12.00元	978-7-80165-692-6	2009年12月第1版

"精讲型"国际贸易核心课程教材

1. 国际贸易实务精讲（第七版）	田运银	49.50元	978-7-5175-0260-9	2018年4月第7版
2. 国际货运代理实务精讲（第二版）	杨占林 汤兴 官敏发	48.00元	978-7-5175-0147-3	2016年8月第2版

书 名	作 者	定价	书号	出版时间
3. 海关法教程（第三版）	刘达芳	45.00元	978-7-5175-0113-8	2016年4月第3版
4. 国际电子商务实务精讲（第二版）	冯晓宁	45.00元	978-7-5175-0092-6	2016年3月第2版
5. 国际贸易单证精讲（第四版）	田运银	45.00元	978-7-5175-0058-2	2015年6月第4版
6. 国际贸易操作实训精讲（第二版）	田运银 胡少甫 史理 朱东红	48.00元	978-7-5175-0052-0	2015年2月第2版
7. 进出口商品归类实务精讲	倪淑如 倪波 田运银	48.00元	978-7-5175-0016-2	2014年7月第1版
8. 外贸单证实训精讲	龚玉和 齐朝阳	42.00元	978-7-80165-937-8	2013年4月第1版
9. 外贸英语函电实务精讲	傅龙海	42.00元	978-7-80165-935-4	2013年2月第1版
10. 国际结算实务精讲	庄乐梅 李菁	49.80元	978-7-80165-929-3	2013年1月第1版
11. 报关实务精讲	孔德民	48.00元	978-7-80165-886-9	2012年6月第1版
12. 国际商务谈判实务精讲	王慧 唐力忻	26.00元	978-7-80165-826-5	2011年9月第1版
13. 国际会展实务精讲	王重和	38.00元	978-7-80165-807-4	2011年5月第1版
14. 国际贸易实务疑难解答	田运银	20.00元	978-7-80165-718-3	2010年9月第1版
15. 集装箱运输系统与操作实务精讲	田聿新 杨永志	38.00元	978-7-80165-642-1	2009年7月第1版

"实用型"国际贸易课程教材

1. 海关报关实务	倪淑如 倪波	48.00元	978-7-5175-0150-3	2016年9月第1版
2. 国际金融实务	李齐 唐晓林	48.00元	978-7-5175-0134-3	2016年6月第1版
3. 外贸跟单实务	罗艳	48.00元	978-7-80165-954-5	2013年8月第1版
4. 国际贸易实务	丁行政 罗艳	48.00元	978-7-80165-962-0	2013年8月第1版

电子商务大讲堂·外贸培训专用

1. 外贸操作实务	本书编委会	30.00元	978-7-80165-621-6	2009年5月第1版
2. 网上外贸——如何高效获取订单	本书编委会	30.00元	978-7-80165-620-9	2009年5月第1版
3. 出口营销指南	本书编委会	30.00元	978-7-80165-619-3	2009年5月第1版
4. 外贸实战与技巧	本书编委会	30.00元	978-7-80165-622-3	2009年5月第1版

中小企业财会实务操作系列丛书

1. 做顶尖成本会计应知应会150问（第二版）	张胜	48.00元	978-7-5175-0275-3	2018年6月第2版
2. 小企业会计疑难解惑300例	刘华 刘方周	39.80元	978-7-80165-845-6	2012年1月第1版
3. 会计实务操作一本通	吴虹雁	35.00元	978-7-80165-751-0	2010年8月第1版

2018年中国海关出版社乐贸系列
新书重磅推荐 >>

《国际结算单证热点疑义相与析》

作者：天九湾贸易金融研究汇

定价：55.00元

出版日期：2018年9月

书号：978-7-5175-0292-0

内容简介

本书是天九湾贸易金融研究汇对日常业务中收集到的上百个实际案例和问题整理所得，汇集了千余名专家的精彩辨析，主要具有以下特点：

1. 按照外贸业务领域对内容进行分类，方便读者快速查找所需信息；

2. 通过176个真实案例，专家解析国际结算热点、难点、疑点；

3. 每章就"问题""讨论"和"分析意见"分别进行叙述，还原真实研讨氛围；

4. 精选国际结算业内"大咖"力作，为读者指点迷津。

2018 年中国海关出版社乐贸系列
新书重磅推荐 >>

《外贸社交媒体营销新思维：向无效社交说 No》

作者：May（石少华）

定价：55.00 元

出版日期：2018 年 6 月第 1 版

书号：978-7-5175-0270-8

内容简介

本书是目前市面上少见的系统介绍如何利用 LinkedIn 进行外贸社交媒体营销的书，作者将多年的实践经历及授课精华内容集结在这本书中：

1. 板块环环相扣，从 LinkedIn 必备知识出发到与传统外贸相结合，帮你开拓社交媒体营销新思路；

2. 细节面面俱到，从平台实操角度出发，指导外贸人打造完美的 Profile、做好安全和隐私设置、玩转公司主页；

3. 作者以亲身实践为例，展示如何更好地利用 LinkedIn 进行客户开发和外贸营销；

4. 思维举一反三，启发外贸人开发更多平台，抓住社交媒体营销的红利。